John C. Maxwell

As 15 Leis do Crescimento

Viva-as e realize o seu potencial

Traduzido por Marcelo Siqueira

7ª impressão

Todos os direitos reservados. Copyright © 2014 para a língua portuguesa da Casa Publicadora das Assembleias de Deus. Aprovado pelo Conselho de Doutrina.

É proibida a duplicação ou reprodução deste volume, no todo ou em parte, sob quaisquer formas ou meios (eletrônico, mecânico, gravação, fotocópia, distribuição na web e outros), sem permissão expressa da Editora.

Título do original em inglês: *The 15 Invaluable Laws of Growth*
Center Street, Nova York, EUA
Primeira edição em inglês: 2012
Tradução: Marcelo Siqueira
Preparação dos originais: Cristiane Alves
Adaptação da Capa: Elisangela Santos
Projeto gráfico e editoração: Elisangela Santos

CDD: 240 - Moral cristã e teologia devocional
ISBN: 978-85-263-1245-6

As citações bíblicas foram extraídas da versão Almeida Revista e Corrigida, edição de 1995, da Sociedade Bíblica do Brasil, salvo indicação em contrário.

Para maiores informações sobre livros, revistas, periódicos e os últimos lançamentos da CPAD, visite nosso site:
https://www.cpad.com.br

SAC — Serviço de Atendimento ao Cliente: 0800-021-7373

Casa Publicadora das Assembleias de Deus
Av. Brasil, 34.401, Bangu, Rio de Janeiro – RJ
CEP 21.852-002

7ª impressão: 2024
Impresso no Brasil
Tiragem: 1.000

*Este livro é dedicado à equipe da Companhia John Maxwell.
Vocês concretizam minha visão, levam além minha influência,
fazem-me melhor do que sou.
Seu trabalho é ajudar outros a maximizar o seu potencial
e impactar o seu mundo.*

*E a Curt Kampmeier,
que me apresentou o conceito de crescimento pessoal intencional
e, ao fazer isso, mostrou-me o caminho para atingir o meu potencial.*

Agradecimentos

Agradeço a

Charlie Wetzel, meu redator;
Stephanie Wetzel, minha administradora de mídia;
Linda Eggers, minha assistente executiva.

Sumário

Agradecimentos 5

Introdução 9

1. A Lei do Propósito
   O Crescimento não Acontece do Nada 11

2. A Lei do Autoconhecimento
   Você Precisa se Conhecer para Crescer 25

3. A Lei do Espelho
   Você Precisa Enxergar o seu Valor para se Valorizar. 43

4. A Lei da Reflexão
   Aprender a Parar Faz com que o Crescimento
   Venha até Você 57

5. A Lei da Consistência
   A Motivação o Mantém em Movimento — a Disciplina o
   Mantém em Crescimento 73

6. A Lei do Meio
   O Crescimento Floresce em Ambientes Favoráveis 89

7. A Lei do Projeto
Para Maximizar o Crescimento, Desenvolva Estratégias...... 105

8. A Lei da Dor
O Bom Gerenciamento de Más Experiências
Leva a um Grande Crescimento 125

9. A Lei da Escada
O Crescimento do Caráter Determina a Extensão
do Crescimento Pessoal 143

10. A Lei do Elástico
O Crescimento Cessa quando Você Perde a Tensão entre onde
Está e onde Poderia Estar 161

11. A Lei da Troca
Você Deve Desistir de Algo para Crescer 177

12. A Lei da Curiosidade
O Crescimento É Estimulado quando Perguntamos por quê..197

13. A Lei do Modelo
É Difícil Melhorar quando Você não Tem ninguém além de si
em quem se Inspirar 215

14. A Lei da Expansão
O Crescimento sempre Aumenta a sua Capacidade 231

15. A Lei da Contribuição
Crescer o Capacita a Ajudar os outros a Crescer também.... 247

Notas 265

Introdução

Potencial é uma das palavras mais maravilhosas em qualquer língua. Ela espera pelo futuro com otimismo. É cheia de esperança. Traz a promessa de sucesso e realização. Sugere grandiosidade. Potencial é uma palavra baseada em possibilidades. Pense a respeito do seu potencial como ser humano e ficará animado — ao menos, espero que fique. Que pensamento positivo! Creio em seu potencial tanto quanto no meu. Você tem potencial? Com certeza tem!

E o que dizer de potencial não realizado? Essa ideia é negativa, tanto quanto é positiva a palavra potencial. Minha amiga Florence Littauer, escritora e conferencista, escreveu uma história sobre o seu pai em seu livro *Silver Boxes* [Caixas de Prata]. Ele sempre quis ser cantor, mas nunca o foi. Ela conta que ele morreu com a música ainda dentro de si. Esta é uma apropriada descrição de um potencial não cumprido. Não alcançar o seu potencial é como morrer com a música dentro de si.

Já que está lendo essas palavras, creio que você tem esse desejo de alcançar o seu potencial. E então a pergunta é "como se faz isso?".

Não tenho dúvida de que a resposta seja crescer. Para alcançar o seu potencial, você precisa crescer. E para crescer, precisa estar altamente comprometido com esse propósito. Este livro é meu esforço em orientá-lo a crescer e se desenvolver para que se torne a pessoa que foi criada para ser. Meu desejo é ensiná-lo a desenvolver a atitude correta, aprender mais a respeito dos seus pontos fortes, compreender e expressar a sua paixão, entrar em contato com o seu propósito e desenvolver suas habilidades para atingir o seu máximo potencial.

Você deve saber que esse é o terceiro livro de leis que escrevo. O primeiro foi escrito para ajudar líderes a compreender como a liderança funciona para então se tornarem melhores. O segundo foi escrito com o propósito de ajudar as pessoas a compreender o trabalho em equipe, e de desenvolver equipes mais fortes. Este livro se propõe a ajudá-lo a entender como se dá o crescimento pessoal, e a ajudá-lo a se tornar uma pessoa mais eficiente e realizada. Ainda que eu inclua algumas ideias sobre liderança ao longo do caminho, você não precisa ser um líder para que esse livro o ajude. Não precisa ser membro de uma equipe para crescer (embora sê-lo certamente ajude). Você simplesmente precisa ser um indivíduo que queira crescer e se tornar melhor do que o é hoje.

O que quero dizer quando falo em crescer? Seu significado é algo tão pessoal quanto você é único. Para descobrir o seu propósito é preciso desenvolver a sua autoconsciência. Para se tornar um ser humano melhor é preciso crescer em caráter. Para avançar em sua carreira, é necessário desenvolver habilidades. Para ser melhor cônjuge ou pai, é preciso desenvolver habilidades relacionais. Para atingir suas metas financeiras deve aprender como as finanças funcionam. Para enriquecer a sua alma é preciso crescer espiritualmente. Os tipos específicos de crescimento mudam de pessoa para pessoa, mas os princípios permanecem os mesmos. Este livro fornece leis que irão ensiná-lo a alcançar o precioso alvo do crescimento. Ele é a chave que abre a porta. Você terá que colocá-lo em prática para realmente crescer.

Meu conselho é que aborde um capítulo por semana. Discuta-o com alguns amigos. Faça os exercícios propostos no fim do capítulo. Mantenha um diário de crescimento. E incorpore à sua vida o que for aprendendo. Você não poderá mudar a sua vida até que mude algo que faça diariamente. Através do aprendizado das leis e da sua prática, você estará a caminho de alcançar o seu potencial. Você ficará maravilhado em quão longe esse caminho o levará, se for disciplinado no aprendizado e no crescimento.

1

A Lei do Propósito
O Crescimento não Acontece do Nada

A vida está em andamento. Você está ligado?

"Você tem um plano para o seu crescimento?" Curt Kampmeier, o homem que me fez essa pergunta, esperou pacientemente pela resposta. Essa era uma questão que mudaria a minha vida.

Tateei em busca de respostas. Listei minhas realizações dos últimos três anos. Falei de como trabalhei duro. Tracei meus alvos. Contei o que estava fazendo para alcançar mais pessoas. Todas as minhas respostas estavam baseadas em atividades, não em aprimoramentos. Ao fim, tive que admitir: eu não possuía um plano para me tornar alguém melhor.

Esta questão era algo que eu nunca havia considerado antes, e ela revelou uma importante falha em minha abordagem de trabalho e sucesso. Quando dei início a minha carreira, deliberadamente trabalhava duro, buscando alcançar meus alvos e ser bem-sucedido. Eu tinha uma estratégia: trabalhar muito. Esperava que isso me levasse ao meu propósito. Mas trabalho não é garantia de sucesso. E esperança não é estratégia.

Como uma pessoa se aprimora no que faz? Como melhora os seus relacionamentos? Como ganha mais sabedoria ou profundidade? E discernimento? Como transpõe obstáculos? Trabalhando duro? Ou trabalhando mais? Ou ainda esperando que as coisas melhorem?

Essa conversa aconteceu durante um almoço no restaurante Holiday Inn, em 1972. Naquela época me foi oferecida a oportunidade de assumir: a melhor congregação de minha denominação. Imagine se lhe oferecessem o melhor cargo de direção na sede da sua empresa. Foi isso que essa oferta significou para mim. O problema era que eu tinha vinte e quatro anos, e do meu ponto de vista não estava à altura do cargo. Sabia que se não crescesse, falharia de modo espetacular.

Curt era um vendedor que estava me oferecendo um kit de crescimento — um projeto de um ano de duração com materiais que facilitariam esse crescimento pessoal. Ele deslizou o material sobre a mesa, em minha direção. Seu custo era de 799 dólares, o que representava quase um mês de salário.

Minha mente viajava enquanto dirigia para casa. Eu então acreditava que o sucesso viria sobre a vida de qualquer um que se devotasse à sua carreira. Curt me ajudou a perceber que a chave era o crescimento pessoal. Naquele momento me ocorreu que se a pessoa se concentrar em resultados ela poderá alcançar esses alvos — porém isso não seria garantia de crescimento. Se uma pessoa se concentrar no crescimento, ele virá junto com os outros alvos.

Enquanto dirigia, uma parte do livro "Como um homem pensa" de James Allen me veio à mente. Na primeira vez que o li, estava no sétimo ano. Depois disso repeti a leitura doze vezes. Allen escreveu: "As pessoas ansiosamente procuram mudar suas circunstâncias, mas não estão dispostas a mudar a si mesmas; desta maneira, permanecem dentro dos seus limites". Eu não pude comprar o kit que Curt me ofereceu. Ainda assim, naquele momento soube que ele me havia dado a chave que me habilitaria a ir ao encontro ao meu próximo desafio de liderança, e a subir a patamares mais altos em meu ministério. Pude então ver o abismo entre o lugar onde estava e onde gostaria de estar — onde precisava estar! Era uma barreira que eu precisava descobrir como superar.

AS ARMADILHAS NAS BARREIRAS DE CRESCIMENTO

Se você tem sonhos, alvos ou aspirações, precisa crescer para alcançá-los. Mas se você é como eu — e como a grande maioria das pessoas — você tem uma ou mais falsas crenças que criam uma brecha, uma barreira que os impede de crescer e alcançar o seu potencial. Dê uma olhada nos próximos oito falsos conceitos sobre crescimento que podem o estar impedindo de caminhar ativamente em direção ao alvo.

1. *A Barreira da Suposição* — *"Suponho que crescerei automaticamente"*

Quando somos crianças, o nosso corpo cresce automaticamente. Um ano se passa e nos tornamos mais altos, mais fortes e mais capazes de fazer coisas novas e encarar novos desafios. Creio que muitas pessoas levam para a vida adulta uma crença subconsciente de que o crescimento mental, espiritual e emocional segue um padrão similar. O tempo passa e nós simplesmente melhoramos. Somos como Charlie Brown na tirinha de quadrinhos Snoopy de Charles Schulz. Charlie Brown uma vez disse: "Creio que descobri o segredo da vida — você simplesmente segura as pontas, até que se acostume com o processo". O problema é que nós não melhoramos simplesmente vivendo. Temos que agir deliberadamente para crescer.

> "Chega uma hora em que é preciso parar de esperar pelo homem que se quer ser, e começar a ser esse homem de fato."
> — Bruce Springsteen

O cantor Bruce Springsteen comentou: "Chega uma hora em que é preciso parar de esperar pelo homem que se quer ser, e começar a ser esse homem de fato". Ninguém melhora por acidente. O crescimento pessoal não acontece por si só. E uma vez que você conclua a sua educação formal, precisa tomar posse do seu processo de crescimento. Ninguém mais o fará por você. Como Michel de Montaigne observou: "Nenhum vento favorece aquele que não tem nenhum porto de destino. Se você quiser que a sua vida melhore, deve aprimorar-se e escolher um alvo possível".

2. *A Barreira do Conhecimento* — *"Não sei como crescer"*

Depois de meu encontro com Curt Kampmeier, conversei com todas as pessoas que conhecia e fiz a mesma pergunta que Curt me havia feito: "Você tem um plano de crescimento?". Eu esperava que alguém houvesse descoberto a resposta, e então pudesse me ensinar o caminho. Nenhuma pessoa respondeu afirmativamente. Ninguém em meu círculo de amizade tinha um plano para crescer e se aprimorar. Eu não sabia como crescer. Nem eles.

A designer, artista e consultora Loretta Staples diz: "Se você tem clareza do que deseja, então o mundo vai lhe responder de forma clara". Eu sabia o que queria. Gostaria de ser bem-sucedido na congregação e me tornar alguém capaz de alcançar os grandes alvos que havia estabelecido para mim. Apenas precisava de um meio para fazê-lo.

Muitas pessoas aprendem na escola da dificuldade. As experiências difíceis ensinam-nas da maneira mais dura, e elas aprendem e mudam; algumas vezes para melhor, outras para pior. As lições são aleatórias e difíceis. Seria muito mais fácil planejar as mudanças de forma intencional. Você decide onde precisa ou quer crescer, escolhe o que irá aprender, e segue ao longo da disciplina no ritmo que determinar.

Depois de encontrar com Curt e perceber que não conhecia mais ninguém que pudesse me ajudar, minha esposa Margareth e eu conversamos sobre como poderíamos economizar e poupar a quantia de 799 dólares (você precisa se lembrar de que isso foi antes dos cartões de crédito!). Pulei refeições. Cancelamos as férias planejadas. Fizemos acontecer, foram seis meses, e finalmente alcançamos a quantia necessária. Você não pode imaginar minha animação ao abrir o kit de crescimento e começar a saltar de um a outro dos cincos tópicos que o livro cobria: atitude, alvos, disciplina, avaliações e consistência.

> Com exceção de minha fé, a decisão de crescer impactou minha vida mais que qualquer outra.

Hoje olho para trás e percebo como eram básicos os tópicos do kit. Mas era disso que eu precisava. Ao aprender essas lições, abriu-se uma fresta na porta do crescimento pessoal. E através dessa fresta comecei a ver oportunidades de crescimento em todo lugar. Meu mundo começou a se abrir. Realizei mais. Aprendi mais. Pude liderar e ajudar mais a outros. Outras oportunidades começaram a aparecer. Meu mundo se expandiu. Com exceção de minha fé, a decisão de crescer impactou minha vida mais que qualquer outra.

3. *A Barreira do Momento Certo* — *"Essa não é a hora certa de começar"*

Quando era criança, uma das charadas preferidas de meu pai era a seguinte: "Cinco sapos estão sentados em um tronco. Quatro decidem saltar. Quantos ficaram?"

Da primeira vez que ele me perguntou eu respondi: "Um".

"Não", respondeu ele. "Cinco. Por quê? Porque há uma diferença entre decidir e fazer."

Esse era um ponto que o nosso pai queria nos fazer entender. O político americano Frank Clark disse: "Que grandes feitos teríamos no mundo se cada pessoa realmente fizesse o que planejou fazer". A maioria das pessoas não age tão prontamente. Elas estão sujeitas à Lei da Falta de Determinação que diz: "Quanto mais uma pessoa esperar para fazer algo que deveria fazer agora, maior é a chance de que nunca o fará".

Tive sorte lá atrás, quando pensei se compraria aquele kit de crescimento pessoal, porque sabia que estava destinado a um trabalho que excedia a minha capacidade. Seria o maior desafio por mim enfrentado. Eu estaria sendo avaliado por todos os que me conheciam. Alguns com expectativas de que eu fosse falhar e outros, de que fosse bem-sucedido. Sabia que se não aperfeiçoasse minha capacidade de liderança, acabaria falhando. Isso me moveu a agir rapidamente.

> A Lei da Falta de Determinação diz: "Quanto mais uma pessoa esperar para fazer algo que deveria fazer agora, maior é a chance de que nunca o fará".

Exatamente agora você pode estar sobre semelhante pressão pessoal ou profissional. Se estiver, é provável que se sentia ansioso para crescer e se aperfeiçoar. Mas e se não estiver? Quer esteja sendo pressionado ou não, esta é a hora de começar a crescer. O autor e escritor Leo Buscaglia afirmou: "A vida que se concentra no amanhã sempre estará a um dia de se realizar. O fato é que você nunca terá realmente algo realizado a não ser que se adiante e o faça antes de estar pronto. Se ainda não está intencionalmente crescendo, precisa começar hoje. Se não o fizer pode até alcançar alguns alvos, que lhe trarão alegria, mas por fim acabará estacionando. Uma vez que comece a crescer intencionalmente, manter-se-á em crescimento e continuará perguntando: 'Qual o próximo passo?'".

4. *A Barreira do Engano* — *"Tenho medo de cometer erros"*
Crescer pode ser uma fonte de confusão. Significa admitir que não se tem as respostas. É preciso cometer erros. E isso pode fazê-lo parecer tolo. A maioria das pessoas não gosta disso. Porém esse é o preço por admitir que você deseja evoluir.

Anos atrás li uma citação de Robert H. Schuller, que dizia "O que você tentaria fazer se soubesse que não iria falhar?". Essas palavras me estimularam a tentar coisas que acreditava estarem além de minha capacidade. Elas também me inspiraram a escrever o livro *Failing Forward* [Falhar daqui para a Frente]. Quando recebi da editora a primeira cópia, imediatamente escrevi nela uma nota de agradecimento ao Dr. Schuller. Viajei a Garden Grove para presenteá-lo com o livro e agradecer por sua influência positiva em minha vida. Uma foto nossa foi tirada nesse dia. Ela está sobre minha escrivaninha, lembrando-me do seu investimento em mim.

> "Um erro é simplesmente outra maneira de realizar algo."
> — Warren Bennis

Se você quiser crescer, precisa livrar-se do medo de cometer erros. Como afirma o autor e professor Warren Bennis: "Um erro é simplesmente outra maneira de realizar algo". Para crescer de forma consciente, espere cometer erros todos os dias. Acolha esses erros como um sinal de que está se movendo na direção certa.

5. *A Barreira do Perfeccionismo* — *"Tenho que encontrar o melhor caminho antes de começar"*
A barreira da perfeição é semelhante à do engano. É o desejo de encontrar o "melhor" caminho para então iniciar a caminhada de crescimento. Quando Curt me apresentou a ideia de um plano de crescimento, eu comecei a procurar pelo melhor caminho. Mas descobri que já o tinha lá atrás. Precisava iniciar a caminhada se quisesse encontrá-lo. É o mesmo que dirigir à noite numa estrada não conhecida. Você poderia idealizar o processo, desejando visualizar todo o caminho antes de começar. Mas o vê progressivamente. Um pouco mais do caminho lhe é revelado à medida que se move adiante. Se quiser ver mais, mova-se.

6. *A Barreira da Inspiração* — *"Não sinto vontade de fazer!"*
Há muitos anos atrás estava preso na sala de espera de um médico por um longo período de tempo — tão longo que pude completar todo o trabalho que havia trazido comigo e então estava procurando por mais o que fazer. Comecei a folhear um jornal médico e encontrei o seguinte texto que se tornou um de meus exemplos favoritos de inércia de motivação (a tempo, isso foi antes de a Nike cunhar a expressão):

APENAS FAÇA

Nós o ouvimos quase todos os dias: "tsc, tsc, tsc..."
Eu realmente não tenho motivação para... (perder peso, medir minha taxa de glicose, etc.) E então ouvimos os suspiros dos profissionais de saúde que não conseguem motivar os seus pacientes a fazerem a coisa certa, controlando a sua diabetes e mantendo a sua saúde.

Temos boas novas para você. A motivação não vai cair como uma poderosa luz sobre você. E motivação não é algo que alguém mais (enfermeira, médico ou familiar) possa lhe dar ou lhe forçar a fazer. A ideia de motivação é uma armadilha. Esqueça a motivação. Apenas faça.

Exercite-se, perca peso, faça os exames de sangue ou o que quer que seja. Faça-o sem motivação, e então... adivinhe! A motivação aparece, e ela lhe mantém em movimento, fazendo o que for preciso.

Motivação é como amor e felicidade. É um subproduto. Quando a pessoa se encontra ativamente engajada em fazer algo, a motivação entra sorrateiramente e a ataca. Isto se dá quando menos se espera.

Jerome Bruner, psicólogo de Harvard, diz: "É mais provável que você se mova e então sinta, do que sinta que deve se mover". Então aja! Aquilo que sabe que deve fazer, faça-o.

Quando Curt sugeriu que eu deveria ter a intenção de crescer, eu tinha centenas de razões para não fazê-lo. Não tinha tempo, dinheiro, experiência, e assim por diante. Mas tinha uma razão para querer crescer. Sabia que deveria fazê-lo por crer que isso faria a diferença em minha vida. Certamente não foi algo baseado em sentimentos, mas comecei. E para minha surpresa, após um ano de crescimento deliberado, comecei a ultrapassar meus ídolos. Minha atitude ao realizar o trabalho mudou. Antes me preocupava em dar início, e agora quero manter-me em movimento, porque isso realmente fez a diferença em mim. Afinal eu não queria perder mais um único dia!

> "Você não pode mudar o seu destino da noite para o dia, mas pode mudar a sua direção."
> — Jim Rohn

Você pode não se sentir inspirado em buscar deliberadamente um plano de crescimento se ainda não tiver dado início a um projeto. Se esse for o caso, por favor, creia quando digo que as razões para continuar crescendo excedem em muito as razões para iniciar o processo de crescimento. E você só as conhece se permanecer nesse processo tempo suficiente para começar a colher os benefícios. Assim firme um compromisso consigo mesmo de iniciar e permanecer crescendo ao menos pelo próximo ano. Se assim o fizer amará o processo e, ao fim desse ano, olhará para trás e apreciará a distância percorrida.

7. *A Barreira da Comparação* — "Os outros são melhores do que eu"
Bem cedo em minha carreira fui a um encontro com outros três líderes em Orlando, estado da Flórida, para trocar algumas ideias. Fui porque percebi que precisava me expor a maiores e melhores líderes, de fora do meu pequeno círculo de conhecimentos. Inicialmente me senti intimidado. À medida que conversávamos rapidamente fui percebendo que não estava à altura deles. Suas organizações eram seis vezes maiores que a minha, e as suas ideias eram melhores e mais numerosas. Senti que estava naufragando, contudo apesar disso me sentia estimulado. O motivo? Porque descobri que grandes homens estavam dispostos a compartilhar suas ideias. E eu estava aprendendo muito. Você somente poderá aprender com aqueles que estiverem à sua frente.

Durante os primeiros dez anos em que estava buscando ativamente meu crescimento pessoal, corri para compensar o tempo perdido.

Tive que superar a barreira da comparação. Tive que aprender a lidar bem com o fato de estar fora de minha zona de conforto. Foi uma transição difícil, mas valeu à pena.

8. *A Barreira das Expectativas* — *"Achava que seria mais fácil"*
Não conheço nenhuma pessoa que pense que crescer seja algo rápido e que chegar ao topo seja fácil. Simplesmente não funciona deste modo. As pessoas criam a sua própria sorte. Veja como:

Preparo (crescimento) + **Atitude** + **Oportunidade** + **Ação** (fazer algo a respeito) = **Sorte**

Tudo começa com o preparo. Infelizmente, isso toma tempo. Mas aqui vai uma boa notícia. De acordo com Jim Rohn: "Você não pode mudar o seu destino da noite para o dia, mas pode mudar a sua direção." Se quiser alcançar os seus alvos e realizar o seu potencial invista intencionalmente no seu crescimento pessoal. Isso mudará a sua vida.

FAZENDO A TRANSIÇÃO PARA CRESCER INTENCIONALMENTE

Quanto antes você mudar de uma atitude passiva para ativa com relação ao seu crescimento pessoal, melhor será para você, porque o crescimento aumenta e acelera se permanecer ativo neste propósito. Veja como fazer a mudança:

1. *Faça a pergunta certa*
No primeiro ano em que me envolvi no meu crescimento pessoal, descobri que seria um projeto de longa duração, para a vida inteira. Durante aquele ano a questão mudou de "Quanto tempo vai durar?" para "Qual a distância que vou percorrer?". Essa é a pergunta que você deveria estar fazendo a si mesmo agora — não que seja capaz de respondê-la neste momento. Iniciei essa caminhada de crescimento há quarenta anos, e ainda não consegui. Mas ela o ajuda a determinar a sua direção ou a distância da sua caminhada.

Aonde você quer chegar na vida?
Que direção quer tomar?
Qual a distância que imagina alcançar?

Ao responder essas questões, você inicia a sua jornada de crescimento pessoal. O melhor que você pode querer da sua vida é fazer o máximo com o que lhe foi dado. Você o faz quando investe em si mesmo, quando tira de si mesmo o melhor. Quanto mais recursos, maior o potencial — e o mais longe que deve tentar ir. Como meu pai costumava me dizer quando era criança: "Àquele a quem muito é dado, muito será cobrado". Dê o seu melhor, para que você alcance todo o seu potencial.

2. *Faça-o agora*

Em 1974, assisti a um seminário de W. Clement Stone na Universidade de Dayton. O tema era ter senso de urgência. Stone era um magnata dos negócios que fez fortuna no setor de seguros. Sua palestra se chamava "Faça-o agora", e uma das coisas que ele nos ensinou foi: "Antes de sair da sua cama de manhã, repita 'faça-o agora' cinquenta vezes. A última coisa que você deve dizer ao fim do dia, antes de dormir, é 'faça-o agora' cinquenta vezes."

Creio que havia aproximadamente oitocentas pessoas no auditório naquele dia, mas senti que ele estava falando diretamente comigo. Fui para casa e pelos próximos seis meses eu realmente segui o seu conselho. Repeti as palavras "faça-o agora" cedo de manhã e à noite, antes de dormir. Isso me deu um tremendo senso de urgência.

O maior perigo que você enfrenta neste momento é a ideia de tornar o seu crescimento uma prioridade mais tarde, não agora. Não caia nesta armadilha! Recentemente li um artigo de Jennifer Reed na revista *Sucess* [Sucesso]. Ela escreve:

> Poderia haver duas palavras mais traiçoeiras? Mais tarde, como em "Vou fazê-lo mais tarde". Ou "Mais tarde terei tempo para escrever o livro com que tenho sonhado pelos últimos cinco anos". Ou ainda: "Sei que preciso dar um jeito nas minhas finanças... farei isso mais tarde".
>
> "Mais tarde" é uma daquelas palavras matadoras de sonhos. Um dos inúmeros obstáculos que construímos para sabotar as nossas chances de sucesso. A dieta que começa "amanhã", a busca por um emprego que "um dia" começará, a busca pela realização do sonho que iniciará "algum dia" são exemplos de atitudes que se somam a outros bloqueios autoimpostos e nos mantêm presos no piloto automático.

Porque fazemos isso conosco? Porque não tomamos uma atitude agora mesmo? Temos de encarar o fato: é mais fácil permanecer em terreno familiar; caminhos ainda não explorados são marcados por incertezas.[1]

Você já deu início a este processo quando começou a ler o livro. Não pare por aqui! Siga adiante. Tome posse de uma ferramenta que vai ajudá-lo no seu crescimento e aprenda com ela hoje.

3. Encare o fator medo

Recentemente li um artigo sobre os temores que impedem as pessoas de serem bem-sucedidas. Os próximos cinco pontos foram mencionados.

Medo do fracasso.
Medo de trocar o conhecido pelo desconhecido.
Medo de ficar sobrecarregado financeiramente.
Medo do que outros pensem ou digam.
Medo de que o sucesso o afaste dos outros.

Qual desses medos mais o abala? A mim, o último: medo da alienação. Sou aquele tipo de pessoa que deseja agradar a todos, e quero que todos gostem de mim. Mas não importa qual medo mais lhe afete. Todos nós temos medos. E aqui vão as boas notícias: todos também temos fé. A pergunta que cada um deve fazer a si mesmo é:
"Qual emoção vou permitir que prevaleça?"
A resposta é importante porque a emoção mais forte vence. Quero lhe estimular a fortalecer a sua fé e enfraquecer o seu medo.

4. Mude de crescimento acidental para intencional

As pessoas tendem a entrar na rotina. Entram em uma trilha e não se esforçam para se libertar dela, mesmo que esta as esteja levando na direção errada. Após um tempo, elas se ajustam, adaptam-se. Se aprenderem algo, é por um feliz acidente. Não deixe que isso aconteça com você. Se essa tem sido a sua atitude, faria bem em lembrar que a diferença entre uma trilha e uma cova é somente a sua profundidade!

Como saber se você ficou preso à rotina? Dê uma olhada em algumas diferenças entre crescimento intencional e acidental:

Crescimento acidental	Crescimento intencional
• Planos começam amanhã	• Insiste em começar hoje
• Espera que o crescimento venha sozinho	• Assume completa responsabilidade por crescer
• Aprende somente com os erros	• Frequentemente aprende antes dos erros
• Confia na boa sorte	• Confia no trabalho duro
• Desiste facilmente	• Persevera
• Frequentemente cai em maus hábitos	• Luta por bons hábitos
• Fala demais	• Age e completa a tarefa
• Receoso, não arrisca	• Assume riscos
• Pensa como uma vítima	• Pensa como um aprendiz
• Confia no talento	• Confia no caráter
• Para de aprender após a graduação	• Nunca para de crescer

Eleanor Roosevelt uma vez disse: "A filosofia de uma pessoa não é expressa por meio de palavras; é expressa pelas escolhas que ela faz. Modelamos a nossa vida e o nosso eu a longo prazo. O processo continua pela vida toda. E as escolhas que fazemos são, em última análise, de nossa total responsabilidade."

> "A filosofia de uma pessoa não é expressa por meio de palavras; é expressa pelas escolhas que ela faz. Modelamos a nossa vida e o nosso eu a longo prazo."
> — Eleanor Roosevelt

Se você quiser desenvolver o seu potencial e se tornar a pessoa que foi criada para ser, precisa fazer mais do que somente viver a vida e ter a esperança de aprender o que for necessário. Deve sair da rotina e tomar posse das oportunidades de crescimento como se o seu futuro dependesse disso. O motivo? Porque ele realmente depende. Crescimento não acontece por acaso — nem para mim, nem para você ou qualquer outra pessoa. Você deve buscá-lo.

APLIQUE A LEI DA INTENCIONALIDADE À SUA VIDA

1. Qual das barreiras discutidas no capítulo fez com que você negligenciasse o seu potencial de crescimento?

- ❏ A Barreira da Suposição — "Suponho que crescerei automaticamente"
- ❏ A Barreira do Conhecimento — "Não sei como crescer"
- ❏ A Barreira do Tempo — "Essa não é a hora certa de começar"
- ❏ A Barreira do Engano — "Tenho medo de cometer erros"
- ❏ A Barreira do Perfeccionismo — "Tenho que encontrar o melhor caminho antes de começar"
- ❏ A Barreira da Inspiração — "Não sinto vontade de fazê-lo!"
- ❏ A Barreira da Comparação- "Os outros são melhores"
- ❏ A Barreira das Expectativas — "Achava que seria mais fácil"

Agora que você ganhou discernimento sobre as barreiras, veja quais estratégias pode criar e colocar em prática, a fim de superá-las. Escreva um plano específico para cada uma das barreiras que seja um problema para você. Coloque esse plano em prática hoje.

2. A maioria das pessoas subestima a significância de quase todas as coisas em sua vida. Elas se distraem. Como resultado, colocam o crescimento em segundo plano, e se elas crescerem isso acontece acidentalmente. Dê uma olhada na sua agenda para o próximo ano. Quanto tempo reservou especificamente para o seu crescimento pessoal? Se você é como a maioria das pessoas, responderá que não reservou tempo nenhum. Ou poderá ter planejado assistir a um evento nos próximos doze meses. Isso não será o suficiente.

Refaça a sua agenda de modo que tenha um momento consigo mesmo uma vez ao dia, cinco dias na semana, cinquenta semanas por ano. Já posso ouvi-lo dizer: "O quê? Não tenho tempo para isso!" Provavelmente não tem mesmo. Mas faça-o de todo modo. Se quiser ser bem-sucedido, precisa fazer o que for preciso. Acorde uma hora antes. Vá dormir uma hora mais tarde. Abra mão da sua hora de almoço. Faça hora extra nos finais de semana. Se não o fizer, terá que se preparar para desistir dos seus sonhos e do desejo de realizar completamente o seu potencial.

3. Comece agora. Não importa qual hora do dia você está lendo essas palavras. Firme um compromisso de começar a crescer hoje. Invista essa primeira hora antes de dormir hoje. Coloque isso em prática hoje e nos próximos cinco dias. É provável que não tenha vontade de fazê-lo. Simplesmente faça.

2

A LEI DO AUTOCONHECIMENTO
Você Precisa se Conhecer para Crescer

*"Ninguém pode realizar grandes coisas se não for
completamente sincero consigo mesmo."*
— James Russel Lowell

Em 2004, Adam Sandler e Drew Barrymore estrelaram uma comédia chamada *Como Se Fosse a Primeira Vez*. É a história de um rapaz que se apaixona por uma jovem, e então descobre que ela não se lembra dele no dia seguinte. Na verdade ela não consegue se lembrar de nada que tenha acontecido desde o acidente de carro que sofreu um ano antes. Seu destino é viver cada dia como se este fosse o dia antes do seu acidente. Um filme bonito, mesmo que a premissa seja um pouco tola. Mas, e se algo assim puder realmente acontecer?

SEM MEMÓRIA

Há um famoso caso de neuropsicologia de um indivíduo com uma condição similar, documentado em 1957 e estudado por centenas de médicos e pesquisadores. O paciente é Henri M, ele nasceu em Hartford, Connecticut, em 1926. Ele sofria de um tipo de epilepsia tão grave e debilitante que o impedia de viver uma vida normal. Quando fez 27 anos, passou por uma cirurgia experimental que retirou partes do seu cérebro na tentativa de curar a sua epilepsia. A boa notícia foi que, após a cirurgia, ele já não mais sofria das convulsões constantes. Além disso, não apresentou nenhuma sequela em sua inteligência, personalidade ou habilidades sociais. Entretanto houve um terrível efeito colateral. Ele perdeu a sua memória recente.

Henry M. não conseguia mais se lembrar de nada que houvesse acontecido depois da cirurgia. Ele não reconheceu os seus médicos. Não conseguia encontrar o caminho até o banheiro. Quando voltou para casa, jogava todos os dias os mesmos quebra-cabeças e lia as mesmas revistas sem se lembrar de já o ter feito. Depois da sua família se mudar para uma casa nova, ele não conseguia se lembrar de um dia haver mudado e nem do caminho para casa nova, embora tivesse lembranças vívidas da casa antiga. Quando era entrevistado trinta minutos após o almoço, não conseguia se lembrar de nada que tivesse comido.[1] De fato, não se lembrava nem de ter almoçado. Henry M. estava preso no tempo, incapaz de aprender, crescer e mudar. Uma tragédia!

VOCÊ TEM SENSO DE DIREÇÃO?

Qualquer pessoa que queira crescer, mas não conheça a si mesma é de certo modo como Henry M. Para crescer é preciso se conhecer: suas forças e fraquezas, interesses e oportunidades. Precisa ser capaz de avaliar não somente onde esteve, mas também onde está agora. De outro modo não poderá determinar um caminho por onde queira ir. E de fato, cada vez que quiser aprender algo novo precisa tomar posse desse novo aprendizado de hoje e construir sobre o fundamento do que aprendeu ontem, e assim continuar crescendo. Esse é o único modo de ganhar impulso e continuar a crescer.

Para atingir o seu potencial, você precisa saber aonde quer ir e onde está agora. Sem essas duas informações é provável que você se perca. Conhecer a si mesmo é como ler o aviso "você está aqui" escrito em um mapa quando está procurando o caminho para o seu destino.

Tenho observado que existem basicamente três tipos de pessoas no que se trata de ter direção na vida:

1. *Pessoas que não sabem o que querem fazer*

Essas pessoas geralmente são confusas. Não possuem um senso de propósito. Se estiverem crescendo, não estarão concentradas no processo. Elas são superficiais. Vagueiam. Não conseguem atingir o seu potencial porque não tem ideia do seu alvo.

2. *Pessoas que sabem o que querem fazer, mas não o fazem*
Essas pessoas normalmente são frustradas. Todo dia elas tomam consciência do abismo entre o lugar onde estão e aquele em que gostariam de estar. Algumas vezes não estão fazendo o que querem porque temem que isso faça com que negligenciem outras responsabilidades, como sustentar a sua família. Às vezes não estão dispostas a pagar o preço de aprender, crescer e se aproximar do que querem ser. Outras vezes o medo as impede de mudar de curso para tomar posse do que realmente gostam de fazer. Não importa a causa, ambas deixam de alcançar o seu potencial.

3. *Pessoas que sabem o que querem e o fazem*
O terceiro tipo conhece a si mesmo é concentrado no seu propósito, cresce em áreas que o ajudam a atingir os seus objetivos e faz o que foi criado para fazer. A palavra que melhor o descreve é realizado.

Poucas situações são tão extremas quanto a de Henry M, embora a maioria das pessoas se encaixe na primeira categoria. Elas não sabem o que querem fazer. Creio que o principal motivo é porque não se conhecem tão bem quanto deveriam, e desse modo não conseguem se concentrar em seu crescimento.

Conhecer a si mesmo não é necessariamente algo fácil de fazer. Em um discurso de formatura na Universidade de Princeton, o então futuro presidente dos Estados Unidos, Woodrow Wilson, proclamou:

> Vivemos em uma época perturbada, confusa, perplexa, com medo da sua própria força, à procura não somente do seu caminho, mas também da sua direção. Há muitas vozes de conselho, mas poucas vozes de visão. Há muita agitação e atividade frenética, mas pouca demonstração de propósitos conscientes. Nós nos distraímos com as nossas emoções desgovernadas e sem propósito. Fazemos muitas coisas, mas sem constância. É nossa tarefa encontrar a nós mesmos.

Wilson fez essa declaração em 1907! Imagine o que diria se vivesse hoje.

Encontrar-se a si mesmo e atingir o seu potencial é difícil para a maioria das pessoas, porque isso pode ser um tanto quanto paradoxal. Você precisa saber quem é para crescer e atingir o seu potencial. Mas

> Você precisa saber quem é para crescer e atingir o seu potencial. Mas precisa crescer para saber quem é.

precisa crescer para saber quem é. Um círculo vicioso. E qual a solução? Explore a si mesmo enquanto explora o seu crescimento.

O ponto de partida é prestar atenção as suas habilidades. Para mim começou quando foquei meu crescimento em áreas que sabia que me ajudariam como ministro, que era a coisa mais importante da minha vida. As quatro áreas podem ser representadas pela palavra REAL: relacionamentos, estar preparado, ter atitude, liderar. Minha motivação me levou a crescer. E meu crescimento me levou à minha manteve a minha motivação, à medida que descobria meu amor e habilidade em liderar. Esse continuou a ser um importante objetivo do meu crescimento pessoal por aproximadamente quarenta anos. Outras áreas que a motivação e o propósito revelaram foram fé, família, comunicação e criatividade. Todas continuam a ser parte importante de minha vida de amor pelo aprendizado e crescimento.

COMO ENCONTRAR SUA MOTIVAÇÃO E PROPÓSITO

O psicoterapeuta Nathaniel Branden afirma: "O primeiro passo em direção à mudança é o autoconhecimento. O segundo é aceitação." Se você quiser mudar e crescer precisa conhecer a si mesmo e aceitar quem é antes de começar a trabalhar. Aqui vão dez perguntas que irão ajudá-lo a dar início ao processo.

> "O primeiro passo em direção à mudança é o autoconhecimento. O segundo é aceitação."
> — Nathaniel Branden

1. *Você gosta do que faz agora?*

Fico impressionado com a quantidade de pessoas que conheço a cada dia que não gostam da a sua profissão. Por que a escolheram? Compreendo a necessidade de ter uma fonte de renda. Todos nós já tivemos empregos de que não gostávamos.

Trabalhei em uma fábrica de empacotamento de carne quando estava na faculdade. Não gostava desse emprego. Mas também não permaneci lá fazendo algo que não considerava satisfatório. Se amasse aquele emprego e ele se encaixasse em minha motivação e propósito, teria ficado e construído carreira. Mas não era o que eu queria.

O filósofo Abraham Kaplan observou: "Se, como Sócrates disse, a vida não examinada não vale a pena ser vivida, também a vida não vivida precisa ser examinada." Se você não gosta do seu trabalho, precisa separar algum tempo e examinar o porquê.

Será arriscado mudar do que se está fazendo hoje para o que realmente quer fazer? Com certeza! Você pode falhar. Também pode descobrir que não gosta tanto da nova atividade quanto achava que iria gostar. Pode não ganhar tanto dinheiro quanto esperava ganhar. Mas também não será arriscado permanecer onde está? Você pode falhar. Pode ser demitido. Pode passar por uma redução de salário. Ou o pior de tudo, pode chegar ao fim da sua vida se sentindo arrependido por nunca ter atingido o seu potencial ou feito o que amava. Qual risco você prefere?

2. O que você gostaria de fazer?

Certamente, há uma ligação direta entre encontrar a sua motivação e realizar o seu potencial. A jornalista Maria Bartiromo diz: "Toda pessoa bem-sucedida que conheci tem um forte senso das suas habilidades e inspirações individuais. Elas são líderes das suas próprias vidas e ousam tomar posse dos seus sonhos, ditando suas próprias regras."

> Certamente, há uma ligação direta entre encontrar a sua motivação e realizar o seu potencial.

Você já encontrou e tomou posse do que o motiva? Sabe o que gostaria de fazer? Quando o souber, isso fará toda a diferença. Porque quando compreende e expressa a sua motivação, entra em cena o fator E&E: energia e excelência:

- Você nunca cumprirá o seu destino fazendo algo de que não goste.

- A motivação lhe dá uma vantagem sobre os outros, porque uma pessoa motivada é maior que noventa e nove que tenham somente um interesse.
- A motivação lhe dá energia.

Quando era criança tudo o que queria fazer era brincar. Não gostava de trabalhar. Decobri o poder de conhecer e expressar minha motivação quando passei do Ensino Médio para a faculdade. No fundamental estava somente agindo de forma mecânica, rotineira. Mas quando entrei na faculdade, comecei a trabalhar em áreas ligadas ao meu propósito. Estava correndo atrás de minha motivação. Isso me animou!

E continuo animado com o que faço. Agora que estou com mais de sessenta anos, ouço as pessoas me perguntarem quando vou me aposentar. E, sinceramente, a aposentadoria não está nos meus planos. Por que alguém iria desejar parar de fazer algo que ama? Nada é trabalho a não ser que se prefira estar fazendo alguma outra coisa. Quer saber quando vou me aposentar? Quando morrer! É quando vou parar de escrever e fazer conferências.

Como você sabe o que quer fazer? Como você expressa a sua motivação? Escute o seu coração. Preste atenção ao que ama fazer. Thomas L. Friedman, escritor e jornalista ganhador do prêmio Pulitzer diz:

> O que for que planeje fazer seja viajar pelo mundo no próximo ano, terminar os estudos, começar a trabalhar, ou tirar umas férias para pensar, não ouça somente a sua razão. Escute o seu coração. É o melhor consultor de carreira que existe. Faça o que realmente ama fazer, e se ainda não souber o quê, então continue buscando. Se encontrar o que procura, trará esse algo mais para o seu trabalho, o que lhe dará a certeza de não ser um autômato ou dependente do que outros pensem. Isso o ajudará a ser um radiologista, engenheiro ou professor irrepreensível.

Se nunca descobrir o que gostaria de fazer, provavelmente será frustrado por toda a vida. O escritor Stephen Covey observou: "Como a nossa vida fica diferente quando realmente sabemos o que é importante para nós, e quando mantemos isso em mente somos bem-sucedidos. Isso implica em ser e saber o que realmente importa". Conhecer a si mesmo e o que se quer fazer é uma das coisas mais importantes que você fará.

3. *Você pode fazer o que gostaria de fazer?*
Quando era um pastor, havia um jovem chamado Bobby na minha igreja. Era meu líder de louvor. Se você não tem familiaridade com essa função, é a pessoa que prepara as músicas para o culto de domingo, lidera os outros cantores e músicos e rege a congregação durante o louvor.

Eu sabia que Bobby não estava feliz, e suspeitava que ele preferisse fazer alguma outra coisa. Então o chamei para uma conversa de coração para coração. Bobby confessou que realmente estava infeliz. Perguntei-lhe o que realmente gostaria de fazer. Ele hesitou por um momento e então confidenciou que gostaria de ser o locutor do time de beisebol Chicago Cubs.

Tudo o que pude pensar foi: "Você ainda vai ser infeliz por um longo tempo." Ele não possuía as habilidades necessárias para essa tarefa. E, mesmo que o tivesse, o emprego não estava disponível! Falei a ele que precisaria encontrar algo mais concreto, que se alinhasse com os seus dons e oportunidades.

> **Você precisa ter algum tipo de critério para saber se o seu desejo combina com as habilidades que possui.**

Há uma grande diferença entre ter um sonho que o impulsione a realizar algo, e tirar uma ideia do nada, que não tem conexão com o que você é e o que pode fazer. Tenho um sentimento tão forte em ajudar pessoas com esse problema que escrevi um livro sobre o assunto, chamado *Put Your Dream to the Test* [Ponha os seus Sonhos à Prova]. Você precisa ter algum tipo de critério para saber se o seu desejo combina com as habilidades que possui.

Warren Bennis também desenvolveu algo para ajudar pessoas com essa questão. Ele oferece três perguntas que você pode fazer a si mesmo a fim de identificar se o que deseja realizar é possível. Pergunte assim:

- *Você sabe a diferença entre o que quer e o que tem habilidade para fazer?* Essas duas coisas nem sempre andam juntas. Creio que esse era o caso de Bobby. O que ele queria e o que poderia fazer eram coisas muito diferentes. Para ser bem-sucedido é preciso estar fazendo algo para o qual tem habilidade.
- *Você sabe o que o move e o que lhe traz satisfação?* Algumas vezes pessoas decidem fazer algo pelos motivos errados. Talvez o emprego que elas desejem não pareça realmente trabalho, quando de fato o é. Ou desejem as recompensas que vem junto com o emprego, e não o trabalho por si só. Quando o que lhe motiva se alinha ao que lhe satisfaz, essa é uma combinação poderosa.
- *Você sabe quais são os seus valores e prioridades, e quais são os valores e prioridades da sua organização?* Quanto mais conseguir alinhá-los, maiores as chances de sucesso. Se você e o seu empregador trabalham em desacordo vai ser difícil ter sucesso.

A avaliação das diferenças entre o que se quer e o que se é capaz de fazer, entre o que o move e o que o satisfaz, entre os seus valores e os da organização revelam muitos dos obstáculos que se encontram entre você e o que se deseja. Neste momento a pergunta que se precisa fazer a si mesmo é se seria capaz de superar essas diferenças.

Um dos principais segredos para ser bem-sucedido e cumprir o seu propósito é compreender os seus talentos individuais e encontrar a arena certa onde poderá usá-los. Algumas pessoas possuem uma habilidade inata para saber quem são. Outros têm que trabalhar duro para fazer essa descoberta. O poeta e crítico Samuel Johnson observou: "Quase todos desperdiçam parte da vida tentando mostrar qualidades que eles não possuem." Seu alvo deve ser o de desperdiçar o menos possível da sua vida. Como o ex-jogador da liga americana de beisebol, Jim Sundberg, disse: "Descubra a sua individualidade, e então se discipline para aprimorá-la."

> "Quase todos desperdiçam parte da vida tentando mostrar qualidades que eles não possuem."
> — Samuel Johnson

4. *Você sabe por que quer fazer o que deseja?*
Acredito que é muito importante não somente saber o que se quer fazer, mas também saber o motivo de querer fazê-lo. Digo isso porque o motivo importa. Quando você faz coisas pela razão certa, isso lhe dá a força interior necessária quando as coisas não vão tão bem. Os motivos certos o ajudam a construir relacionamentos positivos, porque evitam motivações ocultas e o estimulam a colocar pessoas à frente de metas. Fazer algo pelas razões certas também mantém a vida menos bagunçada e o caminho mais claro. Não só a sua visão fica mais clara como o seu sono fica mais tranquilo por saber que se está no caminho certo.

Meu trabalho é meu chamado. Quando lidero ou comunico, meu sentimento é de que nasci para isso. É algo baseado em minhas capacidades. Algo que me dá energia. Faz diferença na vida de outros. Sinto-me realizado e tenho um vislumbre do eterno.

Creio que você pode ter o mesmo tipo de satisfação e experimentar o sucesso se fizer algo para o qual foi criado, e se o fizer pelos motivos certos. Tire algum tempo para refletir. Explore suas intenções e atitudes. O psiquiatra Carl Jung afirmou: "Sua visão só se tornará clara quando olhar dentro do seu coração. Quem olha para fora, sonha. Quem olha para dentro, desperta."

> "Sua visão só se tornará clara quando olhar dentro do seu coração. Quem olha para fora, sonha. Quem olha para dentro, desperta."
> — Carl Jung

As primeiras quatro perguntas que deve fazer a si mesmo têm a ver com o que você quer fazer. Como disse no início do capítulo, você deve conhecer a si mesmo para crescer. Essa é a Lei do Autoconhecimento. Mas quero ajudá-lo a fazer mais do que somente saber o que fazer. Quero que tenha a percepção de como começar a se mover nessa direção. Isso o ajudará a estabelecer alvos e, por fim, ajustar o seu crescimento. Com isso em mente, as perguntas seguintes o ajudarão a definir o seu plano de ação.

5. *Você sabe o que deve fazer para que possa fazer o que deseja?*
Mudar do que se está fazendo agora para o que se deseja fazer é um processo. Você sabe qual o custo? Creio que começa com...

AUTOCONSCIÊNCIA

Darren Hardy, o editor da revista *Sucess* [Sucesso] diz: "Faça uma imagem mental de si mesmo em [qualquer] área neste momento. Agora imagine como você quer ficar: mais rico, mais magro, mais feliz, você decide. O primeiro passo em direção à mudança é a autoconsciência. Se quiser percorrer o caminho de onde se encontra até onde quer chegar, é preciso começar a ficar consciente das escolhas que o desviam do destino desejado. Torne-se consciente de cada escolha que faz hoje para que comece a fazer escolhas mais sábias enquanto segue adiante."

> Você não alcançará a vitória se não começar a caminhar. As pessoas que vencem neste mundo são aquelas que procuram pelas circunstâncias que querem encontrar, e se não as encontram, as criam.

Você não pode mudar de direção se não estiver ciente do seu destino. Isso deve soar bem óbvio. Mas você já gastou um tempo para ver onde suas escolhas e atividades atuais o estão levando? Passe algum tempo pensando qual é o seu destino atual. Se esse não é o lugar para onde você quer ir, então escreva quais atitudes precisa tomar para alcançar o seu alvo, para fazer o que realmente quer. Torne-os tão tangíveis quanto for possível. Será que esses passos serão os certos? Pode ser que sim, mas também pode ser que não. No entanto você não terá certeza disso a não ser que comece a caminhar. E isso nos leva à próxima fase:

AÇÃO

Você não alcançará a vitória se não começar a caminhar. As pessoas que vencem neste mundo são aquelas que procuram pelas circunstâncias que querem encontrar, e se não as encontram, as criam. Tomam a iniciativa. Isso significa fazer algo específico a cada dia que o levará um passo adiante em direção ao seu alvo. Significa agir com constância. Quase todos os casos de sucesso são fruto de iniciativa.

RESPONSABILIDADE PELOS RESULTADOS

Poucas coisas instigam uma pessoa a completar uma tarefa como a responsabilidade. Uma forma de usar essa ferramenta é tornar públicos os seus objetivos. Quando conta a outros a respeito do que pretende fazer, isso o impele a continuar trabalhando. Você pode pedir a algumas pessoas que o cobrem a respeito do seu progresso. É similar a ter um prazo final para o cumprimento da meta. Isso o mantém em movimento. Você pode também escrever metas como forma de prestação de contas. É isso que Darren Hardy sugere. Ele diz que você deve rastrear cada ação que se refere a alguma área onde se quer ver melhoras, sendo essa ação relacionada a finanças, saúde, carreira ou relacionamentos. "Simplesmente carregue consigo um pequeno caderno, algo que possa manter em seu bolso ou pasta o tempo todo, um meio de registro", diz Hardy. Você vai escrever tudo. Todo dia. Sem falhar. Sem desculpas ou exceções. Como se estivesse sendo vigiado por câmeras. Reconheço que não parece muito divertido fazer anotações em um pedaço de papel. Mas o rastreamento de meu progresso e meus erros é uma das razões do meu sucesso. O processo lhe obriga a se conscientizar das suas decisões.

ATRAÇÃO

Se você se conscientizar dos passos que deve tomar para fazer o que deseja, se tomar uma atitude e se tornar responsável por completar o processo, começará a produzir o comportamento que anseia e vai se aproximar cada vez mais do seu alvo. E isso começará a produzir um efeito colateral positivo: você começa a atrair pessoas que pensam da mesma forma. A Lei do Magnetismo do livro *As 21 Irrefutáveis Leis da Liderança* diz: "Quem você é , é quem você atrai". Isso é verdadeiro em liderança, mas também é verdade em cada aspecto da vida. Como minha mãe costumava me dizer: "Diga-me com quem andas e te direi quem és".

Se você quiser estar próximo de pessoas em crescimento, torne-se uma pessoa assim. Se for alguém comprometido, atrairá pessoas comprometidas. Se estiver em crescimento, atrairá pessoas em crescimento. Isso lhe dá a oportunidade de construir uma comunidade de pessoas que pensam do mesmo modo. Elas se ajudam mutuamente na busca pelo sucesso.

6. *Você conhece pessoas que fazem o que você gostaria de fazer?*

Meu maior crescimento sempre veio como resultado de conhecer pessoas que estavam à minha frente, e que foram capazes de me indicar o caminho. Algumas delas me ajudaram pessoalmente. Mas a maioria me ajudou através dos livros que escreveu. Quando tive perguntas, encontrei respostas em sua sabedoria. Quando quis aprender como liderar melhor, olhei para Melvin Maxwell, Bill Hybels, John Wooden, Oswald Sanders, Jesus Cristo, e centenas de outros que me mostraram o caminho. Se aprendi a me comunicar eficientemente é porque aprendi com Andy Stanley, Johnny Carson, Howard Hendricks, Ronald Reagan, Billy Graham, e centenas de outros. Se crio e escrevo de modo que ajude outras pessoas, é porque Les Stobbe, Max Lucado, Charlie Wetzel, Les Parrott, Bob Buford, e outros investiram o seu tempo em mim.

Se você já descobriu o que quer fazer, encontre pessoas que fazem com excelência o que você quer fazer. E então faça o que for preciso para aprender com elas.

Comprometa-se. Se necessário, pague a essas pessoas pelo tempo compartilhado.

Seja consistente. Encontre-se a cada mês com alguém que possa lhe ensinar algo.

Seja criativo. Comece com os seus livros se não puder encontrá-los pessoalmente.

Tenha propósito. Gaste duas horas se preparando para cada hora de interação.

Seja reflexivo. Gaste duas horas de reflexão para cada hora de interação.

Seja grato. Essas pessoas são bênção para o seu crescimento pessoal; faça-as saberem disso.

Lembre-se de que não poderá chegar onde quer sozinho. Você precisa da ajuda de outros na sua caminhada.

7. *Você deveria unir-se a essas pessoas para fazer o que deseja?*

Se você é alguém dedicado ao crescimento pessoal, sempre estará aprendendo de muitas pessoas em muitos lugares. Eventualmente terá a oportunidade de ser aconselhado continuamente por uma única pessoa. Ser discipulado por uma pessoa que seja bem-sucedida em sua área de interesse é algo de grande valor, e discutirei isso no capítulo da Lei do Modelo. Entretanto paro agora para lhe aconselhar sobre como abordar um mentor. Se encontrar um mentor em potencial, saiba que os pontos a seguir são de sua responsabilidade.

- Tenha um espírito que aceita o ensino
- Sempre esteja preparado para o tempo que passará com o seu mentor.
- Determine a agenda fazendo perguntas importantes.
- Demonstre o quanto aprendeu nesse tempo com o seu mentor.
- Seja responsável pelo que aprendeu.

Como alguém que já discipulou muitas pessoas posso lhe dizer o que penso serem as responsabilidades de um mentor. Tenho a responsabilidade de valorizar as pessoas que discípulo. Meu alvo é sempre ajudá-las a se tornarem mais do que já são, e não fazer com que sejam alguém que não são. Essas são as áreas em que me concentro:

- Pontos fortes
- Temperamento
- Realizações e fracassos
- Paixões
- Escolhas
- Aconselhamento
- Apoio, recursos/ pessoas
- Plano de ação
- Retorno
- Estímulo

Pense qual contribuição específica você pode oferecer dentro de cada uma dessas áreas para as pessoas que discípula.

Uma das pessoas que mais gostei de discipular foi Courtney McBath, de Norfolk, Estado de Virgínia. Na segunda vez que nos encontramos ele disse:

> Aqui está o que lhe perguntei.
> Aqui está o que você partilhou comigo.
> Aqui está o que fiz.
> Agora posso fazer mais perguntas?

Minha resposta é sempre sim quando estou com pessoas que completam a tarefa dessa forma!

Cada uma das pessoas que poderia ajudá-lo não é necessariamente a pessoa que realmente vai ajudá-lo. Você tem escolhas a fazer, assim como os mentores. Seu alvo é encontrar uma parceria que seja boa para ambos, mentor e discípulo.

8. *Você pagará o preço por fazer o que deseja?*

O escritor e educador James Thom disse: "Provavelmente o indivíduo autodidata mais honesto foi o que disse: 'cheguei ao fim de minha dura jornada – lutando contra minha preguiça e ignorância a casa passo do caminho.'" Isso é algo bem verdadeiro, não é? Nós normalmente somos o nosso pior inimigo. Criamos barreiras ao sucesso.

Há vários anos atrás eu topei com um artigo chamado "Sonhe alto". Era cheio de palavras de incentivo, mas também capturava bem o preço da realização dos seus sonhos. Ele diz:

> *Se houver um tempo para ousar,*
> *Para fazer a diferença,*
> *Embarcar em algo que valha a pena,*
> *Esse tempo é agora.*
> *Mas não necessariamente por uma grande causa*
> *E sim por algo que fisgue o seu coração,*
> *Algo pelo qual você aspira,*
> *Pelo que sonha.*
> *Você deve isso a si mesmo - fazer com que os seus dias valham a pena.*
> *Divirta-se.*

Vá fundo.
Faça alongamento.
Sonhe alto.
Saiba, entretanto, que coisas que valem a pena dificilmente vem fácil.
Haverá dias bons.
E também dias maus.
Haverá dias em que desejará dar a volta,
Desistir de tudo e parar.
Esses momentos dizem que você está abrindo caminho,
Que você não tem medo de tentar e aprender.[2]

Há um custo em dar os passos necessários para viver os seus sonhos e fazer o que deseja. Você terá que trabalhar duro e fazer sacrifícios. Continuar a aprender, crescer e mudar. Está disposto a pagar esse preço? Espero que sim, mas saiba que a maioria não está.

9. *Quando você pode começar a fazer o que deseja?*
Pergunte às pessoas quando pretendem começar a fazer o que desejam e a maioria dirá que espera fazê-lo "algum dia". Por que não agora? Porque não está pronto? Talvez não esteja. Todavia se for esperar até estar pronto, talvez nunca o faça.

Muitas das minhas realizações na vida comecei a praticar antes de estar realmente pronto. Quando estava ensinando liderança a pastores em 1984, e estes me pediram por educação continuada, eu não estava pronto. Mas durante uma conferência com 34 pessoas em Jackson, Mississippi, decidi fazer circular uma folha de papel para coletar dados de contato de cada um que quisesse receber uma fita cassete com um curso mensal de liderança. Todos os trinta e quatro assinaram. Será que eu estava pronto para dar início a essa série mensal sobre liderança? Não. Iniciei assim mesmo? Sim! Será que tinha uma estratégia comprovada quando fundei a organização EQUIP para ensinar

> Muitas das minhas realizações na vida comecei a praticar antes de estar realmente pronto.

liderança a pessoas de todo o mundo? Não. Mas dei início ao projeto assim mesmo. Ninguém fica pronto enquanto espera. Somente quando começa a agir.

10. *Como será quando estiver fazendo o que deseja?*

Porque tive o privilégio de fazer o que sempre desejei, quero ajudá-lo a ver adiante e saber como é a sensação. Em primeiro lugar, será diferente do que você imaginar. Nunca pensei que alcançaria tantas pessoas. Nunca pensei que a vida seria tão bela. Nunca imaginei que iria querer me afastar temporariamente das pessoas a fim de pensar e escrever. Mas também não antecipei as expectativas que colocariam sobre mim.

Será mais difícil do que você imaginou, quando estiver fazendo o que deseja. Eu não tinha ideia de quanto tempo seria necessário para me tornar apto. Nunca esperei estar sob tão grandes cobranças ou continuar a pagar um preço tão alto para ser bem-sucedido. Também nunca imaginei que meu nível de energia chegaria a níveis tão baixos quanto esteve recentemente.

Por último, deixe-me dizer-lhe algo. Quando você estiver fazendo o que sempre quis, isso será melhor do que você haverá imaginado. Quando comecei a investir em meu crescimento pessoal não podia imaginar que receberia um retorno múltiplo — para mim, pessoalmente, para as pessoas que discipulei e para minha equipe. E nunca sonhei que pudesse ser tão divertido! Nada se compara a fazer o que se nasceu para fazer.

> Há dois grandes dias na vida de uma pessoa: o dia em que ela nasceu e o dia em que descobriu por que nasceu.

Há alguns anos atrás num evento de liderança chamado *Exchange* [Intercâmbio] em que anualmente recebo executivos, tive a honra de receber Coretta Scott King e Bernice King como oradoras. Todos nós sentamos no santuário da Igreja Batista Ebenézer, em Atlanta, e as escutamos. O que os participantes do evento mais queriam saber era sobre o discurso "I have a dream" (Eu tenho um sonho), de Martin Luther King Jr.

Bernice nos contou que havia muitos oradores programados para falar àquela multidão naquele dia, nos degraus do Memorial Lincoln. Muitos deles competiram pelos melhores lugares na ordem de participação, esperando aparecer na TV. O pai de Bernice desistiu do seu horário. Ele não se importava com o seu lugar na agenda. Tudo o que lhe importava era conseguir se comunicar com a multidão. E quando ele o fez, entrou para a história. A razão é porque ele estava realizando o que estava destinado a fazer. No ano seguinte a Lei dos Direitos Civis foi votada em Washington, capital do país. Martin Luther King perseguiu com sua motivação, encontrou o seu propósito e como resultado causou um impacto no mundo.

As pessoas dizem que há dois grandes dias na vida de uma pessoa: o dia em que ela nasceu e o dia em que descobriu porque nasceu. Quero lhe estimular a buscar o motivo pelo qual nasceu neste mundo. E então tome posse dele com todas as suas forças.

> **APLIQUE A LEI DO
> AUTOCONHECIMENTO
> À SUA VIDA**

As perguntas deste capítulo são projetadas para provocá-lo a conhecer a si mesmo e dar início ao o seu propósito na vida. Aqui vai uma versão simplificada das perguntas. Invista um bom tempo respondendo-as para que tenha um plano de ação a seguir quando terminar.

1. O que você gostaria de realizar?
2. Que talentos, habilidades e oportunidades possui que sustentam o seu desejo em fazê-lo?
3. Quais são os seus motivos em querer fazê-lo?
4. Quais passos você deve tomar — começando por hoje — para realizá-lo?

- Autoconhecimento
- Ação
- Responsabilidade

5. De quem poderá receber algum conselho ao longo do caminho?
6. Qual o preço que está disposto a pagar? Quanto lhe custará em tempo, dinheiro e sacrifícios?
7. Em qual área mais precisa crescer? (Você precisa se concentrar em seus pontos fortes e superar qualquer ponto fraco que lhe impeça de atingir o seu alvo.)

3

A Lei do Espelho
Você Precisa Enxergar o seu Valor para se Valorizar

*"O desenvolvimento pessoal se baseia na crença de que você vale
o esforço, tempo e energia necessários para crescer."*
— Denis Waitley

Frequentemente me pergunto o que impede as pessoas de serem bem-sucedidas. Creio que todas as pessoas têm dentro de si as sementes do sucesso. Tudo o que precisam fazer é cultivá-las, irrigá-las e alimentá-las e começarão a crescer. Este é o motivo porque tenho passado minha vida tentando valorizar as pessoas. Amo vê-las florescer!

Então porque muitas pessoas falham em crescer e atingir o seu potencial? Concluí que uma das principais razões é a baixa autoestima. Muitos não creem em si mesmos. Não enxergam o potencial que Deus colocou neles. São centenas de possibilidades que estão à disposição, embora aconteça de nunca as cultivarem. Creem que não serão capazes de aprender, crescer e florescer.

POTENCIAL REPRIMIDO

Esse foi o caso de Johnnetta McSwain, cuja história conheci recentemente. Por mais de trinta anos ela era alguém que não via valor ou potencial em si mesma. Mas honestamente havia muitas razões legítimas para a sua péssima autopercepção.

Johnnetta era filha de mãe solteira. Sua mãe nunca escondeu o fato de não a querer. Johnnetta e a sua irmã um ano mais velha, Sonya, e mais uma prima passaram os primeiros cinco ou seis anos de vida com a avó, em Birmingham, Alabama. A casa também era compartilhada com três tios, que abusavam das crianças psicológica, física e sexualmente. Johnnetta ficou com marcas físicas e emocionais.

"Quando estava com cinco anos", diz Johnnetta: "Eu já me via como alguém inferior, abandonada por minha própria mãe. Como criança eu não tinha lugar, voz, ou qualquer valor."[1]

Quando a mãe das meninas soube do abuso, levou as três para uma nova casa. Mas o abuso continuou, dessa vez por parte do companheiro da sua mãe. Sonya por fim acabou vivendo nas ruas, dependente de cocaína. Johnnetta não se envolveu com drogas, mas passava muito tempo pelas ruas e abandonou os estudos no segundo ano do Ensino Médio. Teve o seu primeiro filho fora do casamento aos dezenove anos, e o segundo aos vinte e cinco. A maior parte do tempo viveu em abrigos do governo e com ajuda da assistência social. Contava também com apoio extra de algum namorado. Recorria a furtos em lojas para se abastecer de roupas da moda.

A perspectiva de Sonya ironicamente resume o estado em que viviam: "Todos em minha família tem estado na prisão, nas drogas e não terminaram os estudos. Então o que posso esperar da vida? Quem posso ser, no que posso me tornar? O que posso realizar? Nada!"[2]

UMA OLHADA NO ESPELHO

Quando fez trinta anos, Johnnetta olhou no espelho e não gostou do que viu. Ela diz:

> Naquele dia percebi que não tinha absolutamente nada a celebrar — não tinha dinheiro, emprego, casa, marido, e nenhuma ideia ou mesmo a vontade de fazer as coisas melhorarem... Pelo menos sabia que era hora de fazer algumas mudanças.[3]

Ela não estava feliz com a sua vida, e percebeu que se continuasse naquela mesma direção os seus dois filhos também estariam em problemas. Até onde sabia, nenhum dos homens da sua família havia terminado o Ensino Médio. Muitos morreram jovens ou acabaram na prisão. Ela não queria esse futuro para os seus meninos.

Para Johnnetta o processo iniciou com o seu empenho em obter o GED (Diploma de Equivalência Geral). Ela fez um curso de vinte semanas para se preparar para o teste. Era preciso obter 45 pontos para passar. Tirou 44,5. Mas estava determinada em fazer algo por si mesma e marcou um novo exame assim que pode. Quando passou, estava animada em ser escolhida para fazer o discurso de formatura na cerimônia de graduação. Ninguém da sua família veio.

Johnnetta sabia que para mudar precisaria deixar Birminghan recomeçar. Ela queria fazer algo que ninguém da sua família havia feito — ir para a faculdade. Decidiu mudar-se para Atlanta, Georgia, e se sentia motivada por um sentimento profundo: "Tenho a chance de ser quem eu quiser."[4]

Ela levou quase três anos, mas fez a mudança. Logo em seguida ela entrou para a Universidade Estadual Kennesaw, decidida a fazer mais que a grade completa a cada semestre. Estava com trinta e três anos quando iniciou a faculdade. Era uma garota esperta — com a esperteza das ruas e não a dos livros, pelo menos no início. Isso a princípio a deixou intimidada. Mas pela primeira vez na vida ela estava determinada a se tornar alguém melhor. E logo percebeu que poderia fazê-lo.

> "Tenho a chance de ser quem eu quiser."
> — Johnnetta McSwain

"Percebi que não precisava ser esperta", explica Johnnetta. "Eu só tinha que ser determinada, motivada e concentrada. Isso me custou caro. Tive que mudar meu modo de pensar. Tinha que pensar de forma inteligente."[5] Ela não somente estudou muito e permaneceu concentrada, como também procurou a pessoa mais inteligente em cada uma das suas classes e lhe pediu para estudarem juntos. Logo ela estava estudando e pensando como os melhores alunos da faculdade. Ela também manteve a sua visão de futuro. No início de cada semestre ela ia à loja do *campus* e experimentava uma beca e barrete, mirando-se no espelho e imaginando como seria a colação de grau.

Um dia, conversando com um colega de classe, ela percebeu algo. O colega estava falando: "Eu não me amo. Sou um ninguém."

Johnnetta respondeu: "Se você me ama, com certeza pode se amar". Neste momento ela foi impactada, provavelmente pela primeira vez. "Percebi que amava a mim mesma." Ela havia mudado.

Estava se transformando na pessoa que desejava ser, a pessoa que foi criada para ser.

Johnnetta concluiu o bacharelado em três anos. Depois ela iniciou a pós-graduação, e ganhou o titulo de mestrado em serviço social. Atualmente está terminando o doutorado.

"Lutei contra algo que a sociedade me impôs. O meio me dizia que eu não poderia fazer. Respondi que sim, eu posso!"[6]

O PODER DA AUTOESTIMA

A história de Johnnetta é um exemplo poderoso do que pode acontecer na vida de uma pessoa que começa a se valorizar. No seu caso, a motivação de Johnnetta era o desejo de ajudar a os seus filhos. Ela começou a se valorizar primeiro e mais tarde pode ver o seu valor. Não importa o que aconteça primeiro. Um alimenta o outro. O que importa é que esse ciclo de valor inicie!

Se você não percebe que tem valor de verdade e que é alguém digno de investimento, então nunca investirá o tempo e o esforço necessários para atingir o seu potencial. Se não tem certeza em concordar com isso, considere os seguintes pontos.

A autoestima é o fator que mais influência o comportamento de uma pessoa

Frequentemente ouvia meu amigo Zig Ziglar dizer: "É impossível agir coerentemente de uma maneira positiva quando não acreditamos em nós mesmos. É impossível agir de uma forma contrária ao que cremos ao nosso respeito. Podemos fazer bem poucas coisas positivas quando temos uma autoimagem negativa." Zig expressa uma sabedoria bem prática e de senso comum que tem compartilhado por anos. Mas os especialistas na área concordam com a sua avaliação. Nathaniel Branden, um psiquiatra especialista em questões de autoestima diz: "Nenhum fator é mais importante para o desenvol-

> "Nenhum fator é mais importante para o desenvolvimento psicológico e a motivação que o juízo de valor que as pessoas fazem sobre si mesmas."
> — Nathaniel Branden

vimento psicológico e a motivação que o juízo de valor que as pessoas fazem sobre si mesmas. Cada aspecto da sua vida é impactado pelo modo como se veem." Se você acredita não ter valor, então não irá se valorizar.

A baixa autoestima coloca um limite no seu potencial
Sou conhecido por ensinar a Lei do Limite no livro *As 21 Irrefutáveis Leis de Liderança*. Imagine que queira fazer algo grande em sua vida, algo que impacte muitas vidas. Talvez queira fundar uma grande organização. Esse desejo, não importa quão grande, será limitado por sua liderança. É uma restrição ao seu potencial. Bem, a sua autoestima produz o mesmo impacto. Se o seu desejo tem um valor 10 e a sua autoestima, um valor 5, você nunca realizará um 10. Seu resultado será um 5 ou menos ainda. As pessoas nunca conseguem superar a sua autoimagem. Como Nathanial Branden diz: "Se você se sente inadequado para encarar desafios, indigno de receber amor ou respeito, não destinado à felicidade, e teme pensamentos, desejos ou necessidades expressos de forma assertiva — se você carece de autoconfiança, autorrespeito ou esperança em si mesmo — a sua autoestima deficiente vai o limitar, não importam quais outros recursos possua."

> As pessoas jamais conseguem superar a sua autoimagem.

O valor que depositamos em nós mesmos geralmente é o valor que outros também verão em nós
Um homem foi a uma vidente para saber algo do seu futuro. Ela olhou dentro de uma bola de cristal e disse:

— Você será pobre e infeliz até os quarenta e cinco anos.

— E o que acontecerá depois? — Perguntou o homem, esperançosamente.

— Depois você vai se acostumar — respondeu a vidente.

Sinto muito em dizer, mas esse é o modo de vida de muitas pessoas — vivem de acordo com o que outros creem a seu respeito. Se as pessoas da sua vida não esperam nada deles, então é isso em que creem também. Sem problema se você estiver rodeado de pessoas que acreditam em você. Mas e se não estiver?

Você não deve se preocupar muito com o que outros pensam a seu respeito. É preciso ficar mais preocupado com o que pensa de si mesmo. É isso o que Johnnetta McSwain fez. Quando se preparava para se mudar para Atlanta, os seus amigos e família lhe disseram que isso nunca iria acontecer. Quando ela se mudou, eles lhe disseram que iria fracassar e retornar a Birminghan. Ninguém realmente acreditava nela, mas Johnnetta não se importou. Tinha o seu próprio caminho. Ela diz: "Você não precisa aceitar o que as pessoas dizem que você vai ser".[7] Não é maravilhoso?

Se depositar pouco valor em si mesmo, tenha certeza que o mundo não vai melhorar a oferta. Se quiser se tornar a pessoa que tem potencial para ser, deve acreditar que pode!

PASSOS PARA CONSTRUIR A SUA AUTOIMAGEM

Tenho que admitir que nunca tive problemas com minha autoimagem. Cresci em um ambiente muito positivo, e sempre acreditei que seria bem-sucedido. Entretanto tenho trabalhado com muitas pessoas que não cresceram num ambiente assim. E tenho conseguido ajudar alguns deles a dar a volta por cima e a acreditar em si mesmos do modo como acreditei. Espero poder ajudá-lo também, se essa for a sua situação. Para dar início, observe atentamente as próximas dez sugestões:

> Se você depositar pouco valor em si mesmo, tenha certeza que o mundo não vai melhorar a sua oferta.

1. Proteja a sua conversa interior

Quer saiba ou não, você tem uma conversa interior que não para nunca. Qual a natureza da sua? Você estimula a si mesmo? Ou se critica? Se for uma pessoa positiva, então ajudará a criar uma autoimagem positiva. Se for negativa, vai minar o seu valor. De onde vem essa conversa interior negativa e crítica? Normalmente vem de nossa criação. No livro *The Answer* [A Resposta] os escritores e empresários John Assaraf e Murray Smith falam a respeito das mensagens negativas que as crianças recebem enquanto crescem. Eles dizem:

Quando chegar aos dezessete anos, terá ouvido "Não, você não consegue" numa média de 150 mil vezes. E terá ouvido "Sim, você consegue" por aproximadamente cinco mil vezes. São trinta nãos para cada sim. Isso reforça a crença do "Eu não consigo".[8]

Isso é bastante a ser superado. É um dos motivos porque Johnnetta McSwain levou trinta anos para crer que poderia mudar. Desde muito nova fizeram-na se sentir sem valor.

Se quisermos mudar a nossa vida temos de mudar o modo como pensamos a nosso respeito. Se quisermos mudar o modo como pensamos sobre nós mesmos, precisamos mudar o que falamos conosco. E quanto mais velhos ficarmos, mais responsáveis seremos pelo que pensamos, falamos ou acreditamos. Você já não tem problemas suficientes na vida? Por que então adicionar o desânimo causado por sua conversa interior pessimista?

Quando era criança minha história favorita era *The Little Engine That Could* [A Pequena Máquina que Conseguia]. Eu a achava muito estimuladora! Li o livro várias vezes e costumava pensar: "Esse sou eu! Eu também acredito que consigo!"

Você precisa aprender a ser o seu próprio estimulador, o seu próprio líder de torcida. Toda vez que fizer um bom trabalho, não deixe passar em branco; dê a si mesmo um parabéns. Cada vez que preferir disciplina em vez de gratificação, não diga a si mesmo que fez simplesmente o que deveria fazer; reconheça o quanto está se ajudando. Toda vez que errar, não traga à lembrança tudo de errado que há em você; diga a si mesmo que está pagando o preço pelo crescimento e que fará melhor da próxima vez. Cada coisa positiva que disser a si mesmo será de grande ajuda.

2. *Pare de se comparar aos outros*
Quando iniciei meu ministério, aguardava ansiosamente pelo boletim anual que trazia as estatísticas de cada um dos líderes. Assim que o recebia pelos correios, buscava pela minha colocação e comparava meu progresso com o de todos os outros líderes. Após cinco anos percebi quão prejudicial era essa atitude. O que acontece quando você se compara com os outros? São duas possibilidades: ou você percebe o outro muito à sua frente e fica desanimado, ou se percebe melhor

do que o outro, e o orgulho aparece. Nenhuma das duas opções é boa para você, e nenhuma vai ajudá-lo a crescer.

Comparar-se aos outros é uma distração desnecessária. A única pessoa a quem você deve se comparar é você mesmo. Sua missão é se tornar alguém melhor do que foi ontem. Você faz isso se concentrando no que pode fazer hoje para melhorar e crescer. Faça isso frequentemente e quando olhar para trás para comparar o seu eu de semanas, meses ou anos atrás, será grandemente estimulado pelo seu progresso.

3. Mova-se além das suas crenças restritivas

Amo as antigas tirinhas de histórias em quadrinhos chamada Shoe, de Jeff MacNelly. Em uma das minhas preferidas, Shoe está lançando a bola em um jogo de beisebol. Em uma conversa no monte, o seu receptor diz: "Você precisa acreditar na sua bola de efeito." "É fácil para ele falar", Shoes resmunga: "Quando se trata de fé em mim mesmo, sou um agnóstico."

Infelizmente muitos pensam assim. Não acreditam que podem realizar grandes coisas. Mas as maiores limitações que as pessoas experimentam em sua vida normalmente são as autoimpostas. Como o empresário Charles Schwab disse: "Quando a pessoa coloca um limite naquilo que vai fazer, ela coloca um limite no que pode fazer." Foi assim com Johnnetta McSwain. Assim que corrigiu o seu pensar autolimitante, pode então mudar a sua vida.

> "Quando a pessoa coloca um limite naquilo que vai fazer, ela coloca um limite no que pode fazer."
> — Charles Schwab

O escritor Jack Canfield oferece uma solução para o pensamento autolimitante. Em seu livro *The Success Principles* [Os Princípios do Sucesso] ele recomenda os quatro passos para transformar crenças autolimitantes em crenças fortalecedoras.

> Identifique uma crença limitante que queira modificar. Determine o quanto essas crenças o limitam. Decida como quer ser, agir ou sentir. Crie uma declaração de mudança de vida, que afirme ou lhe dê permissão para ser, agir ou sentir desse novo modo.[9]

Esse é realmente um bom conselho. Uma vez que o faça, repita essa declaração para si mesmo todos os dias, pelo tempo que for necessário para mudar o seu pensamento autolimitante.

Vamos imaginar, por exemplo, que queira aprender uma língua estrangeira para crescer na carreira ou aproveitar suas férias, mas não acredita que possa fazê-lo. Uma vez que tenha identificado a crença, defina em quanto será limitado por crer que não conseguira aprender a nova língua. E então descreva como será quando aprendê-la. Como você se sentirá? O que isso o capacitará a fazer? Qual será o impacto em sua carreira? Escreva uma declaração positiva afirme a sua habilidade em aprender, e que descreva como será impactado por esse crescimento. Lembre-se que, no fim, não é o que você é que lhe detém, mas o que você pensa que não é.

4. *Valorize os outros*

Porque pessoas com baixa autoestima frequentemente se imaginam inadequadas ou se veem como vítimas (o que frequentemente tem início no seu passado, quando realmente foram vitimizadas), elas sistematicamente se concentram em si mesmas. Podem se tornar autoprotetoras e egoístas porque sentem que é uma questão de sobrevivência.

Se isso acontece com você, combata esses sentimentos servindo aos outros e trabalhando para valorizá-los. Fazer a diferença — mesmo que de forma pequena — na vida de outros eleva a própria autoestima. É difícil se sentir mal consigo mesmo quando se está fazendo algo bom por alguém. Além disso, valorizar a outros faz com que estes o valorizem também. Isso cria um ciclo de sentimentos positivos entre as pessoas.

5. *Faça a coisa certa, mesmo que seja difícil*

Um dos melhores meios de desenvolver a autoestima é fazer o que é certo. Isso lhe dá um forte sentimento de satisfação. E o que acontece quando você não faz a coisa certa? Ou você se sente culpado, o que o faz se sentir mal consigo mesmo, ou mente a si mesmo para tentar se convencer de que suas ações

> É difícil se sentir mal consigo mesmo quando se está fazendo algo bom por alguém.

não eram erradas ou não eram tão importantes. Isso o lesa como ser humano e também prejudica a sua autoestima.

Ser verdadeiro consigo mesmo e com os seus valores é um tremendo fortalecedor da autoestima. Toda vez que se toma uma atitude que constrói o seu caráter, você se torna uma pessoa mais forte — quanto mais dura a tarefa, maior a força de caráter. Na verdade, você pode influenciar a si mesmo com esse sentimento e passar a se sentir melhor, porque o caráter positivo toma conta de todas as áreas da sua vida, dando-lhe confiança e bons sentimentos a respeito de tudo o que você fizer.

6. Pratique uma pequena disciplina diariamente em uma área específica da sua vida

Quando comecei o ministério, uma das coisas que fiz foi trabalhar um pouco a cada dia no preparo dos meus sermões de domingo. Quando conversava com meus colegas descobria que isso não era comum. A maioria deles começava a preparar o sermão na quinta-feira. E eu não podia compreender porque faziam desse modo. Era como encarar uma montanha — esmagador. Entretanto descobri que se trabalhasse gradualmente ao longo da semana, lá pela sexta estaria certo de completar a tarefa.

Se há alguma área em sua vida que o faz se sentir sobrecarregado — saúde, trabalho, família, ou outra coisa — tente trabalhar gradualmente, um pouco a cada dia em vez de tentar dar conta de tudo de uma só vez. Já que a sua autoestima se baseia em hábitos, ações e decisões positivas que pratica todos os dias, por que não construir a sua autoestima e abordar os seus maiores problemas ao mesmo tempo? Não se inquiete ou se preocupe; faça algo a respeito. A disciplina constrói a sua confiança. Eleve a sua moral dando pequenos passos que o levem na direção certa.

7. Celebre as pequenas vitórias

Essa próxima sugestão é uma sequência das anteriores. Qual é a sua resposta emocional quando você faz a coisa certa ou dá um pequeno passo nessa direção? O que fala para si mesmo? Será que os seus pensamentos são assim?

Então, já não era sem tempo.
Não fiz tudo o que deveria fazer.

Mas isso não fará diferença.
Não há esperança — nunca vou me dar bem.

Ou assim:

Que bom que fiz isso.
Fiz a coisa certa — bom para mim!
Cada pequeno passo conta.
Estou um pouco mais perto do sucesso.

Se os seus pensamentos funcionam como os da primeira lista, você precisa mudá-los.

Preciso admitir que não tenho problemas em celebrar pequenas vitórias. Tampouco as grandes. Realmente amo celebrar. E você também deveria. Tirar um tempo para celebrar seria bom para você. Quando nada nunca está bom, você pode perder a esperança A celebração nos dá estímulo. Ela o inspira a se manter em movimento. Não subestime o seu poder.

8. *Tome posse de uma visão otimista da sua vida, baseada em seu valor*

Quando Reese Witherspoon ganhou o Oscar de melhor atriz em 2006 por sua atuação no papel de June Carter Cash no filme *Johnny e June*, citou June, dizendo: "As pessoas costumavam perguntar a June como ela estava e ela dizia 'Estou tentando ter valor'. Sei o que ela quer dizer." Todos nos queremos que as nossas vidas tenham valor. Isso é difícil quando não acreditamos em nós mesmos.

Se você tem uma visão otimista da sua vida e age para realizar essa visão, então reconhecerá mais facilmente que a sua vida tem valor. Por exemplo, Johnnetta McSwain amava e dava valor a seus filhos, e tinha uma visão otimista do seu futuro, de que eles prosperariam e quebrariam o ciclo de violência perpetuado pelos homens em sua família. Por causa desse amor e por dar valor a eles, ela agiu para cumprir a visão.

O que você valoriza? O que o leva a ser otimista em relação a sua vida? Se você não tiver uma visão provavelmente ficará apático. Entretanto, se identificar e expressar o que valoriza e tentar ver o que está por vir, isso o inspirará a agir. E cada atitude que tomar o ajudará a acreditar em si mesmo, o que por sua vez o fará agir positivamente.

9. *Pratique a estratégia de uma palavra*
Há alguns anos atrás li um livro de Kevin Hall chamado *Aspire* [Aspire], que realmente me inspirou. Tanto que quis encontrar-me com o autor, que achei uma pessoa encantadora. Uma das minhas partes preferidas do livro fala de algo que Kevin faz para ajudar as pessoas a crescer:

> A primeira coisa que faço quando estou treinando alguém que deseja crescer, expandir-se e voar mais alto é fazer com que essa pessoa escolha uma palavra que melhor a descreva. Uma vez que ela faça isso, é como se tivesse virado a página em um livro e concentrado em uma única palavra. Em vez de visualizar centenas de palavras diferentes em uma página, a sua atenção e intenção se concentram imediatamente naquela palavra, naquele talento único. Esse talento, uma vez direcionado, expande-se.[10]

> **Se você fosse escolher somente uma palavra para se descrever, qual seria?**

Por que gosto desta prática de escolher uma palavra? Porque ela conta muito sobre o que se pensa de si mesmo. Tente. Se você fosse escolher somente uma palavra para se descrever, qual seria? Espero que seja positiva! Se for, ela o ajudará a se mover na direção certa. Se não for, você precisa mudar a sua palavra.

10. *Responsabilize-se por sua vida*
Tendemos a receber aquilo que estivermos dispostos a tolerar em nossa vida. Se permitirmos que outros nos desrespeitem, seremos desrespeitados. Se tolerarmos abuso, sofreremos abuso. Se acharmos que está tudo bem se formos sobrecarregados no trabalho, ou recebermos um salário menor, adivinhe o que acontecerá? Se não tivermos um plano ou propósito para a nossa vida, tornaremo-nos parte do plano ou propósito de outra pessoa!

Não foi por acidente que a vida de Johnnetta McSwain mudou drasticamente quando ela se responsabilizou por si mesma e por suas circunstâncias. Quando decidiu tomar posse da sua vida e fazer as mudanças necessárias. Essas mudanças não foram fáceis nem aconteceram rapidamente. Ela precisou se içar para fora de um poço profundo, mas ela o fez. E você também pode fazê-lo.

Gostaria de sentar com você, ouvir a sua história e incentivá-lo pessoalmente em sua jornada. Se você passou por tempos difíceis e não se sente bem a respeito de si mesmo, quero lhe dizer que você tem valor. Sua vida pode mudar e você pode fazer a diferença — não importa a sua bagagem ou de onde venha. Não importam quais traumas você tenha sofrido ou quais erros você tenha cometido, você pode aprender e crescer. Pode atingir o seu potencial. Somente precisa acreditar em si mesmo e começar. E a cada passo que der, cada pensamento positivo que tiver, cada boa escolha que fizer, cada pequena disciplina que praticar, se moverá um pouco mais adiante. Apenas se mantenha em movimento e continue acreditando.

> **APLIQUE A LEI
> DO ESPELHO
> À SUA VIDA**

1. Faça uma lista com todas as suas qualidades. Isso será fácil se tiver boa autoestima. Se não tiver, terá que fazer um esforço. Não desista. Se necessário gaste dias ou semanas na criação da lista. Não pare antes de escrever cem coisas positivas a seu respeito.

Se levar muito tempo fazendo a lista, é preciso lê-la a cada dia para se lembrar do seu valor. Lembre-se que se não se valoriza, será difícil agregar valor a si mesmo.

Use a lista como um trampolim, escolha então a palavra que melhor o descreva. Faça dessa palavra o seu norte, o seu ponto de referência enquanto agrega valor a si mesmo.

2. Poucas coisas impactam tanto a autoestima de alguém quanto o que essa pessoa fala a si mesma diariamente. Você tem consciência da sua conversa interna? Faça um controle usando um bloco onde possa anotar a quantidade de vezes que pensou algo positivo ou negativo a seu respeito durante a semana. Além disso, pode perguntar a amigos ou membros da família se acham que você se vê por um prisma positivo ou negativo.

3. Se quiser ser valorizado, valorize aos outros. Quanto tempo no dia e na semana você gasta concentrando-se nos outros e valorizando-os? Você serve aos outros através de alguma organização de trabalho voluntário? Você tem algumas pessoas a quem orienta? Faz algum trabalho de assistência social? Se ainda não o faz, encontre algum modo de servir e valorizar a alguém semanalmente. Faça algo que utilize os seus pontos fortes, que beneficie outros e faça você sentir-se bem consigo mesmo. Comece aos poucos. Se já serve, então faça mais. A ideia de dar dez por cento do seu tempo para servir e valorizar a outros é uma boa diretriz. Se por exemplo você trabalha quarenta horas por semana, destine quatro horas para servir.

4

A LEI DA REFLEXÃO
Aprender a Parar Faz com que o Crescimento Venha até Você

*"Após a ação dê espaço a uma reflexão silenciosa.
A partir dessa reflexão virá mais ação efetiva."*
— Peter F. Drucker

Há numerosos meios de crescimento e um número infinito de lições que precisamos aprender na vida. Porém há alguns tipos de crescimento que vêm somente quando estamos dispostos a parar, dar uma pausa a fim de que a lição chegue até nós, alcance-nos. Tive uma experiência assim em março de 2011.

UMA MUDANÇA DE PARADIGMA

Eu estava em uma longa viagem realizando uma série de palestras, e cheguei a Kiev, Ucrânia, em uma das minhas paradas. Enquanto estava lá, tinha agendadas três palestras para um grupo de cerca de quinhentos empresários. Já havia estado em Kiev várias vezes, e gostava tanto do lugar como das pessoas.

Uma hora antes do primeiro horário marcado encontrei meu tradutor ucraniano. Conversamos um pouco para nos conhecermos melhor. Logo no inicio da conversa, ele disse: "Li vários dos seus livros. Você diz que quer dar valor às pessoas, mas isso não é fácil aqui. As pessoas daqui não confiam em líderes. E por uma boa razão: os líderes não valorizam as pessoas." E então acrescentou: "Realmente espero que você possa ajudá-los."

Essas palavras me marcaram. E o que ele me falou me levou a lembrar de algumas conversas que tive com meu amigo Jim Dornan, líder do Network 21, uma organização que trabalha em muitos países saídos da cortina de ferro. Jim me contou que em qualquer país onde o governo tenha sido corrompido e cujos líderes fossem corruptos e egoístas, o fato de ser capaz de desviar da autoridade e trabalhar dentro do sistema são vistos como virtude.

Porque ainda tinha algum tempo antes de começar a falar, fui à sala de espera a fim de fazer uma pausa e refletir sobre o que havia acabado de ouvir. Estava mexido emocionalmente e queria dar um tempo a fim de que meus pensamentos entrassem num acordo com as minhas emoções. Comecei a me perguntar algumas coisas:

Como estava me sentindo? A resposta era triste. O ato de viver sob o jugo do comunismo por gerações derrubou as pessoas, tornou-as desencorajadas e céticas. É difícil seguir adiante quando não se tem esperança.

O que eu poderia fazer? Poderia abrir-lhes meu coração. Algumas dessas pessoas talvez nunca tenham ouvido um líder lhes dizer que se importa com elas e que queira que sejam bem-sucedidas.

Como eu poderia fazer isso? Poderia fazê-los saber que conhecia a situação e me importava com eles. Diria àquelas pessoas que teria a mesma atitude se tivesse crescido nesse mesmo ambiente, mas que há um caminho melhor para um líder, um caminho onde os líderes valorizam os outros. Poderia fazê-los entender que mesmo que nunca tenham sido valorizados por seus líderes, eles poderiam se tornar líderes que valorizassem outros. Poderiam se tornar agentes de mudança, contribuindo para o futuro sucesso do seu país e de si mesmos. Parei por um momento e orei, pedindo a Deus que me ajudasse a entregar essa mensagem com clareza e integridade.

Não abandonei completamente o que havia preparado para falar, mas adaptei o que tinha para que se adequasse à minha audiência. E uma das primeiras coisas que disse — e que repeti várias vezes naquele primeiro dia — foi: "Meu nome é John e sou o seu amigo." Falei com sinceridade. E usei essa frase para suavizar algumas verdades duras, porém bem humoradas que eu lhes estava oferecendo.

A princípio eles não estavam certos de como reagir à minha declaração. Pouco depois já começavam a antecipá-la. No fim do dia, quando eu disse, a audiência sabia que algo surpreendente estava por vir e ela já começava a rir antecipadamente. No dia seguinte, quando cheguei e me preparava para começar a falar, meu tradutor disse que as pessoas estavam repetindo minha declaração uns aos outros. Foi então que percebi que eles haviam entendido que eu os estava estimulando e que realmente queria ajudá-los.

Para mim não é o suficiente chegar a um lugar e dar uma boa palestra. Toda vez que faço uma apresentação quero que duas coisas aconteçam: quero agregar valor às pessoas com quem falo e desejo superar as expectativas da pessoa que me convidou. Provavelmente teria falhado em ambos os pontos se não tivesse decidido parar e absorver aquelas percepções honestas de meu intérprete, e não tivesse alterado minha agenda para suprir as necessidades de minha plateia.

O PODER DE PARAR

Se você tem a minha idade deve se lembrar de um velho *slogan* da Coca-Cola. Ele dizia que a Coca-Cola era a "pausa que refresca". É isso o que representa a reflexão para aqueles que querem crescer. Quando se aprende a parar, permite-se que o crescimento venha até você, o alcance. Essa é a Lei da Reflexão.

Aqui vão minhas observações concernentes ao poder da parada e sobre como a reflexão pode ajudá-lo a crescer:

1. *A reflexão transforma a experiência em conhecimento*

Por mais de dois mil anos as pessoas têm dito que a experiência é o melhor mestre. De acordo com um especialista, a mais antiga versão escrita deste ditado vem do Imperador Romano Júlio César, que escreveu: "A experiência é o mestre de todas as coisas", na obra *De Bello Civili*.[1] Com todo o respeito devido, preciso discordar dessa declaração. A experiência não é o melhor mestre, mas sim a atitude de avaliar a experiência! A única razão para César ter feito essa alegação foi por ter aprendido muito com a reflexão de sua vida e com o que escreveu.

Há uma antiga piada que diz que a experiência é um professor duro porque o teste é aplicado primeiro e a lição ensinada em seguida. Isso é verdade, mas somente se a pessoa separar um tempo para refletir após a experiência. Do contrário você recebe o teste primeiro e a lição nunca chegará. As pessoas passam por inúmeras experiências a cada dia e muitos não aprendem nada com elas, porque não separam um tempo para parar e refletir. Essa é a razão porque é tão importante parar e permitir que o entendimento venha a nós.

Uma vez ouvi a história de que na virada do século havia uma fábrica de chicotes que havia feito grandes melhorias em seu processo de fabricação. Eles faziam chicotes da melhor qualidade. Nenhuma outra indústria se comparava a eles. Mas havia um problema. Essa era a época em que os automóveis estavam começando a ser produzidos. E não levou muito tempo para que toda a nação passasse a utilizar carros em vez de carruagens. Logo a empresa fechou. Fico imaginando qual seria o resultado se os líderes da empresa tivessem decidido fazer uma pausa para compreender o que a experiência estava tentando lhes ensinar e fazer então uma mudança de rumo.

2. *Todos precisam de um lugar e um tempo para parar*
Ainda estou por conhecer uma pessoa que não se beneficie com essa ideia de pausa e reflexão. De fato, parar para refletir é uma das atividades mais valiosas que as pessoas podem fazer para crescer. Tem um valor muito maior do que a motivação ou o estímulo. A razão é porque a pausa lhes permite verificar se estão na rota certa. Afinal, se a pessoa se desviou do caminho certo, não precisa de motivação para se apressar na caminhada. Ela precisa parar, refletir e mudar de direção.

Em meu livro *Thinking For a Change* [Pensando para Mudar] estimulo as pessoas a achar ou criar um lugar para refletir. Não se trata de existir um lugar mágico onde se possa parar e pensar. Propus esse lugar porque se a pessoa se empenhar em criar esse lugar e programar um tempo para passar lá, então provavelmente fará uso dele. E se beneficiará disso. Os benefícios virão.

> **Se a pessoa se desviou do caminho certo, não precisa de motivação para se apressar na caminhada. Ela precisa parar.**

A maioria das pessoas é muito ocupada. Elas têm sobre si muitas exigências e correm de um lado para outro para fazer tudo o que precisam. Com o tempo elas passam por algumas experiências que marcam a sua vida. Elas vão a um lugar, fazem parte de um evento ou conhecem alguém que deixa marcas em sua vida pela sua importância. Frequentemente essas marcas identifiquem um momento de transição, mudança ou transformação.

Se não tirarmos um tempo para parar e refletir, podemos perder o significado desses momentos. A reflexão permite que essas experiências passem de marcadoras da vida para produtoras de vida. Se pararmos para que o crescimento venha até nós, a nossa vida melhora. Não somente vamos compreender melhor o significado do que acontece conosco, mas também poderemos implementar mudanças e corrigir o nosso percurso. Também estaremos melhor equipados para ensinar outras pessoas com a sabedoria adquirida.

3. *A pausa proposital expande e enriquece o nosso pensar*
Estude a vida de grandes pessoas que tenham causado um impacto no mundo e descobrirá que em praticamente todos os casos essas elas gastaram tempo considerável sozinhas, pensando. Cada líder religioso de destaque na história gastou um tempo em solidão. Cada líder político que tenha tido algum impacto na história praticou essa disciplina de solidão para pensar e planejar. Grandes artistas gastam incontáveis horas em seus estúdios ou com os seus instrumentos, não apenas praticando, mas explorando suas ideias e experiências. A maioria das principais universidades emprega o tempo do seu corpo docente não só para ensinar, mas também para pensar, pesquisar e escrever. Esse tempo em solidão permite às pessoas peneirar, analisar suas experiências, colocá-las em perspectiva e fazer planos para o futuro.

Se você é um líder você provavelmente pegará a correria da vida normal e irá multiplicá-la por dez. Os líderes são tão movidos à ação e tem tantas responsabilidades que normalmente são culpados por correr o tempo todo e negligenciar o tempo de parar e refletir. Ainda assim essa parada é uma das coisas mais importantes que um líder pode fazer. Um minuto de reflexão vale mais que uma hora de conversa.

Eu o estimulo fortemente a encontrar um lugar para parar e a disciplinar a si mesmo para realmente usar esse espaço porque

"Quando você é capaz de criar um espaço de solidão em meio as suas atividades e preocupações, os sucessos e fracassos lentamente perdem o seu poder sobre você."
— Henri J. M. Nouwen

essa prática tem o potencial de mudar a sua vida. Ela pode ajudá-lo a descobrir o que realmente é importante e o que não é. Como observou o escritor, Henri J. M. Nouwen: "Quando você é capaz de criar um espaço de solidão em meio as suas atividades e preocupações, os sucessos e fracassos lentamente perdem o seu poder sobre você".

    4. *Quando você tirar um tempo para parar, use as seguintes orientações*

Quando tirar um tempo para parar e refletir, há quatro direções básicas para onde o seu pensamento deve se mover:

Investigação

Há uma velha piada tola sobre dois rapazes que receberam a tarefa de limpar um estábulo. Eles estão até os tornozelos com esterco de cavalo e um diz ao outro: "Deve haver um cavalo em algum lugar por aqui." Algumas coisas são óbvias e não precisam de reflexão para serem descobertas. Outras requerem alguém disposto a bancar o detetive.

O grande cientista Galileu disse: "Todas as verdades são fáceis de compreender uma vez que sejam descobertas. A questão é descobri-las. Isso custa um preço: investigação." Pausar significa mais do que diminuir o ritmo para sentir o perfume das rosas. Significa parar e imaginá-las ou compreendê-las. Isso geralmente requer uma pessoa que faça perguntas, o que discutirei na próxima sessão deste capítulo. O que precisamos lembrar é que o crescimento contínuo a partir de experiências somente é possível quando descobrimos percepções e verdades em meio a essas experiências. E isso vem com investigação.

Incubação

Incubar é tomar uma experiência da vida e cozinhá-la em fogo brando dentro de sua mente. É bem parecido com a meditação. É o reverso da oração. Quando oro, converso com Deus. Quando medito, ouço a Ele. Incubar é ouvir e aprender.

Continuamente coloco ideias e citações na panela elétrica da minha cabeça e as deixo incubando. Atualmente faço isso as escrevendo no aplicativo de notas do meu iPhone. Deixo-as lá por dias, semanas ou meses e de vez em quando dou uma olhada para refletir a respeito. Aqui vão algumas das notas em que tenho pensado atualmente:

"Se você não está à mesa, então está no cardápio."
"Você não espera ou se apressa para sair de uma crise. Você trabalha para sair dela."
"A marca de um líder eficaz é a de alguém que absorve o castigo sem render a sua alma."

Dou tempo a essas ideias, tanto quanto elas necessitem, até que tenha uma percepção ou experiência — o que nos leva ao próximo tópico...

Iluminação

Jim Rohn fez uma observação: "Ao fim de cada dia você deve fazer uma retrospectiva do seu desempenho. Os resultados devem elogiá-lo ou cutucá-lo." Ele está falando de iluminação. Esses são os momentos "aha" em sua vida, as epifanias em que você experimenta súbita realização ou percepção. É quando lâmpada acende. Poucas coisas na vida são mais recompensadoras.

Percebo que tenho momentos de iluminação somente depois de passar um tempo investigando uma ideia e então permitir que ela passe um tempo incubando. Mas tais momentos são a recompensa por se empenhar tempo e esforços a fim de parar e refletir.

Ilustração

A maioria das boas ideias é como um esqueleto. Ele fornece uma boa estrutura, mas carece de músculos ligados aos ossos. Carece de estrutura, e enquanto não o tiver, não é tão útil. O que seria de uma palestra sem boas ilustrações? Um esboço insosso. O que seria de um livro sem ideias elaboradas, boas histórias e citações inspiradas? Entediante. Ilustrar é o processo de colocar músculos nas ideias.

O escritor e brigadista Peter M. Leschak acredita que "Todos somos expectadores — da televisão, de relógios, do trânsito na rodovia — mas poucos de nós somos observadores. Todos estão olhando, mas

> "Ao fim de cada dia você deve fazer uma retrospectiva do seu desempenho. Os resultados devem elogiá-lo ou cutucá-lo."
> — Jim Rohn

nem todos estão vendo." Isso não se aplica a pessoas que encontraram um espaço para refletir e que propositalmente parem para permitir que o aprendizado venha até eles.

BOAS PERGUNTAS SÃO O CERNE DA REFLEXÃO

Quando tiro tempo para parar e refletir, começo fazendo a mim mesmo uma pergunta. Quando estou pensando e refletindo e sinto que tenha chegado a um bloqueio na estrada, faço a mim perguntas. Se estou tentando aprender algo novo ou investigo mais profundamente alguma área em que possa crescer, faço perguntas. Passo muito tempo fazendo perguntas. Mas isso é algo bom. Como o conferencista e escritor Anthony Robbins diz: "Pessoas bem-sucedidas fazem as melhores perguntas, e conseguem as melhores respostas."

Não posso superenfatizar a importância de fazer boas perguntas quando falo em crescimento pessoal. Se suas perguntas são direcionadas, elas estimularão um pensamento criativo. Isso porque há algo em uma pergunta bem feita que frequentemente penetra no centro da questão e dispara novas ideias e percepções. Se suas perguntas são honestas, elas levarão a convicções sólidas. Se você fizer perguntas de qualidade, elas o ajudarão a construir uma vida de alta qualidade. Francis Bacon, o filósofo inglês, estadista, cientista, advogado, jurista, escritor e pioneiro no método científico afirmou: "Se o indivíduo começar com certezas, terminará com dúvidas; mas se não se importar em começar com dúvidas, terminará com certezas."

> "Pessoas bem-sucedidas fazem as melhores perguntas, e conseguem as melhores respostas."
> — Anthony Robbins

PERGUNTAS DE AUTOCONHECIMENTO

Ensinar outras pessoas a fazer perguntas de modo eficiente pode ser um grande desafio porque as perguntas feitas normalmente precisam ser adaptadas a cada situação. Talvez a melhor maneira de lhe dar a sabedoria concernente a essa situação seja, compartilhar com você, uma série de perguntas que tenho feito e respondido com o fim de me ajudar a desenvolver autoconsciência.

1. *Qual meu maior bem?*
Acredito que meu maior bem sempre tenha sido minha atitude. Com meu pai, Melvin Maxwell, aprendi o valor de uma atitude positiva. Ele superou a sua natural atitude pessimista ao ler livros de autores como Norman Vincent Peale.

Minha esposa Margareth também possui uma atitude positiva incomum. Ao longo dos anos temos nos perguntado ocasionalmente porque outros parecem ter tão mais problemas do que nós. E por fim chegamos à conclusão de que não temos menos problemas; nós simplesmente não permitimos que os problemas nos derrubem ou nos distraiam do que cremos ser importante.

O que a resposta a essa pergunta fez por mim? Não somente me estimulou a continuar a cultivar uma atitude positiva, mas também me lembrou de que uma das melhores coisas que posso fazer pelos outros é falar da sua vida de modo positivo, fazê-los saber que acredito neles e os estimular em sua jornada.

2. *Qual a minha maior responsabilidade?*
Sem dúvida ter expectativas não realistas é uma grande fraqueza em minha vida. Porque sou naturalmente otimista, subestimo a quantidade de tempo, dinheiro ou esforço necessário na maioria dos projetos, e isso pode me deixar em apuros.

O que a resposta a essa pergunta fez por mim? Ela equilibrou minhas expectativas em relação aos outros. Quando minhas expectativas ficaram mais realistas foi mais fácil levar minha equipe ao sucesso e não ao fracasso. Também me ajudou a determinar alvos mais realistas para os membros da equipe e para a organização a que eles servem.

3. *Qual meu maior ponto forte?*
Sem dúvida minha família é a fonte do melhor em minha vida. Margareth é minha melhor amiga. Não posso imaginar minha vida sem ela. E estamos aproveitando a melhor fase da nossa vida agora, como avós.

4. Qual meu ponto fraco?

Ironicamente, meu maior ponto fraco também é resultado de minha família. Porque amo os membros de minha família de tal maneira, e apesar disso devo deixá-los fazer suas próprias escolhas. Isso pode ser duro para alguém com minha personalidade. Anos atrás quando meus filhos ainda estavam na adolescência, eu estava conversando com Ron Blue e Howie Hendricks, e lhes perguntei quando terminava isso de ser pai. Eles me disseram que nunca. E estavam certos.

Como isso me fez crescer — saber que o melhor e o pior estavam relacionados à minha família? Isso me ajudou a aproveitar o tempo em família e a ficar de fora quando se tratava das decisões que meus filhos tomavam, a não ser que me pedissem um conselho.

5. Qual minha emoção mais valiosa?

Acredito que não exista uma emoção mais valiosa do que o amor. Nossa vida alcança um alto patamar quando amamos o que fazemos, os nossos amigos e família, e mesmo aos nossos inimigos. Como uma pessoa de fé, sei que esse é o padrão que Deus estabeleceu para mim. E é também o desejo do meu coração.

E saber disso me ajuda de alguma forma a crescer? Amar é uma escolha, e é algo que depende de esforço. Assim, para amar aos outros como gostaria de fazer, devo ter esse propósito e escolher amar as pessoas a cada dia.

6. Qual minha emoção menos importante?

A emoção menos atrativa, não só para mim, mas para qualquer pessoa é a autopiedade. Ela é destrutiva e egoísta. Em *Earth and Altar* [Terra e Altar], Eugene H. Peterson diz:

> é uma das emoções mais nobres entre os seres humanos; a autopiedade é possivelmente a mais desonrosa. A piedade é a capacidade de sentir a dor do outro e fazer algo a respeito; a autopiedade é uma incapacidade, uma doença emocional incapacitante que distorce severamente a nossa percepção da realidade. A piedade enxerga nos outros a necessidade de amor e cura, e então alinhava fala e ação que resultam em força; a autopiedade reduz o universo a uma ferida pessoal que é exposta como prova de importância. A piedade é como adrenalina para atos de misericórdia; a autopiedade é como um narcótico que deixa os seus viciados bêbados e vazios.

O conhecimento dos efeitos negativos da autopiedade me lembra de evitá-la categoricamente. Ela não pode me ajudar e sempre irá me prejudicar.

7. *Qual o meu melhor hábito?*

H. P. Liddon, chanceler da Catedral de St. Paul em Londres, no ano de 1800, observou: "O que nós fazemos em grandes ocasiões dependerá do que somos, e o que somos é o resultado de anos de autodisciplina". Acredito completamente nisso. Essa é uma das razões porque trabalho duro para continuar fazendo minhas disciplinas diárias. Acredito que o segredo do sucesso de uma pessoa se encontra em sua rotina diária.

Talvez o maior valor em me questionar nesta área seja que assim exponho minha dificuldade em ser disciplinado com relação à minha saúde. Desenvolver bons hábitos de alimentação tem sido uma luta por toda a vida. E só comecei a me exercitar depois que sofri meu ataque cardíaco. Continuo me esforçando para crescer nesta área.

> "O que nós fazemos em grandes ocasiões dependerá do que somos, e o que somos é o resultado de anos de autodisciplina."
> — H. P. Liddon

8. *Qual é meu pior hábito?*

Sem dúvida minha pior característica é a impaciência. Ela já fazia parte de minha natureza na infância e se tornou um hábito entranhado em mim. Quando era criança minha família costumava visitar meu avô Maxwell e como sempre acontecia quando estávamos lá, ele sentava meu irmão Larry e eu em duas cadeiras. Prometia dar-nos cinco centavos se conseguíssemos ficar quietos e sentados por cinco minutos. Larry sempre ganhava o seu prêmio. Eu nunca ganhei — nem uma única vez! Aprendi que há coisas na vida pelas quais é preciso trabalhar, enquanto há outras pelas quais temos que esperar. Creio que esse será meu alvo até o dia de minha morte.

9. *O que mais me realiza?*

O que mais amo fazer é me comunicar com outras pessoas. Quando me comunico sinto que este é meu ponto forte, sinto-me muito realizado e causo o maior impacto possível. Cada vez que coloco meu dom em prática, uma voz me diz: "É isso que fui criado para fazer".

Cedo em minha carreira sabia que a comunicação era algo que me realizava, e isso me levou a procurar ser um orador melhor, porque lá atrás eu não era muito bom. Por mais de dez anos essa foi uma das principais áreas a que me dediquei para crescer. Continuo tentando crescer como comunicador, todavia o benefício por me fazer essa pergunta hoje é me manter concentrado em fazer o que traga mais valor para mim e para as demais pessoas.

> Há coisas na vida pelas quais é preciso trabalhar, enquanto há outras pelas quais temos que esperar.

10. *O que mais prezo?*

O que mais valorizo acima de tudo é minha fé. Ela molda meus valores. Ela guia minhas ações. Tem sido o pilar de meu ensino em liderança. É minha fonte e segurança.

O escritor Philip Yancey descreveu a fé como: "Crer antecipadamente no que só fará sentido lá na frente, retroativamente." Ter fé e saber do seu valor em minha vida me ajuda a ter uma perspectiva divina a cada dia. Preciso disso porque de outro modo eu poderia me desviar facilmente do caminho.

> A fé é como "crer antecipadamente no que só fará sentido lá na frente, retroativamente".
> — Philip Yancey

Realmente fiz a mim mesmo as dez perguntas listadas acima para levar-me a refletir e a ajudar-me a crescer em autoconhecimento. Você pode se perguntar a respeito de qualquer área em sua vida a fim de parar, concentrar e aprender. Se quiser, por exemplo, crescer na área de relacionamentos você pode se fazer as seguintes perguntas:

1. Valorizo as pessoas?
2. As pessoas sabem que as valorizo?

3. Como demonstro isso?
4. Ganho nota positiva ou negativa em minhas relações pessoais mais importantes?
5. Tenho alguma evidência que confirme a minha opinião?
6. Qual a linguagem de amor das pessoas que amo?
7. Como posso servi-los?
8. Preciso perdoar alguém em minha vida?
9. A quem preciso agradecer?
10. A quem preciso dar mais de meu tempo?

Ou se você quiser parar e se avaliar em questões de crescimento pessoal, pode-se perguntar o seguinte:

1. Conheço e pratico as quinze leis do crescimento pessoal?
2. Quais são as três leis em que me destaco?
3. Quais são as três leis em que preciso melhorar?
4. Estou crescendo diariamente?
5. O que tenho feito diariamente a fim de crescer?
6. Como estou crescendo?
7. Quais são as barreiras que estão me impedindo de crescer?
8. Quais são as descobertas em que preciso seguir trabalhando?
9. Quais foram os momentos com potencial de crescimento que experimentei hoje? Eu os aproveitei?
10. Estou transmitindo o que aprendi a mais alguém?

O que você quer realizar na vida e o lugar em que você se encontra na jornada são os dois pontos que determinarão quais as áreas em que mais precisará pensar hoje, adaptando as perguntas a si mesmo. Mas a coisa mais importante a fazer é formular as perguntas e escrever as respostas. Você vai descobrir que o que pensa após escrever as respostas é diferente do que pensava antes de escrevê-las. Escrever o ajuda a descobrir o que realmente sabe, pensa e acredita.

VALE A PENA O ESFORÇO

Tudo isso provavelmente lhe soa como um monte de passos e de trabalho. Você está certo! Essa é a razão porque a maioria das pessoas não o faz; mas o esforço vale a pena. Quanto mais longe você for na vida, mais importante será tirar um tempo para parar e refletir. Quanto mais velho você se tornar, menos tempo terá para permanecer no seu propósito e realizar as coisas que foi criado para fazer. Mas aqui vão as boas notícias: se você tem sido diligente em seus esforços para crescer ao longo do caminho, também estará melhor equipado para cumprir esse propósito, mesmo que seja necessário fazer mudanças significativas ou uma correção de percurso.

Há muitos anos atrás meu amigo Bob Buford escreveu um livro chamado *The Second Half* [A Segunda Metade]. Todo o livro é uma experiência de "pausa para que o crescimento o alcance". O autor estimula os leitores que experimentaram algum sucesso nos primeiros quarenta anos da vida a parar e pensar o que eles desejam fazer na segunda metade. Aqui vão alguns dos conselhos que ele dá:

> Você não irá muito longe na segunda metade da sua vida sem conhecer a sua missão na vida. Será que a sua missão pode ser declarada em uma ou duas frases? Um bom meio de começar a formular a sua missão é responder algumas perguntas, com respostas corajosamente honestas. Qual a sua paixão? O que você conseguiu alcançar? O que realizou de modo notavelmente bom? Quais são suas conexões? A que grupo pertence? Quais são os "eu preciso" que o orientaram nesta primeira metade da vida? Essas e outras questões irão orientá-lo em direção ao *eu* pelo qual o seu coração anela. Elas o ajudarão a descobrir quais são as tarefas para as quais você foi feito.

Nunca se esqueça de que o seu alvo em crescimento pessoal o está aproximando do seu potencial. Para isso você precisa continuar parando, fazendo perguntas e crescendo a cada dia.

APLICANDO A LEI DA REFLEXÃO À SUA VIDA

1. Você já separou um lugar onde pode pausar e refletir regularmente? Se não, faça isso agora. Primeiro descubra qual o tipo de ambiente seria bom para você. Entre todos os lugares que tenho escolhido ao longo dos anos estão uma rocha, ao ar livre, um pequeno quarto isolado onde ninguém pode me interromper, e uma cadeira específica em meu escritório. Descubra o que funciona para você e mantenha esse ambiente pelo tempo que lhe for efetivo.

2. Agende um tempo para parar e refletir. Se não o fizer, esse tempo sempre será deixado de lado na sua lista de coisas a fazer. O ideal é parar por um momento no fim de cada dia (de dez a trinta minutos), um tempo significativo uma vez por semana (pelo menos uma hora ou duas), parte de um dia várias vezes ao ano (metade do dia), e um tempo mais longo uma vez ao ano (de um dia a uma semana). Coloque essas datas em seu calendário e guarde-as como o seu compromisso mais importante.

3. O cartunista Henri Arnold disse: "O homem sábio questiona a si mesmo, o tolo questiona aos outros." A Lei da Reflexão fará pouco por você a não ser que tenha real propósito em parar para refletir. Você se compromete com o processo fazendo a si mesmo as perguntas mais difíceis.

> "O homem sábio questiona a si mesmo, o tolo questiona aos outros."
> — Henri Arnold

Qual a área em que você precisa crescer agora? É na de autogerenciamento? Existe alguma questão que não quer calar? Por acaso você tem se sentido estagnado em sua carreira? Está falhando em ser bem-sucedido nas relações mais importantes da sua vida? Você precisa examinar ou reexaminar o seu propósito? Você precisa avaliar o que deveria estar fazendo na segunda metade da sua vida? Qualquer que seja a sua questão formule perguntas relativas a ela e passe um tempo escrevendo as respostas durante os seus dias de reflexão que foram programados.

5

A LEI DA CONSISTÊNCIA
A Motivação o Mantém em Movimento — a Disciplina o Mantém em Crescimento

> *"O selo de qualidade da excelência, o teste da grandeza, assim é a consistência."*
> — Jim Tressel

Quando dei início à minha carreira de orador, acreditava que motivar as pessoas era a chave para ajudá-las a serem bem-sucedidas. Eu pensava: "Se puder fazê-las se moverem na direção certa, elas alcançarão o sucesso." Dava o meu melhor para oferecer às pessoas razões para trabalhar duro. Tentava fazê-las rir. Tentava tocar o seu coração. O meu alvo era inspirá-las a tal ponto que elas estariam dispostas a enfrentar o inferno com uma pistola d'água. Na saída, pensava ter feito um bom trabalho. Porém, com frequência, a motivação das pessoas não parecia durar muito tempo.

Ainda creio na motivação. Todos querem ser encorajados. Todos gostam de ser inspirados. Mas a verdade a respeito do crescimento pessoal é que a motivação o faz começar a caminhar, mas a disciplina o mantém em movimento. Essa é a Lei da Consistência. Não importa o quão talentoso você seja. Não importam quantas oportunidades tenha recebido. Se quiser crescer, consistência é a chave.

COMO CRESCER COM CONSISTÊNCIA

Se você quiser se tornar mais disciplinado e mais consistente no seu desempenho, precisa ser mais disciplinado e consistente no seu crescimento. E como pode fazer isso? Sabendo o quê, o como, o porquê e o quando do seu aprimoramento pessoal. Separe um tempo para considerar a respeito das quatro perguntas sobre o seu crescimento:

1. *Você sabe o que precisa melhorar?*

O escritor e jornalista George Lorimer observou: "Você precisa acordar a cada manhã com determinação se quiser ir dormir com o sentimento de satisfação." Isso é verdade, porém é importante saber para onde direcionar essa determinação.

Já discuti isso em mais detalhes, mas creio que vale a pena repetir. Você precisa se aprimorar para ser bem-sucedido. Sempre vejo pessoas que tem um propósito, mas são inconsistentes no seu progresso. Elas têm a ambição de serem bem-sucedidas e são aptas para o seu trabalho, mas não avançam. O motivo é que elas creem que podem dominar o seu trabalho sem dominar a si mesmo. Isso é um erro. O seu futuro depende do seu crescimento pessoal. O seu aprimoramento diário lhe garante um futuro cheio de possibilidades. Quando você se expande, também expande os seus horizontes, as suas opções, as suas oportunidades e o seu potencial.

> "Você precisa acordar a cada manhã com determinação se quiser ir dormir com o sentimento de satisfação."
> — George Lorimer

Desde o início da minha carreira, em 1969, se eu tivesse gastado todo o meu tempo aperfeiçoando a minha habilidade em realizar o meu trabalho, nunca teria crescido. Mas porque me concentrei em me aprimorar, expandi a minha influência. Inicialmente cuidava de pessoas, e agora as lidero. Antes dava palestras e agora escrevo livros. Antes apenas influenciava pequenas organizações religiosas e agora cresci a ponto de influenciar diferentes tipos de organizações. A minha ênfase passou de institucional para empresarial. A minha influência passou de local para nacional, e depois para internacional. Antes mantinha organizações. Agora as fundo e faço-as crescer. Como isso aconteceu? Fiz *algo* para melhorar a mim mesmo em vez de melhorar o meu emprego ou posição. Isso abriu o meu futuro diante de mim e me permitiu alcançar muito mais do que acreditava ser capaz.

E. M. Grey disse: "A pessoa bem-sucedida tem o hábito de fazer coisas que as pessoas que falham não gostam de fazer. A pessoa de sucesso tampouco gosta de fazê-lo, mas subordina esse sentimento à sua força de vontade." Quanto mais você estiver sintonizado com o seu propósito e quanto mais for dedicado a avançar neste sentido, maiores serão as suas chances de alcançar o seu potencial, expandir as suas possibilidades e realizar algo significativo.

2. *Você sabe como deve melhorar?*

A pergunta *como melhorar* é umas das principais razões porque comecei a trabalhar duro para deixar de ser um palestrante motivacional e me tornar um professor motivacional. Eu não queria que as pessoas saíssem de uma das as minhas aulas inspiradas, mas incertas a respeito de como proceder. Para crescer a maioria das pessoas precisa de conhecimento, experiência e liderança.

Você tem a compreensão de como pode se aprimorar? Eu tenho quatro sugestões bem simples que podem ajudá-lo a iniciar o processo:

FAÇA COM QUE A SUA MOTIVAÇÃO E O SEU TIPO
DE PERSONALIDADE COMBINEM

As pessoas não ficam motivadas do mesmo modo ou são motivadas pelos mesmos motivos. Para dar a si mesmo uma chance de sucesso no o seu crescimento pessoal, comece inicialmente investindo no seu tipo de personalidade. Há dezenas de perfis e sistemas de personalidade que as pessoas usam. Gosto do sistema baseado nos tipos clássicos de personalidade que foi desenvolvido por Florence Littauer.

O primeiro tipo de personalidade é o *fleumático*. O ponto forte das pessoas com esse tipo de personalidade é de ter um temperamento fácil, não se preocupar ou aborrecer facilmente, e de ser agradável. O seu ponto fraco é a inércia. Como você pode ser motivado se você for fleumático? Encontrando o valor no que tem que fazer. Quando os fleumáticos veem valor em algo a ser feito eles se tornam os mais tenazes (isto é, teimosos) dos tipos de personalidade.

Os fleumáticos estão no extremo oposto aos *coléricos*, no especto de personalidade. O ponto forte dessas pessoas é assumir responsabilidades facilmente e tomar decisões rapidamente. O seu ponto fraco é se recusar a participar se não estiverem "no controle". Se você é um colérico, como pode entrar em contato com a sua motivação interna? Concentrando-se nas escolhas que pode fazer. Cada pessoa tem o controle do seu próprio crescimento. Escolha como você crescerá e persevere.

O tipo mais adorável e divertido de todos é o *sanguíneo*. Essas pessoas normalmente são a alegria da festa. A sua fraqueza frequentemente é a falta de concentração. Como você pode se motivar a crescer se for um sanguíneo? Fazendo disso um jogo. Se isso parecer impossível, então dê a si mesmo um prêmio a cada sucesso alcançado.

O último tipo de personalidade é o *melancólico*. Esse é o perfeccionista. O seu ponto forte é a atenção aos detalhes. Mas por causa do seu desejo de fazer tudo de forma perfeita tem medo de cometer erros. Como você pode se motivar a sobrepujar o medo, se for um melancólico? Concentrando-se na alegria de perceber detalhes e no potencial em desenvolver um grande controle sobre o objeto em questão.

Como você pode ver todos os tipos de personalidade possuem pontos fortes. Quando a questão é a motivação, você só precisa acessar esses pontos positivos da a sua personalidade para se capacitar para o sucesso.

Comece com as Coisas Simples

qual o erro número um dos jardineiros de primeira viagem? É o mesmo de muitas pessoas que começam a lidar com questões de crescimento: se empenham demais. E o resultado é desânimo. Se você se esforça demais logo de início, é quase certo que acabará aquém de os seus objetivos. Isso é desmotivador. O segredo de construir um impulso motivacional é começar pequeno, com as coisas mais simples.

Uma imagem bem humorada desse assunto foi abordada na tirinha de quadrinhos *Snoopy*, de Charles Schulz. Após perder a bola três vezes em um jogo de beisebol — como de costume — Charlie Brown retorna ao abrigo e se joga no banco de reservas.

— Droga — ele lamenta — nunca serei um jogador da grande liga. Isso não é para mim! Por toda a minha vida sonhei em jogar na grande liga, mas sei que nunca vou chegar lá.

Lucy, sempre a conselheira, replica:

— Charlie Brown — você está pensando muito à frente. O que você precisa fazer é estabelecer objetivos mais imediatos para si mesmo.

— Objetivos mais imediatos? — Charlie replica. — Como muitas pessoas, ele nunca havia considerado tal questão.

— Sim — Lucy responde —, comece com o próximo período da partida. Quando você for lançar, veja se consegue sair da base sem cair!

O empresário Ian MacGregor observa: "Trabalho com os mesmos princípios com que trabalham os adestradores de cavalos. Começo com cercas baixas, alvos facilmente alcançáveis, e vou progredindo. Em gerenciamento é importante nunca pedir às pessoas que atinjam alvos que elas não aceitem".

Se você quiser ganhar um impulso e melhorar a motivação, comece determinando alvos que sejam de valor facilmente alcançáveis. Domine o básico. Então o pratique diariamente, sem apresentar falhas. Pequenas disciplinas repetidas diariamente e consistentemente levam a grandes realizações, alcançadas pouco a pouco, ao longo do tempo. Esta é uma ideia especialmente boa de implementar ao ler um livro. De fato, quando escrevi *As Vinte e Cinco Maneiras de Valorizar as Pessoas*, sugeri que os leitores que estivessem trabalhando em suas habilidades pessoais praticassem uma das vinte e cinco habilidades a cada semana. Isso criou um modo fácil de progredir fazendo algo simples a cada dia.

> **Pequenas disciplinas repetidas todos os dias e consistentemente levam a grandes realizações, alcançadas pouco a pouco, ao longo do tempo.**

Se você quer crescer, não pense que o crescimento lhe sobrevirá de modo repentino. Tente crescer de modo gradual, aos poucos. Andrew Wood afirmou: "O motivo pelo qual muitas pessoas falham em tentar alcançar os seus objetivos é procurar constantemente pelo grande sucesso, pelo gol de placa, pela resposta mágica que subitamente transformará os seus sonhos em realidade. O problema é que esse grande sucesso nunca virá sem antes a pessoa alcançar uma boa quantidade de pequenos sucessos. O sucesso na maioria das vezes vem não de um grande golpe do destino, mas de um progresso simples e gradual".

Seja Paciente

Quando dou o conselho de ser paciente, sou a pessoa que mais precisa dele. Como mencionei no último capítulo, a impaciência é uma das as minhas maiores fraquezas. Creio que ela se deriva do fato de ter expectativas irreais — a respeito de mim e dos outros. Tudo o que quero fazer leva mais tempo do que o esperado. Cada empreendimento que lidero é mais difícil do que acreditei que seria. Cada projeto que executo custa mais caro do que imaginei. Cada tarefa que delego é mais complicada do que pensei. Às vezes penso que paciência é uma forma menor de desespero, disfarçada de virtude.

Não estou sozinho nisto. Se você é americano, com sou, você deve concordar que culturalmente nós temos um problema com paciência. Queremos tudo rápido. Vivemos em um país com restaurantes *fast-food* e clínicas de perda rápida de peso. Que ironia!

O poeta persa Saadi afirmou: "Tenha paciência. Todas as coisas são difíceis, antes de se tornarem fáceis." Esse é um bom conselho. A maioria das pessoas nunca percebe o quão perto está de realizar grandes coisas, porque desiste muito cedo. Cada coisa de valor na vida demanda dedicação e tempo. As pessoas que crescem e realizam o máximo são as que aproveitam o poder da paciência e da persistência.

> "Tenha paciência. Todas as coisas são difíceis, antes de se tornarem fáceis."
> — Saadi

Valorize o Processo

uma das melhores coisas que você pode fazer por si mesmo como aprendiz é cultivar a habilidade de valorizar e tirar prazer do processo de crescimento. É um processo que vai tomar um longo tempo e é importante que você aprecie a jornada.

Há vários anos atrás estava jantando com os meus amigos Vern e Charlene Armitage. Charlene é uma conselheira pessoal de sucesso que trabalha com muitos clientes. Perguntei no que ela se concentrava quando estava aconselhando. A sua resposta enfatizou a importância do processo que, as pessoas devem desenvolver a fim de crescer e mudar a direção da a sua vida. Ela disse: "Os alvos de vida são alcançados estabelecendo-se metas anuais. As metas anuais são alcançadas estabelecendo-se metas diárias. As metas diárias são atingidas fazendo-se coisas que a princípio são desconfortáveis, mas que por fim se tornam hábitos. Os hábitos são coisas poderosas. Os hábitos transformam ações em atitudes e transformam atitudes em estilo de vida".

Você pode visualizar o amanhã o usando como motivação para crescer, mas se você quiser realmente crescer, a sua ênfase precisa estar no hoje. Se você valoriza o hoje e consegue se alegrar com ele, você investirá nele. E cada pequeno passo que der hoje o levará a maiores passos no futuro.

Em seu livro *Winning: The Answers* [Paixão por Vencer], Jack e Susie Welch afirmam: "Muitas pessoas acreditam que um grande e público sucesso resolverá os seus problemas de autoconfiança para sempre. Isso só acontece nos filmes. Na vida real a estratégia oposta é a que funciona. Chame-a de estratégia das 'pequenas vitórias'". Eles seguem descrevendo a primeira experiência de Jack como orador. Mesmo com anotações detalhadas e muito ensaio, a tentativa de quinze minutos foi um fracasso. Tanto que Jack fez disso o seu alvo, melhorá-la pouco a pouco, o que cumpriu ao acrescentar valor ao processo. Em vez de permitir que o medo ou os fracassos o sobrecarregassem, Jack encarou o fracasso, descobriu o que deu errado, estabeleceu um novo alvo e reiniciou. Eles explicam: "Com o tempo você descobre que todos os fracassos lhe ensinam algo que você precisa aprender, a fim de se reorganizar e avançar novamente, com ainda mais... coragem". Essa estratégia deu resultado. Eles continuam dizendo: "Hoje, responder perguntas sem o auxílio de notas diante de milhares de pessoas é o contrário de tortura; é diversão".[1] Esse tipo de progresso não pode acontecer se você não valorizar o processo.

3. *Você sabe por que deseja continuar melhorando?*

Saber *o quê* e *como* melhorar são dois pontos fundamentais para você ter consistência no crescimento pessoal. E assim o é em relação ao *por quê*. O *como* e *o quê* vão trazê-lo até aqui. O *por quê* o mantém motivado muito além do primeiro pico de energia e de entusiasmo desvanecerem. Ele o carrega adiante quando a força de vontade não for suficiente. Pense nele como a "força do por quê".

Amo a história do vendedor que olhou através da janela de um restaurante e viu uma forte tempestade de neve. Ele perguntou ao garçom: "Você acha que as estradas estarão suficientemente limpas para viajar pela manhã?".

O garçom respondeu: "Isso depende de você receber um salário ou trabalhar por comissão".

Ter um forte *por quê* o ajudará a seguir em frente quando a disciplina do aprendizado se torna difícil, desencorajadora ou tediosa. Se o seu crescimento está conectado aos os seus valores, sonhos e propósito, você saberá por que o está fazendo. E é mais provável que complete o processo.

Uma das maneiras de avaliar se você entrou em contato com os seus *por quês* é fazer o que o meu amigo Mike Murdock chama de "Teste do Por quê". As suas respostas às próximas sete perguntas lhe permitirão saber se o seu *por quê* é suficientemente forte para motivá-lo a crescer consistentemente:

Pergunta 1: Você constantemente procrastina tarefas importantes?

Pergunta 2: Você necessita de persuasão ou incentivo para realizar tarefas entediantes?

Pergunta 3: Você realiza tarefas apenas para se livrar delas?

Pergunta 4: Você constantemente fala de modo negativo a respeito do seu trabalho?

Pergunta 5: Os esforços de amigos o irritam em vez de animá-lo?

Pergunta 6: Você inicia pequenos projetos e, depois, abandona-os?

Pergunta 7: Você evita oportunidades de autoaprimoramento?

Se você responder sim a várias dessas perguntas, ainda não estabeleceu uma ligação suficientemente forte com o seu *por quê* a fim de mantê-lo em crescimento.

Quando era criança, a minha mãe continuamente me dava um *por quê* para que seguisse em frente. Ela dizia coisas como: "Se você comer os seus legumes, ganhará a sobremesa". Ela sabia que precisava saber dos benefícios de comer legumes. Este tipo de treinamento me preparou para o sucesso, porque comecei a aprender a relação entre motivação e disciplina. Se você pensar a respeito verá que disciplina e motivação são os dois lados da mesma moeda. Se você tiver a motivação de que precisa, a disciplina não será problema. Se não tiver motivação suficiente, a disciplina será sempre um problema.

Dê a si mesmo mais e melhores *porquês* para que continue *desejando* realizar o esforço de crescer. Em meu livro *Você Pode Realizar o seu Sonho* ensino que quanto mais válidas as razões para se alcançar os seus sonhos, maiores as chances de realizá-los.

> "Uma vez que se aprenda a desistir, isso se torna um hábito."
> — Vince Lombardi

Esse princípio também é verdadeiro quando se fala de crescimento. Quanto mais razões você tiver para crescer, maiores as chances de ser bem-sucedido. É claro que em certas circunstâncias um único e convincente *por quê* pode ser o suficiente, como demonstrou Bernard "Kip" Lagat, o maratonista queniano mundialmente famoso, quando foi entrevistado durante as Olimpíadas de Sydney. Foi lhe perguntado como o seu país era capaz de produzir tantos corredores de longa distância. A sua resposta foi: "São os avisos nas estradas: 'Cuidado com os leões'".[2]

O famoso treinador da Liga Nacional de Futebol, Vince Lombardi, disse: "Uma vez que se aprenda a desistir, isso se torna um hábito." Se desistir se tornou um hábito para você, então sugiro que aceite o conselho do meu amigo Darren Hardy, que escreveu um maravilhoso livro intitulado *The Compound Effect* [O Efeito Composto]. Ele escreve:

> O Efeito Composto é o princípio de colher enormes recompensas de uma série de escolhas bem pequenas. Para mim o que é mais interessante neste processo é que apesar de os resultados serem extremamente sólidos, os passos no momento não *parecem* significativos. Independentemente de usar essa estratégia para melhorar a sua saúde, os seus relacionamentos, as suas finanças, ou qualquer outra coisa que lhe seja importante, as mudanças são tão sutis que são quase imperceptíveis. Essas pequenas mudanças normalmente não trazem resultados imediatos, nem experiências casuais, ou algum resultado óbvio do tipo "eu não te disse?". Então por que se importar?

A maioria das pessoas fica surpresa pela simplicidade do Efeito Composto. Por exemplo, elas desistem no oitavo dia do treinamento de corrida porque ainda estão com sobrepeso. Ou param de tocar piano após seis meses porque ainda não dominaram nada além de tocar o "Bife". Ou ainda param de fazer as suas contribuições ao sistema previdenciário após alguns anos porque poderiam usar o dinheiro agora — e isso não parecia estar contribuindo para nada de qualquer maneira.

O que elas não percebem é que esses pequenos e aparentemente insignificantes passos dados ao longo do tempo fariam a diferença.[3]

Quando você faz as escolhas corretas — embora pequenas — e o faz consistentemente, elas farão uma enorme diferença na a sua vida. Se você lembrar *porque* as está fazendo, elas se tornam mais fáceis.

4. Você sabe quando deve melhorar?

A última peça do quebra-cabeça é o *quando*. Quando você precisa melhorar? Primeiro vem a resposta óbvia: exatamente agora. Hoje. O escritor e educador Leo Buscaglia escreveu: "A vida centrada no amanhã sempre estará a um dia de se realizar". Desta maneira você precisa começar, se ainda não começou. E o mais importante, você precisa que o *hoje* seja todo dia.

> **Você nunca mudará a sua vida até que modifique algo que faça a cada dia.**

Você nunca mudará a sua vida até que modifique algo que faça a cada dia. Isso significa desenvolver bons hábitos. A disciplina é a ponte entre os hábitos e as realizações, e essa ponte deve ser cruzada diariamente. Com o tempo essa passagem diária se torna um hábito. E por fim, as pessoas não decidem o seu futuro; elas decidem os seus hábitos e os seus hábitos determinam o seu futuro. Como o autor e palestrante Brian Tracy disse: "Desde a hora que você acorda até a hora de dormir são os seus hábitos que controlam as palavras que você diz, as coisas que faz e o modo como reage e responde."

O que você faz diariamente que precisa ser modificado? O que é preciso fazer? E talvez mais importante o que precisa parar de fazer?

A colunista conselheira Abigail Van Buren afirmou espirituosamente: "Um mau hábito nunca vai embora sozinho. Ele é sempre um projeto que você mesmo deve desfazer." Qual hábito está disposto a mudar hoje a fim de mudar o que fará amanhã?

No fim das contas o trabalho pesado se resume à soma de todas as coisas simples que você deveria ter feito, mas ainda não fez. É como dieta e exercícios. Todos querem ser saldáveis, mas ninguém quer fazer as escolhas certas para chegar lá. É uma tarefa dura enquanto você não estiver comendo direito e fazendo exercícios diariamente. Entretanto se fizer pequenas escolhas certas dia após dia, você verá os resultados.

TALVEZ SEJA O MOMENTO DE PARAR DE ESTABELECER ALVOS

A consistência não é algo fácil. O romancista Aldous Huxley afirmou: "A consistência é algo contrário à natureza, contrário à vida. As únicas pessoas completamente consistentes são as que já morreram". Mesmo assim, para sermos bem-sucedidos precisamos aprender a ser consistentes. Descubra o que funciona para você, e ficarei satisfeito em compartilhar o que funcionou para mim. Em vez de ser centrado em alvos, me concentro no crescimento. Aqui está a diferença:

Ênfase no alvo	Ênfase no crescimento
Concentra no destino	Concentra na jornada
Motiva a você e aos outros	Traz maturidade a você e aos outros
Restrito a estações da vida	Perdura pela vida toda
Desafia a pessoa	Muda a pessoa
Termina quando o alvo é alcançado	Mantém você crescendo além do alvo

Creio intensamente nas pessoas e no potencial humano — não somente no dos outros, mas no o meu também — e por isso não quero colocar um limite nesse potencial ao estipular um alvo muito pequeno. Já fiz isso no início da minha carreira, e então percebi que isso me limitaria. Se você acreditar em si mesmo e no potencial que há em você, e então se concentrar no seu crescimento em vez de em alvos não se pode prever ao certo o quão longe você chegará ao seu crescimento pessoal. Você simplesmente precisa realizar consistentemente o seu trabalho enquanto continua acreditando em si mesmo.

CONSISTENTEMENTE PRODUTIVO

O autor Ernest Newman afirmou: "O grande compositor não começou a trabalhar, porque ele é inspirado, mas torna-se inspirado, pois ele está trabalhando. Beethoven, Wagner, Mozart e Bach, todos eles dedicaram a sua atenção ao trabalho dia após dia. Eles não desperdiçaram o seu tempo esperando por inspiração". Isto também é verdade para um dos compositores mais famosos e produtivos de hoje: John Williams. Com certeza você conhece o seu trabalho, mesmo que não o conheça de nome. Como as cinco notas musicais que eram o código de comunicação no filme *Contatos Imediatos de Terceiro Grau*. Ou se lembra da música aterrorizante que sempre acompanhava a aparição do tubarão no filme de Steven Spielberg? E as músicas tema de *Guerra nas Estrelas*, *Indiana Jones e os Caçadores da Arca Perdida*, ou *Harry Potter*. Todas foram composições de John Williams.

> "O grande compositor não começa a trabalhar porque ele está inspirado, mas se torna inspirado porque está trabalhando."
> — Ernest Newman

Williams, o filho de um músico de jazz, nasceu no Queens, em Nova York, e cresceu em Los Angeles. Demonstrou talento musical bem cedo e estudou com o compositor italiano Mario Castelnuovo Tedesco. Após um período servindo na Força Aérea dos Estados Unidos, ele estudou piano na Juilliard, e então se apresentou em estúdios e clubes da cidade de Nova Yorque. Ele estreou na indústria do cinema trabalhando para compositores como Franz Waxman, Bernard Herrmann, Alfred Newman, Henry Mancini e Jerry Goldsmith, tocando piano, fazendo trilhas sonoras e eventualmente compondo. O seu primeiro crédito de cinema veio em 1960.[4]

Williams tem trabalhado regularmente no cinema por mais de sessenta anos. Nesse período de tempo ele escreveu cento e vinte e uma trilhas sonoras, uma sinfonia, dezenas de concertos, e muitos outros trabalhos musicais. Foi indicado quarenta e cinco vezes para o Prêmio da Academia de Cinema, e ganhou em cinco dessas indicações. Ele recebeu quatro Globos de Ouro, cinco Emmys e vinte e um Grammys.[5] E ainda segue sendo bem-sucedido. Como ele o faz? "Sendo consistente", Williams responde:

> Desenvolvi desde muito cedo o hábito de compor algo todo dia, coisas boas e ruins. Há dias bons e há dias não tão bons, mas preencho algumas páginas até que sinta que o dia foi produtivo. É claro que quando estou trabalhando em um filme, esse é um compromisso de seis dias por semana, e quando não estou envolvido em algum projeto sempre gosto de me dedicar a alguma peça ou algum projeto musical que me dê a sensação de estar contribuindo de alguma pequena forma, ou ainda — mais importante — estar aprendendo com o processo.[6]

Williams não procura por motivação. Não espera pela inspiração. Ele acorda a cada manhã e pratica a disciplina da composição. Ele não espera que seja algo perfeito. Ele apenas o faz.

E o que dizer da experiência de bloqueio ao tentar produzir algo? Williams diz que isso não é problema:

> Nunca experimentei algo como um bloqueio. Se por acaso me sinto bloqueado ou que não sei exatamente como continuar, simplesmente continuo compondo. É o melhor para mim, compor qualquer coisa. Pode ser algo completamente absurdo, mas isso me projeta até a próxima fase de pensamento. E penso que se nós compositores perdermos a trilha e permitirmos que o fluxo nos reencontre e não nos irritarmos com isso, a assim chamada inspiração nos levará adiante.
> O que é maravilhoso a respeito da música é que ela nunca parece se esgotar. Cada pequena ideia faz outra germinar. As coisas estão constantemente se transformando em pautas musicais. Desta forma, as poucas notas musicais que temos, 7, 8 ou 12 notas, podem construir infinitas variações. Assim, acredito que essa ideia de bloqueio é algo com que precisamos lidar.[7]

A vida e a obra de John Williams é a prova de que a Lei da Consistência funciona. Qualquer um que fizer o que precisa somente quando estiver com vontade ou quando isso for conveniente não vai ser bem-sucedido. O segredo é completar a tarefa. A obra completa de Williams é a evidência de uma vida de autodisciplina e perseverança. E ela comprova o que Michael Angier, fundador da empresa SuccessNet, diz: "Se você desenvolver hábitos de sucesso, fará do sucesso um hábito."

O hábito de ser bem-sucedido não subiu à cabeça de Williams. "Se a música é bem conhecida", ele diz, "ela fala da natureza onipresente do cinema em nossa sociedade. Creio que tudo, exceto as grandes obras de arte, se apagará de nossa memória com o tempo, mas me sinto alguém de sorte e muito privilegiado pela resposta que recebo das pessoas." [8]

> "Se você desenvolver hábitos de sucesso, fará do sucesso um hábito."
> — Michael Angier

Acho a música e a vida de John Williams muito inspiradoras. Espero que você também. Mas nunca se esqueça de que a motivação o faz começar a caminhar, mas a disciplina o mantém em crescimento. Essa é a Lei da Consistência.

APLICANDO A LEI DA CONSISTÊNCIA À SUA VIDA

1. Alinhe os seus métodos de motivação e o seu tipo de personalidade. Use qualquer sistema de classificação de tipos de personalidade que prefira para estudar a sua. (Se você nunca usou, então encontre um sistema. São exemplos: Indicador de Tipo de Personalidade Myers-Briggs, Teste de Autoconhecimento DISC, e o Teste Personality Plus.) Uma vez que esteja familiarizado com o que faça o seu tipo de personalidade funcionar bem, desenvolva um sistema diário de crescimento que seja simples e aproveite os seus pontos fortes.

2. É difícil permanecer engajado em algo se você não tiver encontrado um modo de valorizar e apreciar o processo. Faça uma lista de tudo o que aprecia sobre o crescimento pessoal. Se a sua lista for muito pequena, trabalhe nela. *Qualquer coisa* que você considerar motivadora o ajudará a desenvolver melhores hábitos de crescimento.

3. Quanto mais *porquês* você tiver para tomar posse do seu crescimento pessoal diário, mais provável será ser bem-sucedido nesse processo. Comece listando esses *porquês*. Pense nos benefícios imediatos tanto quanto nos benefícios ao longo prazo. Considere as razões relacionadas a propósito, visão e sonhos. Pense em como isso o ajudará em questões relacionais, vocacionais e espirituais. Qualquer razão para crescer é boa, desde que seja *sua*.

6

A LEI DO MEIO
O Crescimento Floresce em Ambientes Favoráveis

"O primeiro passo em direção ao sucesso é dado quando você se recusa a ser uma vítima do meio de onde veio."
— Mark Caine

Creio que em algum momento da vida de cada pessoa, surge a necessidade de mudar de ambiente para crescer. Isso pode soar óbvio no caso de alguém como Johnnetta McSwain, sobre quem escrevi no capítulo da Lei do Espelho. Ela cresceu em meio a uma situação terrível e sofreu um horrível abuso. Mas eu também acredito que isso vale mesmo para pessoas que cresceram em um meio positivo, protetor e encorajador. Se quisermos crescer a fim de atingirmos nosso potencial, precisamos estar no ambiente certo. Normalmente isso exige que façamos mudanças em nossa vida.

TEMPO PARA MUDAR

Cresci em um ótimo lar. Os meus pais eram amorosos. O meu pai liderou nossa família de forma proativa, ajudando a cada um dos três filhos a encontrar o seu propósito e a desenvolver os seus talentos. A minha mãe nos amou incondicionalmente (e acredite-me, sei que houve dias em que fui um desafio, porque não aceitava regras e estava sempre forçando os limites). Tive muitos amigos. Recebi uma boa educação. Dei início a uma carreira que amo, após casar com a minha amada dos tempos de escola. Poderia ser melhor?

Mas com menos de dez anos de carreira percebi que o meu ambiente não me estava permitindo alcançar o meu pleno potencial.

Aos vinte e tantos anos eu já estava sendo sondado para liderar a maior igreja da denominação. Eu queria aprender mais, e por eles estarem me preparando para essa posição tão cedo no meu ministério, senti como se estivessem me dizendo que eu era o melhor. Qual o problema nisso? Se você for sempre o primeiro da classe, então está na classe errada. O melhor lugar para aprender é sempre onde há outros melhores do que você.

Apenas para esclarecer as coisas, para que você não pense que estou me gabando, preciso lhe dizer que eu era um peixe mediano em um tanque *bem* pequeno. Não era tão bom quanto o que eles achavam que eu era. Aquelas eram boas pessoas. Eu admirava o caráter e integridade de muitos de os seus líderes. Então esse não era o problema. Eu apenas achava que precisava de mais espaço para crescer. Para fazer isso precisava mudar de ambiente.

> Se você for sempre o primeiro da classe, então está na classe errada.

Procurei o meu pai, um pastor de longa data naquela organização, que já foi presidente da faculdade e administrador na liderança da denominação e conversei com ele sobre a questão. Ele concordou que eu precisava me mudar para um tanque maior e assim pudesse crescer mais facilmente. Ele foi realmente compreensivo e corajoso em as suas palavras, porque após a minha saída, ele permaneceria na organização, e teria que lidar com uma boa dose de críticas a respeito da minha partida. Mas ele o fez com graça e sempre apoiou a minha decisão. E tive a certeza de que se tivesse permanecido lá, não teria crescido do modo como cresci, nem teria chegado tão longe.

A MUDANÇA DEPENDE DAS SUAS ESCOLHAS

Você já deve ter visto a frase *crescimento=mudança*. É possível mudar sem crescer, mas é impossível crescer sem mudar. Um dos segredos para fazer as mudanças certas que nos permitam crescer é saber a diferença entre um problema ou desafio, que eu posso mudar, e um fato da vida que não posso mudar. Por exemplo, um dia, na a minha adolescência, olhei para um espelho e percebi algo. Eu não era um rapaz bonito. Esse era um fato. Eu não poderia mudar a minha aparência. O que poderia fazer? Tomei uma decisão. Mudaria a minha atitude a esse respeito. Eu iria sorrir. Será que isso mudou o meu rosto? Na verdade não. Mas melhorou o meu semblante.

Assim como eu você deve lidar com muitos fatos da vida. Você não pode mudar a data e o lugar em que nasceu. Também não pode mudar os seus pais. Não pode mudar a sua altura ou o seu DNA. Mas pode mudar a sua atitude a respeito desses fatos. Você precisa fazer o melhor que puder para lidar com eles.

Um problema é algo diferente. É uma situação em que você pode *fazer algo* a respeito. Você pode *crescer* com essa situação. Como? Ironicamente a resposta começa com o mesmo passo inicial: uma mudança de atitude. Quando você muda a sua atitude em relação a um problema, são abertas muitas oportunidades de crescimento.

O empresário, escritor e conferencista Nido Qubein afirmou: "O fato de ter sucesso ou fracassar na vida tem pouco a ver com as suas circunstâncias; isso tem muito mais a ver com as suas escolhas." Quais são as escolhas que você precisa fazer para então estar em um meio favorável aonde consiga prosperar e crescer? Quando se trata de meio, acredito que precisamos fazer as próximas seis escolhas a fim de nos colocarmos em um lugar mais favorável ao crescimento:

> "O fato de ter sucesso ou fracassar na vida tem pouco a ver com as suas circunstâncias; isso tem muito mais a ver com suas escolhas."
> — Nido Qubein

1. *Avalie o seu ambiente atual*

O professor e pregador Ernest Campbell conta a história de uma mulher solitária que comprou um papagaio em uma loja de animais. No dia seguinte ela voltou à loja e comentou com o dono o quanto estava desapontada com a ave.

— O papagaio ainda não disse nenhuma palavra — lamentou.

— Ele tem um espelho? — perguntou o dono da loja. — Papagaios gostam de se olhar no espelho.

Então a senhora comprou um espelho e voltou para casa. No dia seguinte ela estava de volta, afirmando que o pássaro ainda não estava falando.

— Que tal uma escada? — perguntou o vendedor. — Papagaios gostam de subir e descer em uma escada.

E assim a dona do papagaio comprou uma escada e voltou para a sua casa.

No terceiro dia ela voltou novamente à loja, com a mesma queixa.

— O papagaio tem um balanço? — sugeriu o vendedor. — Os pássaros gostam de relaxar em um balanço.

Ela comprou o balanço. No dia seguinte ela voltou à loja e anunciou que o pássaro havia morrido.

— Eu sinto muito por isso — disse o dono da loja. — E o papagaio disse alguma coisa antes de morrer?

— Sim — respondeu a senhora. — Ele disse: "Será que eles não vendem comida lá na loja de animais?"

Qual a moral dessa historinha? A mudança por si só não irá ajudá-lo. Se você decidir mudar, deve se assegurar de fazer as mudanças certas. Como se faz isso? Inicie avaliando onde você está agora e por que quer mudar.

Quando estava considerando fazer a transição de um ambiente profissional, gastei um bom tempo examinando a razão de quere fazer essa mudança. Para mim havia três grandes razões para fazer a mudança:

- Subi rápido demais.
- Não me sentia desafiado o suficiente.
- Não havia outro cargo a que eu aspirasse naquela organização.

Esses fatores foram o suficiente para me fazer encarar a desconfortável necessidade de mudar o meu local de trabalho e o que estava fazendo.

Uma das maneiras de se avaliar se você está crescendo e se está em um ambiente favorável ao crescimento é discernir se você se encontra olhando adiante, para o que está fazendo, ou se está olhando para trás, para o que já fez. Se o futuro parece muito entediante, rotineiro ou restritivo, talvez você precise começar a procurar por mudanças.

Talvez você, como eu, sinta intuitivamente que não esteja no tipo de ambiente que promova crescimento. Mas se, ao contrário, você acha difícil julgar a sua situação, então poderá abordá-la sob outro ponto de vista. Pode fazer a si mesmo algumas perguntas que o ajudarão a entender quem e o que nutre a sua personalidade, e assim descobrir se está ou não se alimentando dessas fontes. Aqui vai uma lista de perguntas que o ajudarão a começar:

Música — Quais canções me elevam?
Pensamentos — Quais pensamentos mexem comigo?
Experiências — Quais experiências me rejuvenescem?
Amigos — Quais amigos me encorajam?
Lazer — Quais atividades me renovam?
Espírito — Quais práticas espirituais me fortalecem?
Desejos — Quais sonhos me inspiram?
Lar — Quais membros da minha família se importam comigo?
Talentos — Quais dons me capacitam a agir?
Memórias — Quais lembranças me fazem sorrir?
Livros — Quais livros mudaram a minha vida?

Você entendeu a ideia. Tenho certeza de que será capaz de adicionar outras categorias e perguntas para ajudá-lo a entender o que o encoraja a crescer. A ideia central é conhecer a si mesmo e avaliar se está obtendo o que necessita do seu meio atual. Se você está, alegre-se. Se não, prepare-se para fazer algumas decisões difíceis.

2. *Mude a si mesmo e mude o seu ambiente*
Se você sabe que precisa fazer uma importante mudança no seu ambiente, então há algumas coisas que deve ter em mente: ao mesmo tempo você também precisa determinar uma mudança em si mesmo. Aqui vão os motivos: se você tentar...

Mudar a si mesmo sem mudar o seu ambiente — o crescimento será lento e difícil;

Mudar o seu ambiente sem mudar a si mesmo — o crescimento será lento e menos difícil;

Mudar o seu ambiente *e* a si mesmo — o crescimento será mais rápido e mais bem-sucedido.

Ao abordar as duas questões ao mesmo tempo, você aumenta e acelera as suas chances de sucesso.

Logo que percebi que precisava crescer — após o encontro com Curt Kampmeier, que descrevi no capítulo da Lei da Intencionalidade — achei difícil de fazer. Poucas pessoas compartilharam do o meu entusiasmo por crescer. Tinha poucos modelos. A maioria das pessoas ao o meu redor, no o meu pequeno mundo, estavam contentes em trabalhar duro e simplesmente ganhar a vida. Eu queria mais. Queria causar um impacto. Durante aquele tempo lembro-me de sentar e imaginar como seria um ambiente favorável ao crescimento. Ao longo de muitas semanas redigi o que chamei de "Meu Ambiente de Crescimento". Esse artigo me ajudou a guiar a minha tomada de decisão relativa a crescimento pessoal desde que o escrevi em 1973. Ele diz, em um ambiente favorável ao crescimento:

Outros estão *à minha frente*.
Sou continuamente *desafiado*.
A minha ênfase está *adiante*.
A atmosfera é *afirmativa*.
Frequentemente estou fora da minha *zona de conforto*.
Começo o dia *animado*.
O fracasso não é o meu *inimigo*.
Os outros estão *crescendo*.
As pessoas desejam *mudanças*.
O crescimento é *demonstrado* e *esperado*.

Quando a minha intuição estava me dizendo que o meu ambiente não era favorável ao o meu crescimento pessoal, voltei àquela lista e percebi que a maioria daquelas afirmações não se aplicava à minha situação de então. Então decidi mudar a mim e o meu meio ambiente. Se você ler essa lista e sentir que a maioria daquelas afirmações também não se aplicam à sua vida, então precisa fazer a mesma coisa.

Aprendi muito sobre mudar a mim mesmo em 1975, quando assisti a uma conferência em Waterloo, Iowa. Nesta conferência conheci Charles "Tremendous" Jones. Foi lá também que encontrei um escritor cujos livros admiro: Elmer Towns. Surpreendi-me e me encantei quando ele me convidou a sentar junto a ele em um voo a Chicago, para que pudéssemos conversar. Durante nossa conversa ele me ensinou o Princípio do Atiçador Quente. "Você sabe como esquentar um atiçador de fogo?", Elmer me perguntou. "Coloque-o próximo ao fogo." Ele então começou a explicar que nós somos como o metal em um atiçador. Se nosso ambiente for frio, nós seremos frios. Se for quente, seremos quentes. "Se você quiser crescer", diz ele: "Então passe tempo com grandes pessoas; visite grandes lugares; vá a grandes eventos; leia grandes livros; ouça grandes palestras." Aquelas palavras me orientaram na minha jornada para encontrar líderes de todo o país que estivessem à minha frente. Isso mudou a minha vida.

Enquanto você considera mudar a si mesmo e ao o seu ambiente, pense nos elementos oferecidos por um ambiente favorável ao crescimento:

O *solo* adequado para crescer: O que me nutre? O crescimento.
O *ar* puro para respirar: O que me mantém vivo? O propósito.
O *clima* adequado para viver: O que me sustenta? As pessoas.

Dizem que se você colocar uma abóbora em um jarro quando ela ainda for do tamanho de uma noz, ela crescerá até atingir o tamanho e forma do jarro e não passará disso. Isso pode acontecer com a mente de uma pessoa. Não permita que isso aconteça com você.

3. *Mude de companhia*

Cedo em minha vida descobri a importância do ambiente certo e das pessoas com quem passo o meu tempo. Os meus pais eram muito sábios nessas questões. Embora eles nunca tivessem muito dinheiro quando estávamos crescendo, eles criaram no nosso lar o tipo de ambiente onde todos os nossos amigos gostavam de estar. O meu pai construiu uma quadra de basquete despejando uma camada de concreto e pendurando um aro de basquete. Eles equiparam nosso porão transformando-o num paraíso para crianças. Nosso porão continha uma mesa de sinuca, uma de ping-pong e um laboratório de química. Nós não tínhamos muitas razões para estar em qualquer outro lugar, e nossos amigos tinham todas as razões para aparecer. E a minha mãe estava sempre por perto, conhecendo a todos. Ela influenciou a todas as crianças que pode, e nos alertou sobre o comportamento daquelas que poderiam nos ser uma má influência. Ela e o meu pai concordavam com o ditado "Dize-me com quem andas e lhe direi quem você é". E eles foram bem-sucedidos. Nossa casa vivia cheia de crianças. Mesmo hoje, mais de cinco décadas depois, encontro pessoas com quem compartilhei deste período de vida. Elas ainda se lembram de como era quando vinham lá em casa e passavam um tempo na "cantina do porão". Era o nosso ponto de encontro.

De acordo com uma pesquisa realizada pelo Dr. David McClelland, psicólogo social de Harvard, as pessoas com quem você habitualmente se associa são chamadas de "grupo de referência", e essas pessoas determinam 95% do seu sucesso ou do seu fracasso.

Muitas pessoas deram a sua visão dessa verdade. O Rei Salomão escreveu: "Quem anda com os sábios será sábio, mas o companheiro dos tolos se tornará mau." [1] Charles "Tremendous" Jones é largamente conhecido por dizer: "Você é o mesmo hoje e o será pelos próximos cinco anos, a não ser por duas coisas: as pessoas com quem você se associar e os livros que vier a ler." E Jim Rohn afirmou que nós nos tornamos a média combinada das cinco pessoas mais próximas de nós. Rohn diz que nós podemos falar da qualidade de nossa saúde, atitude e renda ao olhar para as pessoas ao nosso redor. Ele acredita que começamos a comer o que elas comem, falar como elas falam, ler o que elas leem, pensar o que pensam, assistir o que assistem e nos vestir como elas se vestem.

> Nós nos tornamos a média combinada das cinco pessoas de quem mais somos próximos.

Gosto da maneira como Sue Enquist vê a questão. Enquist foi chamada de "John Wooden" do softbol feminino. Ela jogou pela UCLA de 1975 a 1978, retornou em 1980 como treinadora assistente, e depois trabalhou como treinadora principal de 1989 a 2006. Como jogadora e técnica, ela ajudou na conquista de onze títulos de softbol da NCAA (Associação Nacional de Atletas Universitários). Ela se aposentou com um índice final de pontuação de treinadora de 887-175-1 — um percentual de vitórias de 83,5 que a coloca entre os cinco melhores técnicos da NCAA de todos os tempos.

Enquist adotou a Lei dos Trinta e Três Por Cento. Ela diz que você pode classificar as pessoas na escola, na a sua equipe, no o seu trabalho ou de qualquer outro lugar em três grupos: terço inferior, médio ou superior, e eles sempre terão as mesmas características. As pessoas do terço inferior sugam a energia da sua vida porque nada nunca é bom o suficiente para elas. Elas tiram a energia e a motivação do seu ambiente. As pessoas do terço médio são felizes e positivas quando as coisas vão bem, mas se deprimem em tempos de adversidade. As circunstâncias determinam a sua atitude. As pessoas do terço superior mantém uma atitude positiva mesmo em tempos difíceis. Elas são líderes, influenciadoras e pessoas capazes de virar o jogo. Este é o tipo de pessoa que devemos tentar ser, e também o tipo de pessoa de quem devemos estar próximos.

Nem sempre é muito confortável, mas é sempre muito proveitoso nos associarmos com pessoas maiores do que nós. Como diz o provérbio italiano: "Mantenha-se próximo de bons homens e você será um deles."

Quem são essas pessoas "maiores" com quem devemos passar mais tempo? São pessoas íntegras. Pessoas positivas. Pessoas que estejam à nossa frente profissionalmente. Pessoas que nos levantem em vez de nos puxar para baixo. Pessoas que escolham o caminho mais alto, mais sublime, em vez de escolher o caminho inferior. E acima de tudo, pessoas que estejam crescendo. Elas deveriam ser como Ralph Waldo Emerson e Henry David Thoreau. Estes, sempre que se encontravam, perguntavam um ao outro: "O que você aprendeu desde a última vez em que nos vimos?"

Recomendo que você também encontre um parceiro a quem prestar contas, para fazerem juntos essa jornada de crescimento. Essa pessoa irá fazer com que você se apegue firmemente às suas boas decisões, e o ajudará a evitar as más decisões. Um bom parceiro de prestação de contas deve:

Amá-lo incondicionalmente.
Desejar o seu sucesso.
Ser maduro.
Fazer-lhe perguntas pré-acordadas.
Ajudá-lo quando você precisar.

Você não poderá fazer essa jornada de crescimento sozinho. Não se quiser atingir o seu potencial. O fator mais significativo no ambiente de cada pessoa são as pessoas. Se você não mudar nada mais, além disso, terá as suas chances de sucesso multiplicadas por dez. Então pense bem a respeito de com quem tem passado a maior parte do seu tempo, pois os alvos deles são também os seus.

4. Desafie-se no seu novo ambiente

Uma vez ouvi a história de um artista japonês que pintou uma obra em uma grande tela. Na ponta inferior havia uma árvore e nos os seus galhos havia alguns passarinhos. O resto da tela estava vazio. Quando lhe foi perguntado se iria pintar algo mais para preencher o resto da tela, ele respondeu: "Não, preciso deixar espaço para os pássaros voarem."

Uma das coisas mais positivas a respeito de se estar em um ambiente que propicie o crescimento é que este lhe dá espaço para voar, porém você deve intencionalmente encontrar e criar essas oportunidades de crescimento. Você deve desenvolver o hábito e a disciplina de se desafiar.

Uma das primeiras formas com que me desafiei foi tornar os meus alvos públicos. Poucas coisas pressionam uma pessoa tanto quanto um prazo de cumprimento e uma audiência ciente deste prazo. Isso não significa que sempre alcancei os meus alvos. Mas percebi que se contasse aos outros sobre o que pretendia fazer, trabalharia mais e de tal modo que não me envergonharia de os meus esforços, quando alguém os estivesse observando.

Outra maneira de me desafiar — já o fiz e ainda o faço hoje — é procurar por uma grande oportunidade de crescimento a cada semana, colocá-la em prática e aprender com ela. Quer seja um encontro com amigos, um almoço com um mentor, uma conferência de que estiver participando ou uma palestra onde tiver um tempo com líderes renomados, sempre me preparo do seguinte modo — fazendo as cinco perguntas antes desse momento de aprendizado. Pergunto:

- **Quais são os seus pontos fortes?** É deles que vou tirar o maior proveito, aprender o máximo.
- **O que essas pessoas estão aprendendo agora?** É assim que vou entender a sua paixão.
- **Do que preciso exatamente agora?** Isso me ajuda a aplicar o que aprender à minha situação pessoal.
- **Com quem eles têm se encontrado, o que têm lido ou o que têm feito que os tenha ajudado?** Isto me ajuda a encontrar oportunidades adicionais de crescimento.
- **O que não perguntei e deveria ter perguntado?** Isto lhes permite apontar mudanças que percebam que eu precise realizar.

Um ambiente mais favorável ao crescimento não o ajudará muito se você não fizer tudo o que puder para aproveitá-lo ao máximo. É como oferecer dinheiro a um empreendedor para que invista em novas oportunidades, e este nunca usá-lo. Você deve agarrar as oportunidades de crescimento que tiver e, ao se desafiar, aproveitá-las ao máximo.

5. *Concentre-se no momento*

As mudanças que quisermos fazer em nossa vida acontecem no presente. O que fizermos *agora* controla o que nos tornaremos e onde estaremos no futuro. Nós vivemos e trabalhamos no presente. Como Harvey Firestone Jr. disse: "Tudo o que vier a acontecer daqui para adiante, começa hoje." Se você precisa fazer mudanças em si mesmo e no seu ambiente, não se preocupe com o seu passado.

> "Tudo o que vier a acontecer daqui para a frente começa hoje."
> — Harvey Firestone Jr.

Li que a antiga atriz de cinema e diplomata Shirley Temple Black aprendeu com a sua sogra a respeito do poder de viver o momento. O seu marido Charles, então um garoto, perguntou a sua mãe:

— Qual o momento mais feliz da sua vida?
— Esse momento agora — ela respondeu.
— Mas e todos os outros momentos felizes da sua vida? E quando você se casou? — ele perguntou.

Ela riu e disse:
— Meu melhor momento de então foi aquele. O meu momento mais feliz de agora é exatamente este. Você somente pode viver no agora. Então, para mim, esse é o momento mais feliz.

Se você precisa fazer mudanças em si e no seu ambiente, não viva no passado. Você não pode mudá-lo. Não se preocupe com o seu futuro. Você não pode controlá-lo. Concentre-se no momento atual e no que pode fazer agora.

6. *Mova-se adiante apesar das críticas*

Em seu livro clássico *The Science of Getting Rich* [A ciência para ficar rico], o autor Wallace D. Wattles escreve: "Não espere por uma mudança de ambiente antes de agir. Mude o seu ambiente agindo. Você pode agir sobre o seu meio atual a fim de se transferir para um ambiente melhor".²

O crescimento sempre vem de uma ação, e a ação quase sempre traz críticas. De qualquer maneira siga adiante. Para atingir o seu potencial, você deve fazer não somente o que os outros não acreditam que possa fazer, mas também o que *você próprio* não acredita que pode. A maioria das pessoas subestima a si mesma. Elas atiram no que acreditam que podem acertar. Em vez disso deveriam tentar alcançar o que esteja além do seu alcance. Se você não tentar criar o futuro dos seus sonhos, deve suportar o futuro que vier.

À medida que agir para mudar a si mesmo e o seu ambiente, você certamente será criticado. O poeta Ralph Waldo Emerson observou: "Sempre haverá alguém dizendo que você está errado, seja qual for o caminho que escolher. Sempre haverá dificuldades e você ficará tentado

> "Sempre haverá alguém dizendo que você está errado, seja qual for o caminho que escolher."
> — Ralph Waldo Emerson

a acreditar que os seus críticos estejam certos. Para projetar um plano de ação e segui-lo até o fim você precisará da mesma coragem de um soldado. A paz tem os seus momentos de glória, mas é necessário bravura para conquistá-la."

Quando intuí que precisava mudar de ares em minha carreira, a organização me ofereceu o melhor cargo de que dispunha. Isso foi muito generoso da sua parte, mas eu estava bem certo de que precisava mudar de direção. Assim, não aceitei a sua oferta. Infelizmente eles se sentiram rejeitados. E criticaram a minha decisão. Tudo bem. Como diz o palestrante Les Brown: "A opinião de alguém a o seu respeito não precisa se tornar a sua realidade." As palavras deles feriram-me, porém não fizeram com que questionasse a minha decisão. Albert F. Geoffrey afirma: "Quando você toma o controle da sua vida, não há mais necessidade de pedir a permissão de outra pessoa ou da sociedade como um todo. Quando você pede permissão, dá a essa pessoa o poder de veto sobre a sua vida." Antes de fazer uma mudança importante, se puder, busque por conselhos sábios. Mas tome as suas próprias decisões. Por fim, você é completamente responsável pelas escolhas feitas na sua vida.

UMA NOTA PARA OS LÍDERES

À medida que comecei a liderar organizações maiores, o meu desafio de crescimento começou a mudar. A necessidade de crescer estava sempre lá, e a necessidade de encontrar pessoas que pudessem me ensinar nunca mudou. Entretanto, como líder de uma organização, acabei reconhecendo que era a minha responsabilidade criar um ambiente positivo de crescimento para os outros. Eu o fiz usando a mesma lista que criei para mim em 1973 e a apliquei para ajudar outras pessoas. Esforcei-me para criar um lugar onde:

Os outros estejam à frente deles.
Eles sejam continuamente desafiados.
A sua ênfase esteja adiante.
A sua atmosfera seja afirmativa.
Eles frequentemente estejam fora da sua zona de conforto.
Eles comecem o dia animados.
O fracasso não seja o seu inimigo.

Os outros estejam crescendo.
As pessoas desejem mudanças.
O crescimento seja demonstrado e esperado.

Como líder, era minha responsabilidade tomar a iniciativa e criar tal ambiente. Foi um trabalho duro, mas o esforço sempre valeu a pena. Como resultado, muitas pessoas floresceram, cresceram e se tornaram líderes.

Quando os líderes precisam definir os papéis que cabem a cada pessoa dentro da organização, não é suficiente ponderar o que essas pessoas fizeram no passado. Eles também devem considerar o que essas pessoas poderiam fazer se o ambiente permitisse a elas florescer. Da mesma maneira é uma boa ideia ajudá-las a entender do que sentirão falta se saírem de um ambiente assim. Sempre tento fazer isso em entrevistas de desligamento de qualquer uma de as minhas organizações. Digo-lhes: "Você está saindo de um ambiente onde o crescimento é uma prioridade. Onde as pessoas são encorajadas e espera-se que se desenvolvam. Se você não for para um ambiente similar, não poderá esperar ter os mesmos resultados. Além disso, terá que trabalhar mais ainda para continuar crescendo."

Alguns entenderam e foram ao encontro dos desafios à sua frente. Outros somente têm olhos para o que lhe parecem verdes pastagens, e não compreendem a importância de um bom ambiente até encontrarem barreiras que nunca haviam experimentado antes. Nunca se esqueça da Lei do Meio: o crescimento floresce em ambientes favoráveis. Se você se encontra em um ambiente assim, seja grato. Agradeça às pessoas que ajudaram a criá-lo, se esforçando para alcançar o seu potencial. Se você não estiver em um ambiente como esse, faça o possível para mudar o seu meio e a si mesmo. E se você for um líder, faça o que estiver ao o seu alcance para crescer e criar o ambiente certo — aquele no qual os outros poderão crescer. Este será o melhor investimento possível que terá feito.

APLICANDO A LEI DO MEIO NA SUA VIDA

1. Avalie o seu ambiente atual no que diz respeito a crescimento respondendo verdadeiro ou falso para cada uma das seguintes afirmações:
   1. Outros se encontram à minha frente.
   2. Sou continuamente desafiado.
   3. A minha ênfase está adiante.
   4. A atmosfera é afirmativa.
   5. Frequentemente estou fora da minha zona de conforto.
   6. Começo o dia animado.
   7. O fracasso não é o meu inimigo.
   8. Outros estão crescendo.
   9. As pessoas desejam mudanças.
   10. O crescimento é demonstrado e esperado.

Se você respondeu falso para mais de cinco afirmações, o seu ambiente atual pode estar dificultando o seu crescimento. Você precisará determinar se precisa mudar ou melhorar o seu ambiente a fim de alcançar o seu potencial.

2. Avalie as suas necessidades de crescimento pessoal nas três principais áreas mencionadas no capítulo:
   O solo adequado para crescer: O que me nutre? O crescimento.
   Use a seguinte lista do capítulo ou crie a sua para avaliar o que lhe alimenta:
   Música — quais canções me elevam?
   Pensamentos — quais pensamentos mexem comigo?
   Experiências — quais experiências me rejuvenescem?
   Amigos — quais amigos me encorajam?
   Lazer — quais atividades me renovam?
   Espírito — quais práticas espirituais me fortalecem?
   Desejos — quais sonhos me inspiram?
   Lar — quais membros da minha família se importam comigo?

Talentos — quais dons me capacitam a agir?
Memórias — quais lembranças me fazem sorrir?
Livros — quais livros mudaram a minha vida?

O ar puro para respirar: O que me mantém vivo? O propósito.
Revise as suas respostas às perguntas do final do capítulo da Lei do Autoconhecimento e da Lei da Consistência. Use-as para desenvolver uma declaração de propósito para a sua vida. Não espere que ela seja perfeita ou eterna. Ela provavelmente crescerá e mudará juntamente com você, mas agora lhe dará um forte senso de direção.

O clima adequado para viver: O que me sustenta? As pessoas.
Faça uma lista das pessoas de maior influência atualmente na sua vida: amigos, família, colegas, chefes, mentores e assim por diante. Certifique-se de também incluir qualquer pessoa com quem passe uma significativa quantidade de tempo. Então examine a lista e determine quem na lista é "maior" que você: mais talentoso ou habilidoso, mais bem-sucedido profissionalmente, com um caráter mais sólido, ou melhor, em qualquer outro quesito. Se a maioria das pessoas não está lhe estimulando a crescer, então precisa encontrar outras que irão ajudá-lo nesse sentido.

3. Um crescimento significativo não vai ocorrer na sua vida se você não for continuamente desafiado no seu meio. Determine alvos específicos para si mesmo que estejam além de as suas capacidades atuais. Além disso, reveja a sua agenda para o próximo mês. Procure pelas melhores oportunidades de potencial de crescimento em cada semana e se prepare para elas fazendo a si mesmo perguntas similares às contidas neste capítulo.

7

A Lei do Projeto
Para Maximizar o Crescimento, Desenvolva Estratégias

"Se você não projetar o seu próprio plano de vida, é provável que acabe adotando o plano de outra pessoa. E adivinhe o que os outros planejaram para você? Não muito."
— Jim Rohn

Qual a sua época preferida do ano? Natal? Ou seria quando você celebra o seu aniversário? Ou quando as flores abrem na primavera? Férias de verão? Ou quando as crianças voltam para a escola? Ou o início da temporada de futebol? Quando as folhas mudam de cor no outono? Qual seria? Posso lhe dizer qual a minha. É uma semana após o Natal.

OLHANDO PARA TRÁS — PLANEJANDO O QUE ESTÁ POR VIR

Na tarde do dia de Natal, após os netos terminarem de abrir todos os presentes e toda a comoção acabar, eu dificilmente consigo me conter, pois sei que é a hora de fazer uma das coisas que mais amo no ano todo. Saio furtivamente e vou ao o meu escritório enquanto todos os outros estão vendo TV ou tirando uma soneca. Sobre a mesa me espera a minha agenda do ano anterior e um bloco de notas. Começando nesta tarde e seguindo até o dia de ano novo, passo um bom tempo revendo a minha agenda. Revejo cada compromisso, reunião e atividade — hora a hora — dos trezentos e cinquenta e nove dias anteriores. E avalio a cada um deles.

Verifico cuidadosamente todos os meus compromissos de palestras, e considero quais deles devo fazer mais, quais devo reduzir e quais eliminar.

Vejo as oportunidades de crescimento que tive. Julgo quais as que me trouxeram um bom retorno e quais não. Verifico todas as reuniões e compromissos que tive e determino quais são os que devo fazer mais, e quais devo eliminar da minha agenda. Considero quanto tempo gasto fazendo coisas que deveria delegar a outro alguém. (Também avalio o que deleguei e reconsidero se deveria tomar algo de volta ou delegá-lo a outra pessoa).

Avalio se passei tempo suficiente com a minha família. Também faço uma lista de todas as coisas que Margaret e eu fizemos juntos durante o ano, e a levo para jantar uma noite para que possamos recordá-las e nos realegrarmos com elas.

Tento contabilizar cada hora produtiva do ano anterior. Qual o valor dessa prática? Ela me ajuda a desenvolver estratégias para o próximo ano. Porque tenho feito isso todo ano — e por décadas — eu me tornei mais centrado, estratégico e efetivo a *cada ano*. Mesmo que tenha tido um ano difícil ou relativamente não produtivo, se comparado ao que havia planejado, isso nunca é um fracasso, porque aprendo com o processo e aprimoro-o no próximo ano. Não há alternativa para a estratégia. Para maximizar o crescimento você deve desenvolver estratégias. Essa é a Lei do Projeto.

LIÇÕES DA VIDA

A maioria das pessoas simplesmente permite que a sua vida aconteça. Elas derivam. Esperam. Reagem. E quando uma boa parte da sua vida já tiver passado, então percebem que deveriam ter sido mais proativas e estratégicas. Espero que esse não seja o seu caso. Se for, quero lhe encorajar a desenvolver um forte senso de urgência e uma atitude pró-estratégica. À medida que planeja e desenvolve estratégias para a sua vida e crescimento, quero compartilhar com você algumas das coisas que aprendi que me ajudaram no processo.

1. *A vida é muito simples, mas é muito difícil mantê-la assim*

Apesar do que outros podem dizer, acredito que a vida é algo bem simples. É uma questão de conhecer os próprios valores, fazer as decisões importantes baseando-se nesses valores e então administrar essas decisões dia a dia. Desse jeito, sem rodeios. Pelo menos na teoria, quanto mais vivermos e mais aprendermos, mais experiência e sabedoria iremos adquirir, o que tornará nossa vida cada vez mais simples. Mas a vida dá um jeito de se *tornar* complicada, e é somente com grande esforço que podemos mantê-la simples.

Há poucos anos atrás, assisti a uma conferência de Estratégia Global para Líderes. Enquanto estávamos lá, fomos divididos em grupos para participar de um tempo de pensamento estratégico. Fui felizardo por estar no grupo de Neil Cole. Embora não o conhecesse até aquele dia, rapidamente fiquei impressionado com a sua habilidade, durante as discussões, em projetar estratégias simples e efetivas.

Durante o intervalo pedi a Neil conselhos para projetar uma estratégia a fim de desenvolver líderes globalmente. Ele respondeu:"O segredo está na simplicidade." Então ele compartilhou comigo as três seguintes perguntas que afirmou serem o segredo para realizar esse trabalho de estratégia:

- **Ela pode ser experimentada pessoalmente?** Tem um efeito profundo — a estratégia deve ser internalizada e transformar a alma do líder.
- **Ela pode ser repetida facilmente?** Tem uma aplicação simples — ela deve ser passada adiante após um breve encontro.
- **Ela pode ser transferida estrategicamente?** A sua comunicação é universal — ela deve ser passada adiante de forma global, para todos os contextos culturais.

Meu encontro com Neil causou uma forte impressão em mim. Mais tarde usei essas perguntas no Programa EQUIP ao desenvolvermos nossa estratégia "Mandato de um Milhão de Líderes", para treinar um milhão de líderes ao redor do mundo. Também saí dessa conversa determinado a projetar a minha vida da forma mais simples possível, através da descoberta e do desenvolvimento de sistemas para o meu sucesso. Estes sistemas me ajudaram a lutar contra a complexidade na minha vida diária. Creio que eles podem ajudá-lo também. Enquanto desenvolve essas estratégias de crescimento pessoal, apenas lembre-se de mantê-las pessoais, possíveis de ser repetidas e transferíveis. Uma estratégia bem concebida não lhe trará nenhum benefício se não puder ser usada.

2. *Projetar a sua vida é mais importante do que projetar a sua carreira*
A atriz ganhadora do Oscar, Reese Witherspoon, diz: "Muitas pessoas se preocupam demais com a administração da sua carreira, mas raramente gastam metade dessa energia gerenciando as suas vidas. Quero fazer da a minha vida, e não só do meu trabalho, o melhor que puder. O resto virá por si só".

Creio que o conselho de Witherspoon é correto em parte: se você planejar bem a sua vida, então a sua carreira se ajustará naturalmente. O problema é que a maioria das pessoas também não gasta muito tempo planejando a carreira. Elas passam mais tempo planejando o Natal ou as férias. Por quê? Porque as pessoas enfatizam no que acham que vai lhes trazer o maior retorno. Se você não acredita que pode ser bem-sucedido na sua vida ao longo prazo, é provável que não lhe dê a atenção e o planejamento necessários.

Planejar a sua vida diz respeito a encontrar a si mesmo, saber quem é e então construir um projeto pessoal para o seu crescimento. Uma vez que você tenha desenhado o projeto para a sua vida, então poderá aplicá-lo à sua carreira.

3. *A vida não é uma prova de vestido!*
Como você já deve ter percebido, sou um leitor de longa data das histórias em quadrinhos Snoopy, de Charles Schulz. Schulz capturou o sentimento de muitas pessoas em uma tirinha em que Charlie Brown diz a Linus: "A vida é demais para mim. Estou confuso desde o dia em que nasci. Penso que o grande problema é que nós somos lançados na vida muito rápido. Nós não estamos realmente preparados!"

Linus responde: "E o que você queria... fazer antes um aquecimento?" Não há aquecimento para a vida, não há prova de vestido na costureira, ainda que muitas pessoas pareçam estar lidando assim com a vida. Cada um de nós sobe ao palco a frio, sem preparo e temos que ir descobrindo como as coisas funcionam enquanto avançamos. Isso pode ser complicado. Nós falhamos. Cometemos erros. Mas mesmo assim precisamos dar o nosso melhor desde o início.

Lamentar-se a respeito de não ter sido suficientemente proativo é um tema comum entre pessoas que olham para a sua vida pregressa. No seu livro *Aspire* [Tente], Kevin Hall conta a respeito de uma viagem que fez com um grupo de Escoteiros e do seu desejo em inspirá-los a ter alvos audaciosos. Hall o fez contando a eles sobre um estudo realizado com executivos bem-sucedidos e aposentados, conduzido por Gerald Bell, um cientista behaviorista de renome. Ele escreve:

> Falei aos Escoteiros o que aqueles executivos de setenta anos de idade responderam quando o Dr. Bell perguntou-lhes o que fariam de modo diferente se pudessem voltar atrás.
>
> Sua resposta, de longe a mais mencionada, foi esta: "*Eu deveria ter tomado o controle da minha vida e determinado os meus alvos mais cedo. A vida não é um ensaio, é pra valer*".
>
> Também partilhei com os escoteiros as outras respostas: *2) cuidaria melhor da minha saúde; 3) Teria administrado melhor o meu dinheiro. 4) Teria passado mais tempo com a minha família. 5) Teria investido mais tempo no meu desenvolvimento pessoal. 6) Teria me divertido mais. 7) Teria planejado melhor a minha carreira. 8) Teria ofertado mais.* [Ênfase no original].[1]

Nós não temos direito a um ensaio na vida. Temos que fazer o melhor que pudermos agora. Entretanto podemos aprender com outras pessoas como os executivos que Bell estudou. Eles nos devem inspirar a planejar o melhor que pudermos e então dar o nosso melhor. Uma vez o comediante Fred Allen disse: "Você só vive uma vez. Mas se fizer certo, uma vez será o suficiente."

> "Você só vive uma vez. Mas se fizer certo, uma vez será o suficiente."
> — Fred Allen

4. Ao planejar a sua vida, multiplique tudo por dois

Minha perspectiva na vida é basicamente otimista, e como resultado, as minhas expectativas a respeito de mim e dos outros tendem a ser um tanto irreais. Com o tempo aprendi que as coisas importantes da vida normalmente demoram mais e custam mais caro do que esperamos. Isso é especialmente verdadeiro quando se refere a crescimento pessoal. Então o que faço para compensar a diferença? Multiplico por dois. Se achar que algo levará uma hora para ser feito, planejo trabalhar nisso por duas horas, para evitar problemas. Se pensar que um projeto levará uma semana para se realizar, separo duas semanas. Se imaginar que um alvo necessitará de um investimento de mil dólares, reservo dois mil. Dois não é um número mágico — ele simplesmente parece funcionar para mim. Descobri que multiplicar tudo por dois infunde realismo no o meu otimismo.

Estou ciente de que sou uma pessoa especialmente impaciente, mas creio que todas as pessoas naturalmente desejam que as coisas venham de modo rápido e fácil, e isso inclui o crescimento pessoal. O segredo não é realmente querer mais coisas ou querer mais velocidade. É devotar mais tempo e atenção ao que tem e ao que pode fazer agora. Triplique o esforço e energia para promover o seu crescimento. E se permita crescer lentamente e com raízes profundas. Lembre-se que uma plantação de abobrinha ou um tomateiro crescem em questão de semanas, produzem durante vários dias ou semana e então morrem com a primeira geada. Em comparação uma árvore cresce lentamente — ao longo de anos, décadas ou mesmo séculos; ela produz frutos durante décadas; e se for saudável, resiste a geadas, tempestades e secas.

Ao desenvolver uma estratégia para crescer, dê a si mesmo o tempo e os recursos de que precisa. Qualquer quantia que lhe pareça razoável, multiplique-a por dois. Essa prática evitará que fique desencorajado e desista muito cedo.

DEPENDA DE SISTEMAS PARA DESENVOLVER ESTRATÉGIAS

A maioria das realizações na vida vem mais facilmente se as abordarmos de forma estratégica. É raro que uma abordagem desordenada seja bem-sucedida. E mesmo nas poucas vezes em que uma abordagem não estratégica frutifique, ela não poderá ser repetida. Assim, como você realiza algo de forma consistente? Através da criação e do uso de sistemas. Um dos maiores segredos do meu crescimento pessoal e da minha alta produtividade é usar sistemas para tudo.

Tenho um sistema para crescimento pessoal e para coleta de informação. Tento ler quatro livros por mês. Escolho dois livros que consigo finalizar razoavelmente rápido e outros dois que nos quais quero me aprofundar. Também ouço *cd's* no meu carro. Quando fazia sermões semanais em uma igreja, costumava ouvir cinco CDs a cada semana. A cada um deles eu dava um prazo de cinco minutos. Se ele não fosse muito bom, parava de ouvir. Em caso positivo, escutava o CD inteiro. E se fosse ótimo, parava de ouvi-lo após cinco minutos, deixava o CD de lado para obter o material transcrito, e assim ler cada palavra.

Tenho um sistema de captura e arquivamento de todas as boas histórias, citações e artigos que leio. Se encontro um artigo de que gosto, o destaco da página do jornal ou revista, escrevo no alto o tema no qual ele deve ser arquivado e o separo para que a minha assistente o arquive. Quando leio um livro e encontro uma citação ou história de que goste, marco a página, escrevo o tema para arquivamento e anoto o número da página na contra capa do livro. Quando termino de lê-lo, o dou à minha assistente e ela faz cópias das citações ou as digita e as guarda em os meus arquivos de citações.

Essa prática mudou a minha vida. A maioria das pessoas que conheço que investem o seu tempo no seu crescimento, não gastam tempo armazenando os melhores pensamentos e ideias que encontram. Elas passam horas ou dias procurando por uma história lida algum dia, ou uma citação da qual elas não conseguem realmente se lembrar. *"Será que não li algo assim recentemente?"*, elas se perguntam. *"Agora, que livro era aquele?"*. Talvez elas sejam capazes de encontrá-lo. Talvez não. Você sabe quanto tempo levo para encontrar algo que li e quero recordar? Dois minutos ou menos. Normalmente posso ir até a minha mesa e tê-lo na minha mão em menos de um minuto. Se não conseguir me lembrar do tema onde o arquivei, e tiver que verificar dois ou três arquivos, isso poderá me tomar até cinco minutos.

Tenho um sistema de raciocínio. Armazeno uma dezena de citações e ideias no aplicativo de notas do meu Iphone, que mantenho comigo o tempo todo. Consulto-as ao longo de todo o dia de modo que elas realmente penetrem na minha mente e coração. Escolho um ou dois pensamentos (ou algumas vezes alguns tópicos de oração) para que fiquem passando na minha mente enquanto nado. E também tenho uma poltrona para pensar. Se acordo no meio da noite, o que é algo bem comum, esgueiro-me até o meu escritório com um bloco de notas a fim de pensar e escrever.

Tenho um sistema para escrever. Antes de fazer uma viagem importante, que pode durar até duas ou três semanas, passo um dia ou mais preparando o que tenho que escrever. Se estiver trabalhando em um livro, monto um caderno com o material ainda não processado. Se o esboço do livro tiver quinze capítulos (como este tem), monto um fichário com quinze pastas. Se já tiver alguma ideia sobre um capítulo em particular, a arquivo na pasta correspondente. Se já tiver escrito uma lição sobre esse tema, faço uma cópia e a arquivo. Quando tiver terminado, terei um fichário cheio de material coletado à mão para cada capítulo. Com esse fichário, um bloco de notas, um gravador e uma caneta, estou pronto para escrever onde quer que esteja, num avião, quarto de hotel ou na casa de algum parente.

Tenho também um sistema para planejar os meus dias. Verifico a minha agenda para as próximas seis semanas para que veja o que está por vir e possa planejar o meu trabalho. E a cada manhã revejo os meus planos para o dia, e me pergunto: "*Qual o principal evento?*" Asseguro-me de tomar ciência da principal tarefa a ser realizada naquele dia, não importando o que mais possa acontecer.

Tenho até sistemas para esperar em filas e outras atividades cotidianas. Se estiver, por exemplo, em um jogo de beisebol com amigos e formos para a cantina para comprar um lanche, e lá houver três filas, fico em uma delas e peço aos os meus amigos que fiquem nas outras duas. Assim que um de nós chegarmos ao balcão, todos os outros se aproximam dessas pessoas e fazemos nossos pedidos juntos. Assim economizamos tempo.

As estratégias e sistemas são um estilo de vida para mim. Michael Gerber, autor do livro *The Mith* [O Mito], diz: "Os sistemas permitem que pessoas ordinárias alcancem resultados extraordinários de forma previsível. Entretanto, sem um sistema, mesmo as pessoas extraordinárias acham difícil de alcançar alvos comuns de forma previsível." Concordo totalmente com isso.

> "Os sistemas permitem que pessoas ordinárias alcancem resultados extraordinários de forma previsível."
> — Michael Gerber

O que é um sistema? É um processo que permite alcançar um alvo de forma previsível, baseado em princípios e práticas específicos e metodicamente passíveis de serem repetidos. Os sistemas alavancam o seu tempo, dinheiro e habilidades. São grandes ferramentas para o crescimento pessoal. Os sistemas são intencionais e práticos. Eles realmente funcionam — apesar da sua profissão, talentos ou experiência. Eles melhoram o seu desempenho. Numa vida sem nenhum sistema, a pessoa deve encarar cada tarefa e desafio partindo do zero.

O QUE ESTÁ INCLUÍDO EM UM SISTEMA

Se você quiser maximizar o seu crescimento pessoal tirando o máximo proveito de cada esforço, e fazendo-o tão eficientemente quanto possível, precisa desenvolver sistemas que trabalhem para você. Isso será algo pessoal, porque os seus sistemas precisam ser talhados para você. Entretanto, enquanto você se esforça para criá-los, mantenha as próximas diretrizes em mente:

1. *Um sistema eficiente leva em conta uma perspectiva mais ampla*

Estephen Covey observou: "Nós podemos ser muito ocupados, podemos ser muito eficientes, mas seremos realmente eficientes quando começarmos já tendo em vista o final." Quando comecei a criar sistemas para o meu crescimento, eles eram muito objetivos. Sabia que estaria dando palestras a cada semana da minha vida. Sabia que estaria liderando pessoas e organizações. Quando me aproximei dos trinta anos, dei-me conta de que gostaria de escrever livros. Os meus esforços teriam que dar suporte e melhorar as minhas habilidades nessas áreas.

As pessoas que se sobressaem, apesar da sua profissão, desenvolvem sistemas que as ajudem a obter uma ampla perspectiva. Um bom exemplo disso foi a preparação de Muhammad Ali para a "Luta na Selva", a luta contra George Foreman, em 30 de outubro de 1954. É verdade que Ali era um grande atleta — o MAIOR de todos, de acordo com ele mesmo. Mas fisicamente ele não era páreo para Foreman, que era um poderoso pugilista. Quase ninguém achava que Ali teria uma chance.

Joe Frazier e Ken Norton haviam vencido Ali anteriormente, e George Foreman derrubou ambos os lutadores no segundo *round*. Mas Ali pode enxergar a fraqueza de Foreman — a sua dificuldade em se manter na liderança — e criou um sistema que lhe permitisse superar o boxeador. Ali o denominou *"Rope-a-Dope"* [Um *dopping* nas cordas]. Ali se apoiou nas cordas, se protegendo enquanto Foreman batia continuamente, tentando nocauteá-lo. Durante sete rounds Foreman mandou centenas de socos, e Ali permitiu que a tempestade desabasse sobre si. No oitavo *round*, Ali percebeu que Foreman estava desgastado. Foi neste momento que Ali derrubou Foreman com uma sequência de golpes e reivindicou o campeonato de pesos pesados do mundo.

Não é o suficiente ser ocupado. Se você está ocupado planejando, lendo livros e indo a conferências, mas essas ocupações não estão com ênfase em áreas essenciais para o seu sucesso, então você não está se ajudando. Como diz o ditado, infelicidade é não saber o que se quer e se matar para consegui-lo.

> **Infelicidade é não saber o que se quer e se matar para consegui-lo.**

Qual é a sua perspectiva? Em quais áreas você deve crescer para alcançar os seus propósitos? O escritor e professor C. S. Lewis disse: "Cada pessoa é composta de alguns poucos temas". Quais são os seus? E quais sistemas você pode desenvolver para avançar nessas áreas hoje e a cada dia? Tive que parar de ler livros simplesmente por prazer, para então ler livros que me ajudassem em meus pontos fortes. Além disso, assisti a duas aulas de leitura dinâmica para melhorar a minha prática. O que você precisa fazer?

2. Sistemas eficientes fazem uso de prioridades

Um sistema será de pouca ajuda se não levar em conta as suas prioridades. Brian Tracy diz: "Talvez a melhor pergunta que você possa memorizar e repetir vez após vez é 'Qual o melhor uso do meu tempo agora?'" a sua resposta a essa pergunta deve moldar qualquer sistema que crie para si mesmo. Você também deveria se perguntar: "Qual é o meu tempo mais precioso", porque irá querer fazer o melhor uso possível dele. Para mim são as manhãs. Quando percebi isso, parei de marcar encontros no café da manhã. Isso foi há trinta anos. Imagine quanto deste meu precioso tempo eu teria consumido se tivesse me permitido encontrar com pessoas, algo que sou capaz de fazer em *qualquer outro* período do dia, durante o meu principal tempo produtivo.

Para mim foi muito fácil tomar essa decisão. Outras decisões foram mais difíceis. Sou movido a oportunidades e tenho a tendência de querer fazer tudo. Se um é bom, quatro é melhor ainda. Amo dizer sim. Tenho muita dificuldade em dizer não. Como resultado acabo assumindo obrigações em excesso. Para lidar com isso tive que desenvolver um sistema. Não poderia mais me permitir ceder às demandas pelo o meu tempo. Em vez disso, essas demandas iriam a um grupo, o qual decidiria se eu poderia aceitar ou não o compromisso. Nós afetuosamente o denominamos de Comitê da Machadinha. O motivo é porque esse comitê costuma cortar 90% de todos os pedidos que chegam. Este foi o único sistema que pude encontrar que me forçasse a manter as minhas prioridades no que diz respeito ao o meu tempo.

> "Cada pessoa é composta de alguns poucos temas."
> — C. S. Lewis

Quais sistemas você precisa estabelecer para ajudá-lo a manter as suas prioridades? E quais são as pessoas a quem você deve dar o poder e a responsabilidade de ajudá-lo nisso?

3. *Sistemas eficientes incluem sistemas de quantificação*

Jack Welch, que já foi executivo da General Electric afirmou: "Ter estratégia é primeiramente tentar entender o seu lugar no mundo hoje. Não onde deseja ou gostaria de estar, mas aonde está. Em seguida é entender onde gostaria de estar em cinco anos. Por último, é avaliar as suas reais chances de chegar lá." O que essas três ações — saber onde se está, onde se quer chegar e quais as chances de chegar lá — têm em comum? A quantificação. Qualquer tipo de progresso necessita da habilidade de quantificar resultados, e por essa causa o seu sistema deve incluir um modo de medi-los.

Quando me mudei de San Diego para Atlanta, surpreendi-me com o tráfego difícil e congestionado da região. O planejamento de estradas parecia estar dez anos atrás do índice de crescimento populacional. Eu não poderia fazer nada a respeito das estradas, porém estava determinado a melhorar a minha habilidade em me mover. Qual foi a minha solução? Durante os seis primeiros meses explorei rotas alternativas até os meus destinos mais comuns, e registrei a quilometragem e o tempo em cada rota. Descobri cinco rotas alternativas para o aeroporto de Atlanta e sabia qual delas pegar dependendo da hora do dia e de diferentes situações de tráfego. Eu poderia ser um motorista de limusine!

H. James Harrington, o antigo engenheiro, executivo da IBM e pioneiro no aprimoramento de desempenho, diz: "A quantificação de resultados é o primeiro passo que leva ao controle e eventualmente ao aprimoramento. Se você não puder medir algo, não poderá entendê-lo. Se não puder entender algo, não poderá controlá-lo. Se não puder controlar algo, não poderá aprimorá-lo".

Pense nisso: onde estariam os homens de negócio se eles não pudessem medir os seus lucros? Onde estariam os profissionais de vendas e marketing se eles não tivessem ideia de quantas oportunidades tivessem acabado realmente em vendas ou de quantas pessoas houvessem respondido a uma propaganda? Onde estariam os times esportivos se eles nunca soubessem do placar dos jogos? A capacidade de medir os resultados é o segredo para o aprimoramento. E de fato essa capacidade de medir pode, por si só, produzir o aprimoramento. Pesquisadores que conduziram experimentos em produtividade na Empresa Hawthorne Works Plant nos arredores de Chicago nos anos de 1930 descobriram que quando as pessoas sabiam que o seu trabalho estava sendo avaliado e medido, a sua produtividade aumentava. Os pesquisadores o chamaram de Efeito Hawthorne.

> **Quando as pessoas sabem que o seu trabalho está sendo avaliado e medido, a sua produtividade aumenta.**

A quantificação de resultados faz a diferença. Ela lhe permite estabelecer alvos, avaliar o seu progresso, julgar os resultados e fazer o diagnóstico dos problemas. Se você quiser estimular o seu progresso de crescimento e avaliar os seus resultados, torne a medição uma prática constante na sua vida.

4. *Sistemas eficientes incluem aplicação prática*

De que serviria a mais bela de todas as plantas, feita para a casa mais espetacular de todas, se você não tiver um plano de ação para construí-la? Não teria muito valor. É por isso que William Danforth, o fundador da

Companhia Nestlé Purina, disse: "Nenhum plano vale o papel onde está impresso a não ser que o mova a agir".

Tenho sido um fã do time de futebol da Universidade do Estado de Ohio por décadas e, por muitos anos, quando Jim Tressel era o técnico principal do time, tive o privilégio de falar à equipe antes do seu jogo anual contra o time de Michigan. Nessas oportunidades pude assistir ao jogo da lateral do campo. Que experiência maravilhosa. Uma vez percebi um cartaz que fazia aos jogadores e técnicos uma simples pergunta: "O que você fará agora?".

Essa é uma grande pergunta que devemos fazer a nós mesmos toda vez que formos "entrar em campo". O que *faremos*? Planejar não é o suficiente, embora o planejamento seja importante. O planejamento e a ação devem caminhar juntos. O planejamento abre o caminho. A ação provê a tração. Assim, toda vez que você tiver um alvo e considerar que não será capaz de alcançá-lo, não ajuste o alvo. Ajuste o plano de ação.

As pessoas que desenvolvem sistemas que incluam um plano de ação quase sempre são mais bem-sucedidas que as pessoas que não o fazem. Mesmo pessoas pouco talentosas e que disponham de menos recursos realizam mais se desenvolverem o hábito de entrar em ação. Esta é uma das razões porque desenvolvi o hábito de fazer a mim mesmo três perguntas toda vez que aprender algo novo:

- Onde posso usar isso?
- Quando posso usar isso?
- Quem precisa saber disso?

Isto se tornou uma disciplina na minha vida, e assim sempre tenho uma propensão a entrar em ação quando aprendo algo novo.

5. *Um sistema eficiente é organizado*

Uma vez vi uma placa em uma desarrumada loja do interior que dizia: "Nós temos o que você procura se puder achar." Isso não ajuda muito, certo? Mencionei anteriormente neste capítulo que desenvolvi um sistema de arquivamento de citações. Por que o desenvolvi? Porque o principal motivo de desperdício de tempo para a maioria das pessoas é procurar por coisas perdidas.

Minha personalidade colérica e a minha grande carga de trabalho me estimularam a começar a desenvolver sistemas. No início esse era o único modo de ter certeza de que tudo seria feito. E ainda que, com o desenvolvimento da minha carreira, pudesse contratar um assistente e todos os membros de equipe, continuei a usar sistemas para organizar a mim mesmo e facilitar a minha interação com os colegas de trabalho. Por exemplo, entro em contato com a minha assistente, Linda Eggers, pelo menos uma vez ao dia, 365 dias por ano. Não importa se estou em casa, na Flórida, ou na estrada, na China.

> O principal motivo de desperdício de tempo para a maioria das pessoas é procurar por coisas perdidas.

Também tenho uma maneira de organizar a minha agenda — ou mais especificamente, pedir a Linda que a organize. Atividades familiares vão para a agenda primeiro, porque são a minha prioridade. Todo o mais deve se adaptar a elas.

O tempo tem um modo de nos afastar da maioria das pessoas, embora o tempo seja a substância de que é feita a vida. Tudo o que fazemos requer tempo, embora muitas pessoas considerem-no algo garantido. O modo como você gasta o seu tempo é mais importante do que como gasta o seu dinheiro. Erros financeiros podem ser corrigidos. Contudo, uma vez que o tempo tenha passado, é para sempre.

Ser organizado lhe dá uma sensação de poder. Quando você conhece o seu propósito e prioridades, e organizou o seu dia, semana ou ano de acordo com eles, tem então uma clareza de raciocínio que fortalece tudo o que fizer. Existem poucas coisas assim. Tenha certeza de que o seu sistema lhe permita ser tão organizado quanto possível.

> Ser organizado lhe dá uma sensação de poder.

6. Sistemas eficientes promovem consistência

O jornalista Sydney J. Harris observou: "Um idealista acredita que o curto prazo não conta. Um cético acredita que o longo prazo não importa. Um realista acredita que tudo o que for feito ou deixar de ser feito a curto prazo determina o resultado ao longo prazo." Em outras palavras, se você quiser ser bem-sucedido ao longo prazo, deve aprender a ser consistente a cada dia, semana, mês e ano.

Você nunca mudará a sua vida a não ser que mude algo que faça diariamente. O segredo do seu sucesso se encontra na sua rotina diária. Assim, qualquer sistema que você desenvolva, precisa promover consistência, e você deve segui-lo consistentemente.

> **O segredo do seu sucesso se encontra na sua rotina diária.**

O que é necessário para se desenvolver consistência? É necessário um sistema e a disciplina para chegar ao fim. No ano de 2000, conheci a história de um senhor de idade que estava no funeral de Bill Musselman, impetuoso técnico de beisebol da NBA. Este senhor se aproximou de Eric, filho de Bill, para contar-lhe o seguinte: Ele estava dirigindo em uma rodovia de duas pistas, a caminho de Orville, Ohio, quando viu um garoto de aproximadamente onze anos de idade driblando uma bola de basquete com a sua mão direita, ao lado da rodovia. O homem estacionou no acostamento e perguntou ao rapaz:

— Onde você está indo?

Sem parar de driblar, ele respondeu:

— Orville.

— Você sabe que Orville está a uma distância de dezesseis quilômetros? — ele perguntou.

— Sim.

— O que você vai fazer quando chegar lá?

— Vou voltar para casa driblando com a minha mão esquerda.

O homem olhou para Eric e disse:

— Aquele garoto era o seu pai.

É justamente isso que chamo de criar um sistema e ter a disciplina de colocá-lo em prática!

Apesar da natureza dramática dessa história a respeito dos esforços de Musselman em evoluir como jogador de basquete, a maior parte dos esforços em ser consistente não são tão emocionantes. De vez em quando recebo pedidos de pessoas que dizem querer passar o dia comigo. Creio que eles ficariam bem desapontados com o tédio da maioria dos os meus dias. Acordo cedo e passo algumas horas à minha mesa. À tarde faço algum exercício e cuido de responsabilidades relacionadas a pessoas. Normalmente vou dormir às 22 horas. Não é emocionante, mas é consistente. E é um sistema que funciona para mim.

ESTRATÉGIA DE JOGADOR DE GOLFE

Joguei golfe por mais de quarenta anos. Há alguns anos atrás, encontrei o livro *Harvey Penick's Little Red Book: Lessons and Teachings from a Lifetime in Golf* [Pequeno Livro Vermelho de Harvey Penick: Lições e Ensinamento de uma Vida Dedicada ao Golfe]. Ele contém dicas e anedotas de golfe de um atleta profissional de ponta que também foi professor de golfe por mais de oitenta anos.

O autor, Harvey Penick, se apaixonou pelo esporte quando ainda era um garoto. Ele começou trabalhando como carregador de tacos aos oito anos e cresceu na a sua carreira até chegar ao Austin Country Club, em Austin, Texas. Quando ele estava no último ano do Ensino Fundamental, um membro influente do clube se ofereceu para conseguir lhe uma entrevista na Academia de West Point. "Não, obrigado", foi a resposta de Harwey. "A única coisa que quero fazer é ser um jogador profissional de golfe."[2] Harvey estava defendendo o clube como golfista profissional antes dos vinte anos de idade.

A grande paixão de Harvey era ensinar golfe. Ele ensinou milhares de golfistas durante a sua carreira no clube, os quais ele supervisionou como professor por cinquenta anos. Ele também trabalhou como técnico do time de golfe da Universidade do Texas por mais de trinta anos. Entre os profissionais que ele formou estão Tom Kite, Ben Crenshaw, Mickey Wright, Betsy Rawls e Kathy Whitworth.

Harvey queria ser o melhor professor de golfe que pudesse, e para fazer isso foi muito sistemático. Ele tratava cada aluno como um ser único, independente de ser um jogador de golfe de primeira viagem, alguém com um alto *handicap* desejando melhorar a sua classificação ou um profissional em viagem tentando aprimorar o seu jogo. Ele nunca permitiu que um aluno o assistisse dando uma aula a outro. Ele temia que os observadores pudessem tentar adotar a orientação para os seus próprios jogos mesmo que o conselho não se aplicasse a eles. E cada vez que Harvey aceitava um novo jogador na sua equipe, na Universidade do Texas, ele perguntava sobre os métodos de ensino que o instrutor do seu clube anterior usava. A sua estratégia era sempre continuar melhorando como professor. Tinsley, o filho de Harvey, que se tornou um golfista profissional por os seus próprios méritos, disse: "Meu pai sempre falava que o dia que ele parasse de aprender seria também o dia que ele pararia de ensinar. Ele deve ter prosseguido aprendendo até o dia da sua morte porque ele nunca parou de ensinar".[3]

A estratégia que tornou Harvey Penick mundialmente famoso foi a sua prática de gravar observações e práticas em um pequeno livro de anotações vermelho. Ele começou a fazê-lo quando tinha vinte anos. Ele queria registrar o que estava funcionando para que pudesse ensinar a prática. E fez isso por mais de sessenta anos. Harvey manteve o livro guardado na sua pasta de documentos, e a única pessoa que podia lê-lo era Tinsley. A intenção de Harvey seria passar adiante o chamado Livro Vermelho ao o seu filho quando se aposentasse.[4]

Mas em vez disso, Harvey decidiu que gostaria de compartilhar a sua sabedoria de uma vida inteira com os outros. Fez uma parceria com Bud Shrake, um escritor esportivo, para publicar o livro. Instantaneamente o livro se tornou um campeão de vendas e desde então se tornou o livro de esporte mais bem vendido de todos os tempos. Harvey observou:

> O que tornou o meu Livro Vermelho especial não foi o ineditismo do seu conteúdo, mas o fato de que o que diz a respeito de golfe ter vencido a barreira do tempo... Independentemente de ser para jogadores iniciantes, medianos, avançados ou crianças, tudo o que digo no meu livro foi tentado e testado com sucesso.[5]

Enquanto você busca desenvolver estratégias para maximizar o seu crescimento, também deveria procurar por princípios que resistiram ao teste do tempo. E, como Harvey, não tentar simplesmente adotar as práticas de alguma outra pessoa. Adapte esses princípios a si mesmo. Use os para construir os seus pontos fortes e alcançar os

> "Se você começar a trabalhar em seus alvos, seus alvos também vão trabalhar em você. Se começar a trabalhar em seu plano, esse plano também vai trabalhar em você. Quaisquer boas coisas que construamos terminam por edificar a nós mesmos também."
> — Jim Rohn

seus alvos. E lembre-se que, como Jim Rohn disse: "Se você começar a trabalhar nos seus alvos, os seus alvos também vão trabalhar em você. Se começar a trabalhar no seu plano, esse plano também vai trabalhar em você. Quaisquer boas coisas que construamos terminam por edificar a nós mesmos também." Este é o poder da Lei do Projeto.

APLICANDO A LEI DO PROJETO NA SUA VIDA

1. Separe algum tempo para avaliar quais áreas da sua vida recebem a maior parte do seu tempo de planejamento estratégico. Segue uma lista de áreas para fazê-lo pensar. Adicione outras que se aplicam a você:
Carreira
Fé
Família
Saúde
Passatempos
Casamento
Crescimento pessoal
Férias

Você já agiu de forma estratégica ao projetar estratégias e sistemas para a sua vida? Se não, por qual motivo? Se sim, onde depositou maior ênfase? Será que o seu comportamento no passado se alinha com o que diz serem as suas prioridades? Como você gostaria que fossem essas prioridades e sistemas?

2. Comece a desenvolver (ou refinar) os sistemas que irão maximizar o seu tempo e aumentar a sua eficiência. Escreva, usando a técnica de brainstorm, uma lista de áreas em que deseja melhorar, ou áreas onde esteja experimentando dificuldades, ou ainda percebendo uma oportunidade. Tente criar um sistema que o ajude em cada uma dessas situações. Enquanto projeta esses sistemas tenha certeza de que cada um leve em conta os seguintes pontos:

Uma visão do todo — o sistema irá ajudá-lo a atingir os seus alvos como um todo?

Suas prioridades — o sistema é consistente com os seus valores e compromissos?

Quantificação — o sistema lhe permite julgar de forma concreta se foi bem-sucedido?

Aplicação — o sistema traz incorporado a si uma propensão à ação?

Organização — o sistema faz um melhor uso do seu tempo do que você faz agora?

Consistência — poderá facilmente repetir o sistema de forma regular? E de fato o fará?

Não relute em fazer ajustes nos seus sistemas ou mesmo em abandoná-los se eles não lhe servirem. Entretanto você deve experimentar qualquer sistema que criar por pelo menos três semanas (o tempo necessário para iniciar o desenvolvimento de um hábito positivo) antes de avaliá-lo.

3. Muitas pessoas que tentam desenvolver estratégias para a sua vida e o seu crescimento fazem-nas muito complicadas. Qualquer sistema que você desenvolva deve ser simples e direto. Para testá-los tente isso: explique-os a um amigo para ver se passam em dois testes. O primeiro é se você consegue explicá-lo claramente. Se não conseguir, é sinal de que seja muito complicado. O segundo teste é verificar se o seu amigo conhece um modo melhor ou mais simples para atingir o mesmo alvo.

8

A LEI DA DOR
O Bom Gerenciamento de Más Experiências Leva a um Grande Crescimento

"Cada problema leva o indivíduo a conhecer a si mesmo."
— John McDonnell

Como você normalmente responde a más experiências? Você explode de raiva? Você se encolhe emocionalmente? Você se separa da experiência tanto quanto possível? Ignora a situação? John McDonnell uma vez disse: "Cada problema leva o indivíduo a conhecer a si mesmo". Que percepção! Cada vez que encontramos uma experiência dolorosa, nos conhecemos um pouco melhor. A dor pode nos paralisar. Ou pode nos fazer tomar decisões que gostaríamos de postergar, lidar com questões que preferiríamos não encarar e fazer mudanças que nos deixam desconfortáveis. A dor nos instiga a encarar quem somos e onde estamos. O que fazemos com essa experiência define em quem nos tornaremos.

DOR INIMAGINÁVEL

Recentemente topei com a história de Cheryl McGuinness, alguém que sobreviveu a uma das piores experiências pelas quais uma pessoa poderia passar. Uma manhã, no final do verão, o seu marido Tom saiu para trabalhar antes do amanhecer, como sempre o fez, dando-lhe um beijo de despedida. Poucas horas depois, Cheryl levantou, levou o seu filho e a sua filha, adolescentes, para a escola, e seguiu com a sua rotina diária.

Então ela recebeu uma ligação de um amigo perguntando se Tom estava em casa. Em seguida, outra ligação. Ela sabia que algo havia acontecido, mas não tinha ideia do que poderia ser. Quando ela o pressionou, pedindo por uma resposta, o seu amigo finalmente disse: "Um avião foi sequestrado".

Era a manhã do dia 11 de setembro de 2001, e Tom, marido de Cheryl, era piloto da American Airlines.

Passaram-se horas, a casa de Cheryl se encheu de amigos, vizinhos, outros pilotos e irmãos da igreja, e Cheryl não tinha nenhuma resposta às suas perguntas. Mas quando um carro estacionou na frente de casa trazendo o piloto chefe da empresa aérea, Cheryl soube o que aconteceu. O voo 11 da American Airlines, do qual Tom era o copiloto, foi o primeiro avião a atingir o Edifício World Trade Center. Tom e todas as outras pessoas daquele voo estavam mortos.

Como a maioria das pessoas que sobreviveu a uma terrível tragédia, Cheryl fez o melhor que pode. Algumas pessoas administram bem as experiências negativas, enquanto outras travam uma batalha. De acordo com especialistas, logo após os ataques ao World Trade Center, muitas pessoas sofreram de estresse intenso, desordens de estresse pós-traumático, depressão, ansiedade e abuso de substâncias.[1]

Apesar de estar tão ligada pessoalmente aos eventos de 11 de setembro, Cheryl lidou bem com as circunstâncias. No livro *Beauty Beyond the Ashes* [A Beleza além das Cinzas], que publicou três anos depois do acontecido, ela escreveu: "Por mais injusto, irracional e impossível que pareça, nós ainda temos trabalho a fazer após a tragédia." Nós ainda temos papéis a cumprir. Ainda temos responsabilidades para com a família e outras pessoas. A vida pode até dar uma desacelerada, mas ela não para. Justa ou não essa é a realidade.[2]

Cheryl cumpriu o seu papel com determinação e força. Ela planejou o funeral de Tom, e até falou algumas palavras, algo que estava muito longe da sua zona de conforto. Ela cuidou das crianças. Administrou a sua família, agora como mãe solteira. E ela aprendeu rapidamente como lidar com as dificuldades de ser uma viúva. Por exemplo, no primeiro Dia das Mães que passou sozinha, ela permitiu que amigos bem intencionados a convencessem a ir a um evento, que eles achavam que seria bom para ela. Esse foi um erro. Então quando o Dia dos Pais se aproximou, ela tomou a iniciativa e planejou o dia para que fosse o melhor para si e para as crianças.

Cada nova experiência se tornou uma oportunidade de crescimento pessoal. Cheryl escreve: "Estou aprendendo mais a cada dia. As circunstâncias do dia 11 de setembro me forçaram a examinar quem sou, a encarar a mim mesma de um modo que nunca tive que fazer antes, e então perguntar: 'O que Deus quer de mim? O que posso fazer nEle, pelo o seu poder em mim? Como Ele pode me usar para tocar outras pessoas?' Estou aprendendo mais sobre mim e sobre Deus. E estou aprendendo por mim mesma, não através da perspectiva de Tom".[3] Cheryl diz que não percebeu quão preguiçosa ela tinha se tornado, até perder Tom. Antes ela dependia dele para estimular o seu crescimento. Agora ela estava assumindo a responsabilidade por si.

Uma das áreas em que ela mais cresceu foi a de falar em público. "Antes do 11 de setembro, eu não conseguia falar em público. A simples ideia de falar para um grupo de pessoas me apavorava. Quando falei no velório de Tom, pus de lado o meu medo, imaginando que aquela era uma oportunidade única na vida, que me estava sendo dada...Eu não esperava falar em público novamente."[4] Mas continuaram pedindo-lhe para falar, e aos poucos ela cresceu como oradora. Ela estava determinada a permitir que a sua perda se transformasse em ganho para os outros.

Hoje os filhos de Cheryl estão crescidos. Ela casou novamente; o seu marido é Doug Hutchins. E ela está feliz com a sua vida. Perguntaram-lhe sobre a tragédia no seu décimo aniversário. Ela disse: "É um dia simplesmente terrível, do qual creio que ninguém conseguirá esquecer." E adicionou: "Ressurgi das cinzas da tragédia de 11 de setembro, ressurgi dos escombros daquele dia. Saí de lá para dizer que hoje sou mais forte do que o era há 10 anos."[5] É isso o que acontece quando uma pessoa lida bem com as más experiências. Isto demonstra o poder da Lei da Dor.

O QUE SEI SOBRE MÁS EXPERIÊNCIAS

O que diferencia as pessoas bem-sucedidas das que meramente sobrevivem? Acredito que a resposta seja como elas encaram os seus problemas. Esta é a razão porque escrevi o livro *Failing Forward* [Falhar daqui para a Frente]; queria ajudar as pessoas a lidarem com problemas e enganos de um modo que as ajudasse em vez de feri-las. Quis ensiná-las a usar as más experiências como se fossem degraus para o sucesso. Nunca conheci ninguém que dissesse: "Eu amo problemas", mas conheço muitos que admitiram que os seus maiores ganhos vieram em meio a dor. Escrevo a seguir o que sei a respeito de experiências ruins:

> Nunca conheci ninguém que dissesse: "Eu amo problemas", mas conheço muitos que admitiram que seus maiores ganhos vieram em meio a dor.

1. Todo o mundo os têm

A vida está cheia de altos e baixos. O problema é que nós só queremos os altos. E isso não é possível. Penso que é bem óbvio que ninguém escapa das más experiências. Talvez esta seja uma das razões da a minha palestra "Como Fazer o Bem Quando as Coisas Vão Mal" ser tão popular. Como diz o ditado: "Alguns dias você é o pombo; nos outros, a estátua!".

Nós podemos fazer de tudo para evitar experiências negativas, mas elas dão um jeito de nos encontrar. Eu amo a citação: "Eu tento viver a vida um dia de cada vez, mas ultimamente vários dias me atacaram de uma só vez." Não importa quem você seja, onde viva, o que faça, ou de onde tenha vindo, você terá que lidar com experiências ruins. O apresentador e escritor Dennis Wholey observou: "Esperar que o mundo o trate de forma justa somente porque você é uma boa pessoa, é um pouco parecido com achar que o touro não irá atacá-lo porque

> "Esperar que o mundo o trate de forma justa somente porque você é uma boa pessoa, é um pouco parecido com achar que o touro não irá atacá-lo porque você é vegetariano."
> — Dennis Wholey

você é vegetariano". Você precisa ter expectativas realistas no que diz respeito à dor e aos problemas. Você não pode evitá-los.

2. Ninguém gosta de problemas

Dustin Hoffman, ator vencedor do Oscar, descreveu como era a vida dele e de alguns colegas atores no início de suas carreiras, quando estavam lutando:

> Se alguém tivesse nos dito que faríamos sucesso, teríamos rido na sua cara. Nós éramos tudo menos atores de sucesso naquela época. Eu era garçom, Gene Hackman trabalhava com transportes e Robert Duvall, nos correios. Nós não tínhamos o sonho de ser ricos e famosos; sonhávamos em encontrar um emprego. Era um tempo de grande rejeição, e nós odiávamos ser rejeitados. Chegamos ao ponto de deixar os nossos currículos na porta de agências de recrutamento de elenco, bater e sair correndo, para que não tivéssemos que ser rejeitados pessoalmente de novo. Era tão desanimador que considerei seriamente desistir e me tornar um professor de artes cênicas na faculdade.

Ninguém gosta quando se encontra no meio de uma má experiência. Normalmente, dor é tudo o que se sente. Mas se as pessoas lidarem bem com a situação, então gostarão de falar sobre ela depois. A dor se torna uma boa história para se contar.

3. Poucas pessoas transformam experiências negativas em positivas

As dificuldades da vida não nos permitem permanecermos os mesmos. Elas nos movem. A pergunta é: Em qual direção você se moverá — para a frente ou para trás? Quando passamos por experiências ruins, nos tornamos melhores ou mais amargos? Essas experiências irão nos limitar ou nos levar a crescer? Como Warren G. Lester afirmou: "O sucesso na vida não vem de uma boa mão de cartas, mas de jogar bem com uma mão não tão boa".

> "O sucesso na vida não vem de uma boa mão de cartas, mas de jogar bem com uma mão não tão boa."
> —Warren G. Lester

Quando vêm tempos difíceis, muitas pessoas não respondem bem. "Algumas parecem seguir o lema que eu vi em um adesivo de para-choque: Quando o caminho começa a ficar difícil, é hora de tirar uma soneca." Que vergonha. Conhecer a Lei da Dor é algo essencial para toda pessoa que deseja crescer. A maioria das pessoas bem-sucedidas vai apontar para os tempos difíceis da sua vida como os pontos chave na sua jornada de aprimoramento. Se você tem se dedicado a crescer, deve se comprometer a gerenciar bem os seus maus momentos.

MEU ARQUIVO DE DOR

Toda pessoa tem um arquivo de dor. Você tem os seus, eu tenho os meus. Posso não ter experimentado algo tão dramático como Cheryl McGuinness, mas tenho a minha cota de fracassos e experiências negativas. Aqui vão algumas que se tornaram ganhos em crescimento ao longo da a minha vida:

- **A dor da inexperiência** – esperei ter sucesso instantâneo cedo na minha carreira, mas frequentemente tropecei por causa da minha imaturidade. Tive que aprender a ter paciência e conquistar o respeito e a influência sobre os outros.

- **A dor da incompetência** – fiz muito aconselhamento no início da minha carreira e não era bom nisso. Isso me forçou a reavaliar o meu dom. Somente quando comecei a capacitar pessoas foi que tomei consciência do meu ponto forte.

- **A dor do desapontamento** – Margareth e eu nos programamos para adotar um filho, mas então o "perdemos". Ficamos devastados. Seis meses depois adotamos nosso filho Joel, que é uma grande alegria em nossas vidas.

- **A dor do conflito** – uma igreja que liderei passou por uma divisão, e algumas pessoas abandonaram a congregação. Essa experiência fez com que eu me aprofundasse como líder.

- **A dor da mudança** – já contei que mudei de organização. Isso significou começar tudo de novo e do zero. Embora tenha sido difícil, isso me ofereceu várias oportunidades.

- **A dor da falta de saúde** – o meu ataque cardíaco aos cinquenta e um anos foi lancinante. Também foi algo que me abriu os olhos. Imediatamente mudei os meus hábitos alimentares e comprei a ideia da prática diária de exercícios.

- **A dor das decisões difíceis** – querer que todos estejam felizes e tomar decisões difíceis são duas coisas incompatíveis. Aprendi que a boa liderança consiste em desapontar as pessoas na medida em que elas consigam lidar com isso.

- **A dor da perda financeira** – uma decisão financeira mal tomada custa muito caro. Não foi divertido vender os meus bens para cobrir as perdas. Isso me ensinou a ser mais cuidadoso quando for correr riscos.

- **A dor da perda de relacionamentos** – a luta para desenvolver o meu potencial me afastou de amigos que não tinham o desejo de crescer. Quando desenvolvi novas amizades, aprendi a fazê-lo com pessoas em crescimento, que gostariam de seguir nessa jornada junto comigo.

- **A dor de não ser o número um** – em um emprego servi a um maravilhoso pastor fundador, que era muito amado como líder. Eu nunca fui tão amado ou respeitado por algumas pessoas como aquele pastor o era. Isso me ensinou humildade.

- **A dor de viajar** – a minha carreira me manteve na estrada. Isso me ensinou a valorizar a minha família e me motivou a aproveitar nosso tempo juntos da melhor forma possível.

- **A dor da responsabilidade** – liderar organizações e ter muitas pessoas dependendo de mim exige que eu pense no bem-estar dos outros e continuamente

> Querer que todos estejam felizes e tomar decisões difíceis são duas tarefas incompatíveis. Eu aprendi que exercer uma boa liderança é desapontar as pessoas na medida em que elas consigam lidar com isso.

crie novas fontes de contentamento, além de manter a minha agenda cheia e constantemente ter de satisfazer a prazos finais exigentes. Isso tem sido bem cansativo. Mas também tem me ensinado muito a respeito de prioridades e autodisciplina.

O que todas essas experiências dolorosas me ensinaram? Elas me ensinaram a permitir que o meu desconforto seja o catalisador do meu desenvolvimento. O crescimento é o melhor resultado possível de qualquer experiência negativa.

COMO TRANSFORMAR A SUA DOR EM UM GANHO

Frank Hughes afirmou espirituosamente: "A experiência não é realmente o melhor professor, mas com certeza ela serve como a melhor desculpa para não tentar fazer a mesma bobagem novamente". Se você quiser que as suas más experiências não só o impeçam de refazer as mesmas coisas tolas, mas também o levem a um crescimento significativo, sugiro que adote as próximas cinco ações:

1. *Escolha ter uma postura positiva*

"Postura" é um termo usado para descrever o sistema de referência global das pessoas — o conjunto de atitudes, pressuposições e expectativas que as pessoas têm sobre si mesmas, sobre outras pessoas, e sobre o mundo em geral. Ela compreende, por exemplo, as atitudes das pessoas em relação a dinheiro, as hipóteses a respeito da sua saúde e as expectativas a respeito da saúde de suas crianças.

> "A experiência não é realmente o melhor professor, mas com certeza ela serve como a melhor desculpa para não tentar fazer a mesma bobagem novamente."
> — Frank Hughes

O resultado da postura de qualquer pessoa é o seu modo de ver as coisas: se elas tendem a ser otimistas ou pessimistas, alegres ou tristes, confiantes ou desconfiadas, amigáveis ou reservadas, corajosas ou tímidas, generosas ou sovinas, doadoras ou egoístas. Se você consegue manter uma postura de vida positiva, você se coloca numa posição vantajosa para administrar as más experiências e transformá-las em crescimento.

A escritora e pioneira em terapia de família, Virginia Satir, observou: "A vida não é do jeito que deve ser. Ela é do jeito que é. A maneira como você lida com isso é o que faz a diferença". Você não pode controlar muito do que acontece com você. Entretanto pode controlar a sua atitude. E você pode escolher elevar-se acima das suas circunstâncias e se recusar a permitir que as experiências ruins acabem por minar quem você é e no que acredita. E você pode decidir encontrar algo positivo para aprender em face à tragédia, como Cheryl McGuinness fez.

> "A vida não é do jeito que deve ser. Ela é do jeito que é. A maneira como você lida com isso é o que faz a diferença."
> — Virginia Satir

Adotei uma postura de vida positiva porque acredito que ela me dá a melhor chance de ser bem-sucedido, enquanto me coloca na melhor posição para ajudar os outros a serem bem-sucedidos também. Desenvolvi essa atitude através do raciocínio que se segue:

- A vida tem um lado bom e um lado mau.
- Parte disso eu não tenho como controlar — assim é a vida.
- Algumas coisas boas e ruins vão me encontrar.
- Se tenho uma postura positiva, o bem e o mal se tornarão melhores.
- Se tenho uma postura negativa, eles vão parecer piores.
- Portanto, decido ter uma postura positiva.

Em grande medida na vida você recebe o que espera — não sempre, mas na maior parte do tempo. Então por que iria querer esperar pelo pior? Em vez disso, tento seguir a ideia expressa pelo poeta John Greenleaf Whittier, quando escreveu:

Nem lá adiante, ou lá atrás
Olho com esperança ou medo;

Porém, grato, aceito o bem que encontro
O melhor do aqui e agora.

Se você puder fazer isso, não somente tornará a sua vida mais suportável, mas também tornará as lições da vida mais fáceis de aprender.

2. Aceite e desenvolva a sua criatividade

Há uma história sobre um criador de galinhas cuja fazenda era inundada quase toda primavera. Ele não queria desistir da sua fazenda e se mudar, mas quando a água transbordava em suas terras e inundava as gaiolas das galinhas, era quase sempre um transtorno levar os frangos para terreno mais alto. Em alguns anos ele não conseguiu ser rápido o suficiente e centenas das suas galinhas se afogaram.

Após a pior primavera que ele passou, quando perdeu todos os seus animais, ele entrou na casa da fazenda e disse à sua esposa:

— É isso. Não tenho condições de comprar uma nova propriedade. Não vou conseguir vender esta. Eu não sei o que fazer.

Sua esposa respondeu:

— Compre patos.

As pessoas que fazem o melhor uso das más experiências são aquelas que encontram saídas criativas, como a esposa do criador de galinhas da história. Elas enxergam possibilidades em meio aos problemas.

> "A vida começa no fim da sua zona de conforto."
> — Neal Donald Walsh

O escritor Neal Donald Walsh afirmou: "A vida começa no fim da sua zona de conforto". Acredito que a criatividade começa no fim da sua zona de conforto. Quando você sente a dor das más experiências, a criatividade lhe dá a oportunidade de transformar a dor em ganho. O segredo para fazer isso é usar a energia que vem tanto da adrenalina como da raiva, e usá-la para resolver os problemas e aprender as lições.

Experimentei isso muitos anos atrás, quando fui convidado por Lloyd Ogilvie para contribuir com o *The Communicator's Commentary* [O Comentário do Comunicador], uma série de vinte e um livros de comentários bíblicos do Antigo Testamento. Lloyd me pediu que escrevesse o comentário do livro de Deuteronômio, e aceitei. Mas não levou muito tempo para que percebesse que eu estava aquém da tarefa. Eu não sou um erudito do Antigo Testamento. Tentar escrever aquele livro foi uma experiência terrível. Por três vezes fui pedir a Lloyd que me liberasse da tarefa, e nas três vezes ele se negou e me encorajou a prosseguir trabalhando.

A má notícia é que falhei na tarefa e fiquei muito triste com isso. A boa notícia é que tive que ser criativo, porque ele não aceitou o meu não como resposta. Comecei a entrevistar estudiosos do Antigo Testamento, para ter a sua perspectiva. E, porque o meu hebraico não era forte o suficiente, contratei o professor William Yarchin para me dar aulas particulares. Essas atitudes, somadas a um grande esforço, me capacitaram a finalizar a tarefa. E quando todos os volumes da série foram publicados, pedi aos outros vinte autores para me autografar as suas cópias. Hoje essa coleção está na prateleira da minha biblioteca como um objeto de valor!

Quando você passa por uma má experiência, em vez de se permitir ficar desencorajado ou com raiva, tente encontrar um modo de fazer com que ela estimule a sua criatividade.

3. Aceite o valor das más experiências

Certa vez perguntaram ao presidente John F. Kennedy a respeito de como ele havia se tornado um herói de guerra. Com a sua mordacidade costumeira, ele respondeu: "Foi bem fácil. Alguém afundou o meu barco". É sempre mais fácil enxergar algo positivo em uma experiência negativa *um bom tempo depois* que a situação aconteceu. É difícil enfrentar a experiência negativa com uma visão positiva, no momento em que ela acontece. Entretanto, se você conseguir fazer isso, você sempre conseguirá aprender algo com a experiência.

O inventor Charles F. Kettering, que era o chefe de pesquisa na General Motors, disse: "Você nunca levará uma topada ficando parado. Quanto mais rápido se mover, maior a chance de arrancar seu dedo do pé, mas também aumentam as suas chances de ir a algum lugar". Em outras palavras, onde não há luta, não há progresso. É inevitável encontrar dificuldades. Aprender com elas é algo opcional. O fato de aprender é baseado na sua compreensão de que as dificuldades apresentam oportunidades de aprendizado, e na decisão de tratar as dificuldades de acordo com essa compreensão.

4. *Faça boas mudanças após aprender com as más experiências*
O escritor James Baldwin comentou: "Nem todas as coisas que são enfrentadas podem ser mudadas. Mas nada pode ser mudado antes de ser enfrentado". Frequentemente precisamos de uma experiência ruim para enfrentarmos as mudanças que precisamos fazer em nossa vida. Isso se mostrou uma verdade para mim no que diz respeito à minha saúde. Como mencionei previamente, passei por um ataque cardíaco quando tinha cinquenta e um anos. Antes disso, eu sabia lá no fundo que não estava me alimentando bem ou fazendo exercícios suficientemente. Mas nunca havia tido algum problema de saúde, e então eu somente segui adiante, fazendo o que sempre fiz. Mas na noite em que tive o ataque cardíaco, a dor lancinante que senti no peito e a crença de que não mais veria a minha família finalmente chamaram a minha atenção. Isso me fez encarar o fato de que precisava mudar o modo como eu estava vivendo. Podemos dizer que eu finalmente atingi um ponto de aprendizado. E esse é o valor da Lei da Dor. Ela nos dá uma oportunidade de virar nossa vida do avesso. Uma curva na estrada não representa o fim dessa estrada, a não ser que você falhe em fazer a curva.

> É inevitável encontrar dificuldades. Aprender com elas é opcional.

> Uma curva na estrada não representa o fim dessa estrada, a não ser que você falhe em fazer a curva.

A maioria das pessoas não usa a mente no processo de mudança — elas usam as suas emoções. No seu livro, *The Heart of Change* [O Cerne da Mudança], John Kotter, professor de Administração de Harvard, e Dan Cohen, diretor da Delloite Consulting, explicam:

"Uma mudança de comportamento é menos uma questão de oferecer às pessoas uma análise para influenciar a sua razão, e mais uma questão de ajudá-las a ver uma verdade, a fim de influenciar as suas emoções. Tanto a razão como os sentimentos são essenciais, e encontramos a ambos em organizações bem-sucedidas, mas a essência da mudança está nas emoções".

Quando más experiências produzem fortes emoções em nós, podemos reagir de duas maneiras: ou encaramos os sentimentos e tentamos mudar, ou tentamos escapar. É o velho instinto de lutar ou correr. Precisamos treinar a nós mesmos para lutar pelas mudanças. Como fazemos isso? Lembrando que as nossas escolhas nos levarão à dor da autodisciplina, ou à dor do arrependimento. Prefiro viver com a dor da autodisciplina e colher os resultados positivos do que viver com a dor do arrependimento, que é algo que pode criar uma ferida profunda e contínua dentro de nós.

A escritora e atleta Diana Nyad diz: "Estou disposta a suportar qualquer coisa; a dor ou desconforto temporário não significam nada para mim se eu puder ver que a experiência me levará a um novo nível. Estou interessada no desconhecido, e o único caminho para o desconhecido é superar barreiras, um processo frequentemente doloroso". Esse é o processo que Diana atravessou muitas vezes enquanto treinava para quebrar recordes como nadadora de longas distâncias. Em 1979, ela nadou continuamente de Bimini, nas Bahamas, até a Flórida. O percurso durou dois dias. O seu recorde foi mantido por mais de trinta anos.

A próxima vez que você se encontrar em meio a uma má experiência, lembre-se de que está no limiar de uma oportunidade de crescimento e mudança. Se você vai ou não crescer, depende de como reagirá à experiência, e das mudanças que fizer como resultado. Permita que as suas emoções sejam o catalisador para a mudança, pense cuidadosamente em como mudar para ter certeza de que está tomando boas decisões, e depois aja.

5. *Responsabilize-se pela a sua vida*
Eu disse antes que você precisa reconhecer que as suas circunstâncias não o definem. Elas estão fora de você e não precisam impactar de forma negativa nos os seus valores e padrões. Ao mesmo tempo,

você deve se responsabilizar pela a sua vida e pelas escolhas que faz. O psiquiatra Frederic Flach, no seu livro *Resilience* [Elasticidade], e o psicólogo Julius Segal, no livro *Winning Life's Toughest Battles* [Vencendo as Batalhas mais Duras da Vida], explicam que as pessoas que superam as más experiências evitam o rótulo de "vítimas", e assumem a responsabilidade de seguir adiante. Elas não dizem: "O que aconteceu comigo é a pior coisa no mundo, e eu nunca vou me livrar disso". Eles dizem: "O que me aconteceu foi bem ruim, mas outras pessoas estão piores e eu não vou desistir". Elas não chafurdam em autopiedade ou perguntam: "Por que eu?" E isso é uma boa coisa porque após pouco tempo o "por que eu?" se transforma em um "pobre de mim".

> Após pouco tempo, o "por que eu?" se transforma em um "pobre de mim".

É praticamente impossível crescer significativamente quando você não se responsabiliza por si e por a sua vida. Lembro-me de uma antiga música da cantora comediante Anna Russel, que representa a atitude de muitas pessoas na cultura de hoje:

Fui ao o meu psiquiatra para ser analisada;

Para descobrir por que matei o gato e ceguei o meu marido.

Ele me colocou em um divã macio, para ver o que descobria.

E isto é o que ele desenterrou da minha mente subconsciente.

Quando tinha um ano de idade, mamãe escondeu a minha boneca na banheira, é por isso que a bebida hoje é a minha companheira.

Quando tinha dois anos, vi o meu pai beijar a empregada um dia. E é por isso que sofro agora — cleptomania.

Quando tinha três anos, sofri de sentimentos confusos em relação aos meus irmãos. Então, a consequência natural é essa — envenenei todos os meus amantes.

Estou tão feliz de ter aprendido a lição: que tudo de errado que eu fiz é culpa de outra pessoa.

Nesses últimos anos, dei muitos cursos e palestras na China. Em uma viagem recente, os participantes da conferência fizeram um exercício de valoração. As pessoas identificavam os seus maiores valores usando uma pilha de cartões que representavam cada um deles, como integridade, independência, criatividade, família e assim por diante. É um exercício desenvolvido e usado frequentemente pela *John Maxwell Company*. Centenas de pessoas tem feito essa atividade, onde elas escolhem os seus seis maiores valores. Em seguida, escolhem os seus dois maiores valores e então o seu valor número um. O que me surpreendeu na China foi que o valor mais identificado como o mais importante foi a responsabilidade. Isso nos diz muito sobre a sua cultura. Não me surpreende que eles estejam fazendo avanços tão grandes nos últimos anos.

Não importa pelo que você passou na sua vida — ou pelo que está passando atualmente — você tem a oportunidade de crescer a partir daqui. Algumas vezes é muito difícil enxergar a oportunidade em meio à dor, mas ela está lá. Você deve estar disposto a não somente procurá-la, mas também a tomar posse dela. Quando o fizer, talvez as palavras de William Penn, filósofo inglês e fundador da província da Pensilvânia, encorajem-no: "Sem dor, sem palmas; sem espinhos, sem trono; sem tormentos, sem glória; sem cruz, sem coroa".

> ## APLICANDO A LEI
> ## DA DOR
> ## NA SUA VIDA

1. Avalie a sua atitude em relação a experiências negativas até esse momento na sua vida. Baseado na sua história pessoal, quais das afirmações seguintes melhor descreve como você lida com o fracasso, a tragédia, os problemas e desafios que têm lhe causado dor?

- ❑ Faço tudo o que posso para evitar a dor a todo custo.
- ❑ Sei que a dor é inevitável, mas tento ignorá-la ou bloqueá-la.
- ❑ Sei que todos experimentam a dor, então simplesmente a suporto quando ela vem.
- ❑ Não gosto da dor, contudo tento permanecer com uma atitude positiva apesar dela.
- ❑ Processo a emoção das experiências dolorosas rapidamente e tento encontrar uma lição com elas.
- ❑ Processo a dor, encontro a lição, e, como resultado, faço as mudanças ativamente.
- ❑ Seu alvo deve ser progredir de onde está atualmente para o próximo nível, onde você fará mudanças positivas logo após as experiências ruins.

2. No passado você fez uso de más experiências como um trampolim para aproveitar a sua criatividade? Se não, use a dificuldade atual para ajudá-lo a aprender como se tornar mais criativo ao fazer o seguinte:

    Defina o problema
    Compreenda a sua emoção
    Enuncie a lição
    Identifique a mudança que deseja realizar
    Imagine criativamente vários caminhos
    Receba informações de outros
    Coloque em prática um curso de ação

Lembre-se que se fizer o que normalmente já faz, você sempre obterá o mesmo retorno. Se quiser chegar a um novo destino, deve tomar um novo caminho.

3. Nenhuma percepção, não importa quão profunda, tem valor para você a não ser que esteja conectada às mudanças que você fará, baseadas no que aprendeu. O desenvolvimento pessoal requer uma tendência à ação! Passe algum tempo recordando as cinco últimas más experiências que teve na sua vida. Escreva cada uma delas, junto com o que aprendeu de cada uma – se aprendeu algo. Então avalie se você decidiu fazer mudanças baseado no que aprendeu e avalie como se saiu ao colocar em prática essas mudanças na sua vida. Uma vez que tenha avaliado cada má experiência, dê a si mesmo uma nota de zero a dez com relação a como administrou essas experiências. Se você não foi um aluno nota 10 ou 9, precisa fazer uso dos passos listados acima para melhorar.

9

A Lei da Escada

O Crescimento do Caráter Determina a Extensão
do Crescimento Pessoal

*"Para a maioria das pessoas, uma conquista é algo que se faz...
mas para o grande empreendedor, é algo que você é."*
— Doug Firebaugh

Logo depois de me mudar para a Flórida conheci Jerry Anderson. Não levou muito tempo para que nos tornássemos bons amigos. Jerry é uma pessoa maravilhosa e um empresário de sucesso. Ele não começou desse jeito. Sua história é a prova de como o crescimento de caráter determina o crescimento pessoal, e de como o crescimento pessoal propicia o sucesso.

AMBIÇÃO SEM ORIENTAÇÃO

Jerry cresceu em Ohio e após a sua formatura no Ensino Médio, começou a trabalhar em fábricas, como operador e ferramenteiro. Embora ele fosse bom nesse ramo, trabalhasse duro, e tivesse sucesso, isso não era o suficiente para ele. Jerry era ambicioso. Ele queria fazer mais de sua vida do que investir a sua carreira em um emprego seguro e receber um relógio de ouro quando se aposentasse. Ele queria ser um empresário de sucesso. Então ele deixou o seu emprego na fábrica e partiu em uma carreira como empreendedor.

Seu primeiro empreendimento nos negócios envolveu a venda de ferramentas de precisão produzidas no Japão. O produto era bom, e Jerry conhecia o seu campo de trabalho, mas o momento não foi o mais oportuno. Isso aconteceu no começo dos anos setenta. Naquela época a etiqueta "Feito no Japão" não era vista como algo positivo.

Embora a indústria manufatureira japonesa já viesse de uma longa caminhada, desde os primeiros anos após a segunda guerra mundial, quando o país produzia bens baratos, as pessoas nos Estados Unidos ainda não haviam reconhecido isso, e eles não comprariam os produtos japoneses. Como resultado, a primeira empresa de Jerry faliu.

Agindo destemidamente, Jerry quis tentar de novo. Ele mudou de estratégia. Desta vez ele tomou parte em um empreendimento publicitário em rede. Trabalhador e ambicioso, ele não mediu esforços no investimento em seu novo negócio. Mas dessa vez todos na organização faliram quando o estado a investigou e a fechou.

Mesmo depois disso, Jerry ainda estava determinado a não desistir. Desta vez ele estava morando na Califórnia. Ele deu início a um jornal de classificados com um amigo chamado Bernie Torrence. Ele também se interessou em uma franquia em Ohio, que publicava uma revista semanal de imóveis. Por três anos ele deu tudo de si para a empresa, e mesmo assim ela foi à falência.

Nesta época, Jerry foi ver John Schrock, um homem a quem Bernie respeitava e tinha como parceiro nos negócios. Jerry perguntou a John como ele conseguiu ser tão bem-sucedido em seus negócios. John confidenciou a Jerry que baseava seus negócios em valores e princípios.

— Quais valores e princípios? — perguntou Jerry.

— Esses — disse John, pegando um pequeno livro de anotações do bolso de sua jaqueta. O livro continha ditos retirados do Livro de Provérbios, e separados por assunto. John sempre o carregava junto consigo. — Toda vez que tenho um problema ou uma pergunta relacionada aos negócios, vou a esse livro e obtenho a resposta.

John deu uma cópia do pequeno livro a Jerry, e o encorajou a usá-lo.

PARA SER UM SUCESSO, PENSE COMO ALGUÉM BEM-SUCEDIDO

Jerry sentia que para ser bem-sucedido, teria que aprender a pensar como um empresário de sucesso. Com isso em mente, ele reuniu cinco ou seis pessoas, e elas se comprometeram a se encontrar uma vez por semana, durante uma hora, para estudar os princípios do pequeno livro que John lhe deu. Pela primeira vez, Jerry tinha o propósito de crescer.

E não demorou muito para que sua vida e seus negócios mudassem. A empresa, que sempre estava no vermelho, deu a volta por cima em, pela primeira vez, apresentou lucros. Ele expandiu o seu negócio por toda a Califórnia, e teve tanto sucesso que a empresa foi comprada. Jerry voltou a morar em Ohio, para estar mais perto de John. Ele fez algum aconselhamento durante um tempo, mas logo ele já quis começar um novo negócio. Partindo do que ele já havia aprendido, Jerry começou a trabalhar com outra revista de imóveis. Em tempo, ele a tornou a maior publicação de seu setor nos Estados Unidos, cobrindo imóveis em cidades de Chicago a Miami, e empregando a milhares de pessoas. Por fim, uma companhia de Nova York comprou a revista.

OS PRINCÍPIOS COMEÇAM A SE ESPALHAR

Nos anos oitenta, as pessoas que haviam ouvido a respeito de John Schrock estavam viajando para Ohio, para o encontrar e aprender com ele. John escreveu sobre algumas das ideias e princípios para ajudar as pessoas. No fim dos anos oitenta, Jerry decidiu que queria levar para o mercado os princípios que John havia compartilhado com ele. John e Bernie concordaram em ajudar Jerry nesse projeto, porque queriam compartilhar com as outras pessoas o que haviam aprendido. Eles viajaram pelos Estados Unidos, tentando chamar a atenção de empresários. Encontraram poucos interessados. Mas então eles cruzaram caminhos com três homens da Guatemala — um dentista, um executivo corporativo e o dono de uma loja de hardware — que estavam na Virgínia procurando por ajuda para seus negócios. Quando eles viram o material que Jerry e sua equipe desenvolveram, ficaram muito animados e convidaram a Jerry e à sua organização, que mais tarde ficou conhecida como *La Red* (A Rede), para vir para a Guatemala e ajudá-los.

A empresa de Jerry visitou a Cidade da Guatemala, e teve sucesso em lançar grupos de discussão muito parecidos com os que Jerry começou na Califórnia vários anos antes. Os grupos foram encorajados a determinar um momento para se encontrarem a cada semana; discutir um princípio, junto com as suas características e benefícios; fazer uma autoavaliação de onde se encontram nessa área; e se comprometer a agir de modo específico para mudar e melhorar. Na semana seguinte, eles fazem uns aos outros uma prestação de contas dos seus compromissos, e então discutem o próximo princípio. Ao longo de um ano, eles abordam os seguintes temas:

Restrição	Limites	Ética
Generosidade	Raciocínio adequado	Propriedade
Trabalho duro	Senso comum	Ambição
Motivos	Prosperidade	Ouvir
Honestidade	Emoções	Consignação
Paciência	Semeadura	Responsabilidade
Humildade	Direção	Dívida
Produtividade	Correção	Economia
Dependência	Conflito	Desenvolver pessoas
Temperamento	Pressão	Compreender pessoas
Atitude	Críticas	Inspiração
Fatos	Julgamento	Influência
Alvos	Confrontação	
Planejamento	Perdão	

A notícia a respeito do sucesso que eles estavam fazendo com os empresários se espalhou, e *La Red* foi convidada pelo reitor de uma grande universidade na Guatemala para lhes ensinar valores. Essa universidade, na época, era conhecida pelas propinas e outras práticas escusas para obtenção de notas. Os valores que foram ensinados começaram a mudar a cultura da universidade, de tal modo que o corpo administrativo da universidade pediu que esses mesmo valores fossem ensinados a todos os calouros que lá ingressavam. Hoje, entre doze e quinze mil estudantes fazem o curso a cada ano.

Pouco tempo depois que *La Red* se estabeleceu na Guatemala, Jerry e sua equipe foram convidados a ir a Bogotá, Colômbia, para ensinar valores também. Eles planejaram um lançamento no qual estavam esperando por cerca de cinquenta pessoas. Em vez disso, apareceram centenas de pessoas, e eles tiveram que mudar o local do encontro para o parque de uma cidade próxima.

À medida que a novidade se espalhava na Colômbia, representantes do governo nacional solicitaram a *La Red* que ensinasse os mesmos princípios de caráter a mil e quinhentos funcionários públicos. Jerry, feliz, aceitou. E então descobriu que todos os funcionários eram guardas prisionais. Isso foi muito intimidador. As prisões na Colômbia eram notoriamente violentas e corruptas. Os presos, líderes da guerrilha e das drogas, construíam suítes para si mesmos dentro da prisão, e dirigiam seus negócios de lá e homicídios aconteciam diariamente. E os administradores e guardas das prisões consentiam com a corrupção, ou eram mortos.

Mas agora as prisões estavam sendo observadas e dirigidas por um general que acabara de ser chamado da aposentadoria. General Cifuentes, um homem de grande integridade, queria mudar a cultura das prisões, e se recusava a fingir que não via a corrupção. Essa determinação custou à vida de seu filho, que foi morto acidentalmente por assassinos de aluguel que pensaram se tratar do general. Outros atentados foram feitos contra a vida do general, mas ele sobreviveu. Ele foi a força responsável pela vinda de Jerry às prisões.

A organização *La Red* introduziu o desenvolvimento de caráter e valores dentro de 143 prisões, envolvendo setenta e cinco mil prisioneiros, e a cultura começou a mudar. Um ano e meio depois, a taxa de homicídios havia caído drasticamente. E havia relatos de que alguns dos prisioneiros na verdade diziam que queriam ser como os guardas. Certamente as prisões não se tornaram ambientes agradáveis, mas elas mudaram. E isso instigou o exército colombiano a pedir que *La Red* começasse a treinar as tropas do exército para o desenvolvimento de caráter.

A *La Red* continua levando valores de caráter e princípios a empresas, governos, escolas e igrejas ao redor do mundo. Atualmente eles estão ajudando pessoas em quarenta e quatro países. Estimam que mais de um milhão de pessoas tenham sido treinadas em uma fundação de princípios baseados em valores. E isso é importante porque o crescimento de caráter determina a extensão do seu crescimento pessoal. E sem crescimento pessoal, você nunca atingirá o seu potencial.

O VALOR DO CARÁTER

Os professores James Kouzes e Barry Posner passaram mais de vinte e cinco anos avaliando líderes em praticamente todo tipo de organização. Nesse levantamento perguntavam o seguinte: "Quais valores, traços pessoais ou características você procura e admira em um líder?" Durante aqueles anos, eles aplicaram um questionário de avaliação chamado "As Características dos Líderes Admirados" a mais de setenta e cinco mil pessoas em seis continentes: África, América do Norte, América do Sul, Ásia, Europa e Austrália.[1] Eles relatam: "Os resultados tem sido surpreendentes em sua regularidade ao longo dos anos, e eles não variam significativamente em decorrência de diferenças demográficas, organizacionais ou culturais". E qual a qualidade mais admirada nos líderes? É a honestidade.

Kouzes e Posner explicam que a honestidade, que é a essência de um bom caráter, é a qualidade que mais favorece ou prejudica a reputação de uma pessoa. Eles escrevem:

> Em quase todas as pesquisas conduzidas, a honestidade tem sido selecionada mais frequentemente do que qualquer outra característica de liderança; no geral, ela emerge como o mais importante fator nos relacionamentos de um líder. Os percentuais variam, mas o resultado final não. Desde quando começamos nossa pesquisa, a honestidade tem estado no topo da lista.[2]

Não há surpresa no fato de as pessoas desejarem seguir líderes com bom caráter. Ninguém gosta de trabalhar com pessoas não confiáveis. Mas antes de você ou eu trabalharmos com qualquer outra pessoa ou seguirmos qualquer líder, em quem temos de confiar a cada dia? Temos de confiar em nós mesmos. É por isso que o caráter é algo tão importante. Se você não puder confiar em si mesmo, nunca será capaz de crescer. O bom caráter, com honestidade e integridade em sua essência, é algo essencial ao sucesso em qualquer área da vida. Sem essas características, a pessoa estará edificando sobre a areia.

> "Em quase todas as pesquisas conduzidas, a honestidade tem sido selecionada mais frequentemente do que qualquer outra característica de liderança."
> — James Kouzes e Barry Posner

A LEI DA ESCADA | 149

Bill Thrall afirma que as pessoas usualmente se concentram em sua capacidade profissional, sem desenvolver o caráter, e isso quase sempre cobra um preço no final. O preço cobrado são seus relacionamentos pessoais, e frequentemente sua carreira. Ele compara a situação a escalar uma longa escada que carece do suporte apropriado. Quanto mais alto a pessoa sobe, mais vacilante e instável ela se torna, até que a pessoa por fim acaba caindo.³

O general aposentado Norman Schwarzkopf afirmou: "Noventa e nove por cento das falhas na liderança são falhas de caráter". Da mesma forma, os 99% de todos os outros tipos de falhas. A maior parte das pessoas se centraliza demais em competências e de menos em caráter. Com qual frequência uma pessoa perde um prazo por que ela não seguiu firme até o final, quando deveria tê-lo feito? Quantas vezes as pessoas recebem notas mais baixas do que poderiam ter recebido somente porque não estudaram o suficiente? Quão comumente as pessoas falham em crescer, não porque elas não tenham tido tempo suficiente para ler bons livros, mas porque elas escolheram gastar o seu tempo e o seu dinheiro em algo de menos valor? Todas essas falhas são o resultado do caráter e não de sua capacidade. O crescimento do caráter determina a extensão de seu crescimento pessoal. Esta é a Lei da Escada.

> "Noventa e nove por cento das falhas na liderança são falhas de caráter."
> — Norman Schwarzkopf

OS DEGRAUS DE MINHA ESCADA DE CARÁTER

Subir a escada do caráter é algo que sempre tive que fazer intencionalmente. Para mim, isso não acontece do nada. E provavelmente não aconteça para você também. Levei décadas para desenvolver a atitude correta e aprender quais "degraus" precisam ser galgados para que eu evolua. Aqui vão os degraus de minha escada de caráter que me permitiram subir mais alto. Talvez eles também o ajudem.

1. *Vou me concentrar em melhorar por dentro, em vez de melhorar por fora — o que importa é o caráter*

Acredito que seja um desejo normal o importar-nos com a nossa aparência. Não há nada errado com isso. O que realmente pode nos colocar em apuros é nos preocupar mais com o nosso exterior do que com o que realmente somos por dentro. Nossa reputação vem do que os outros acreditam do nosso exterior. Nosso caráter representa o que somos por dentro. A boa notícia é que se você se concentrar mais em ser melhor por dentro do que por fora, com o tempo você irá melhorar no seu exterior também. Por que digo isso?

O Interior Influencia o Exterior

há mais de dois mil anos atrás, o escritor do livro de Provérbios observou que o que pensamos em nosso coração, nisso nos tornamos.[4] Essa antiga ideia também tem sido repetida por outros escritores sábios, e tem sido confirmada pela ciência moderna. Os conselheiros ensinam a importância de visualizar para vencer. Os psicólogos apontam o poder da autoestima nas atitudes das pessoas. Os médicos observam o impacto de uma atitude positiva e da esperança na cura.

O que nós acreditamos realmente importa. Nós colhemos o que plantamos. O que fazemos ou deixamos de fazer na nossa vida privada tem um impacto no que somos. Se você negligenciar o seu coração, mente ou alma, isso muda o que você é no seu exterior, tanto quanto no interior.

As Vitórias Interiores Precedem as Exteriores

> **Se você faz as coisas que precisa fazer, no momento que precisa, então, um dia, poderá fazer as coisas que deseja, no momento que quiser fazê-las.**

se você faz as coisas que precisa fazer, no momento que precisa, então um dia poderá fazer as coisas que deseja, no momento que quiser fazê-las. Em outras palavras, antes de *fazer*, você precisa *ser*.

Frequentemente tenho observado pessoas que pareciam estar fazendo todas as coisas certas no exterior, e ainda assim não estavam experimentando o sucesso. Quando isso acontece, eu normalmente concluo que há algo errado no interior, e que precisa ser mudado. O movimento externo correto somado a motivos internos errados não trará progresso duradouro. Uma fala correta somada a um raciocínio errado não trarão sucesso que perdure. As expressões de cuidado com o exterior, com um coração de raiva ou desprezo, não trarão paz interior duradoura. O crescimento contínuo e o sucesso duradouro são o resultado de alinhar o interior e o exterior de nossa vida. E consertar o interior deve acontecer antes — com sólidos traços de caráter que promovam o fundamento para o crescimento.

Nosso Desenvolvimento Interior É algo que Está sob nosso Total Controle

Nós frequentemente não podemos determinar o que nos acontece, mas sempre podemos determinar o que acontece dentro de nós. Jim Rohn disse:

> O caráter é uma qualidade que personifica muitos traços importantes, tais como integridade, coragem, perseverança, confiança e sabedoria. Ao contrário das suas impressões digitais, as quais nasceram com você e nunca mudarão, o caráter é algo que você cria dentro de si e deve tomar a responsabilidade de mudar.

Quando nós falhamos em tomar as decisões de caráter corretas dentro de nós, abrimos mão da nossa autonomia. Nós pertencemos aos outros — ao que quer que nos controle então. E isso nos coloca em maus lençóis. Como você poderá alcançar o seu potencial e se tornar a pessoa que pode ser se os outros estão fazendo as escolhas por você?

Os "degraus" de minha escada de caráter vêm como resultado de escolhas pessoais batalhadas. Elas não são escolhas fáceis de fazer e também não são fáceis de gerenciar. Cada dia há uma batalha em meu interior, para me comprometer ou me render a elas. Infelizmente houve vezes em que me rendi. Porém quando isso aconteceu, as persegui diligentemente e as devolvi ao seu lugar apropriado... dentro de mim.

Doug Firebaugh, autor e especialista em marketing multinível, diz: "Vencer na vida é muito mais do que ter dinheiro... é vencer o seu mundo interior... e saber que você jogou o jogo da vida com todas as forças... e ainda mais". Se você quer ser bem-sucedido, deve construir o seu interior prioritariamente.

Há muitos anos atrás, Farrah Gray, o jovem milionário e fenômeno, escreveu um livro chamado *Reallionaire* ["Real Milionário"]. Ele cunhou o termo para descrever "alguém que descobriu que há mais a respeito de dinheiro do que tê-lo. Uma pessoa que compreende que sucesso não é só ser rico em sua carteira; você deve ser rico por dentro também". Ainda bem jovem, ele reconheceu que o dinheiro sem um forte fundamento de caráter pode não levar ao sucesso, mas à ruína. Se você tem alguma dúvida, apenas veja o número de atores mirins famosos e jovens estrelas da música que perderam o seu rumo. Suas histórias normalmente são tristes porque eles se concentraram em questões externas da vida em vez de crescer interiormente para dar a si mesmos um forte fundamento que os preparasse para a fama e a fortuna. O seu destino é algo que temos que evitar a todo custo, aprimorando nosso interior mais do que o exterior.

2. *Seguirei a regra de ouro — o que importa são as pessoas*

Há vários anos atrás, quando me pediram para escrever um livro sobre ética nos negócios, o resultado foi *Ethics 101* (Ética 101), livro que baseei na regra de ouro. Se você tiver que escolher somente uma diretriz para a vida, você não poderá escolher uma melhor do que esta: "Aqui vai uma regra simples e prática para o comportamento: Pergunte a si mesmo o que você gostaria que as pessoas fizessem por você, e então tome a iniciativa e faça isso por elas".[5]

> "Aqui vai uma regra simples e prática para o comportamento: Pergunte a si mesmo o que você gostaria que as pessoas fizessem por você, e então tome a iniciativa e faça isso por elas."
> — A Mensagem

Seguir a regra de ouro é uma maravilhosa ferramenta de construção de caráter. Ela o instiga a se concentrar nas outras pessoas. Ela o leva a ser empático. Ela o encoraja a tomar o caminho mais elevado. E se você se apegar a ela — especialmente quando as coisas estiverem difíceis — você não poderá evitar se tornar o tipo de pessoa de quem os outros querem estar perto. Acima de tudo, no final de todos os nossos relacionamentos nós vamos se um ganho ou uma perda na vida das outras pessoas. A regra de ouro nos ajuda a somar.

3. *Só vou ensinar algo em que acredite — o que importa é o amor*
Bem cedo em sua carreira, a maior parte dos oradores recebe pedidos para falar a respeito de uma grande variedade de temas. Ou eles vêm de uma tradição em particular que espera que eles ponderem a respeito de um determinado tópico a partir de um ponto de vista particular. Por exemplo, frequentemente se espera que palestrantes motivacionais proclamem: "Se você acredita, pode alcançá-lo". Quando estava iniciando em minha carreira, havia algumas poucas coisas que ensinava e que não apoiava completamente. Não estou falando a respeito de coisas que sejam claramente certas ou erradas. Estou falando sobre questões subjetivas que são uma questão de opinião. Mas assim que começava a falar a respeito delas, arrependia-me.

Você sabe como é chamado o palestrante que fala a respeito de algo em que não acredita? Hipócrita! Então desde cedo fiz o voto de ensinar somente algo em que acreditava. E isso me beneficiou, não somente em questões de integridade, mas também na área da motivação. Crenças emprestadas não tem motivação e, portanto, não tem poder. Algumas das coisas que despertavam o meu interesse há trinta anos atrás, tais como a efetividade do aprendizado REAL — relacionamentos, estar preparado, atitude e liderança — eu ainda as amo hoje. De fato, tenho mais amor hoje a respeito da afirmação "tudo cresce e desvanece pela liderança" do que eu tinha da primeira vez que a comuniquei a uma plateia.

> Crenças emprestadas não têm motivação e, portanto, não têm poder.

4. *Vou valorizar a humildade acima de todas as outras virtudes — o que importa é a perspectiva*
O dramaturgo e autor J. M. Barrie observou: "A vida de cada homem é um diário no qual ele deseja escrever uma história, mas acaba

> "A vida de cada homem é um diário no qual ele deseja escrever uma história, mas acaba escrevendo outra; e seu momento mais humilde acontece quando ele compara o volume do que escreveu com o que ele desejaria ter escrito."
> — J. M. Barrie

escrevendo outra; e o seu momento mais humilde acontece quando ele compara o volume do que escreveu com o que ele desejaria ter escrito". Acredito que cada um que for honesto consigo mesmo percebe que falha em alcançar o que gostaria de ter e ser na vida. Diferentemente do que Tom Hanks disse no papel de Forest Gump, a vida não é uma caixa de chocolates. Ela é mais parecida com um pote de pimenta mexicana. O que fazemos hoje pode esquentar nossa vida amanhã!

Nós não temos a intenção de cometer erros e falhar em alcançar nossos alvos, mas o fazemos. Todos estamos somente a um passo da estupidez. O escritor, pastor e amigo Andy Stanley diz: "Concluí que, ainda que ninguém planeje bagunçar sua vida, o problema é que poucos de nós decidimos não bagunçá-la. Isto é, nós não colocamos em campo os salvaguardas necessários a fim de garantir um final feliz".

Então, como fazemos isso?

Lembre-se de Manter uma Perspectiva Maior

Creio que a primeira coisa a fazer é nos lembrar do quadro geral. Dizem que o Presidente John F. Kennedy mantinha na Casa Branca uma pequena placa com a inscrição: "Deus, o mar é tão grande e meu barco é tão pequeno". Se a pessoa conhecida como o líder do mundo livre pode manter em perspectiva o seu verdadeiro lugar no mundo, nós também podemos.

Reconheça que cada Pessoa Tem as suas Fraquezas

Rick Warren dá um bom conselho sobre permanecer humilde. Ele nos sugere admitir nossas fraquezas, ser paciente com as fraquezas alheias e estar aberto à correção. Dessas três coisas, tenho que admitir que faço bem somente uma delas. Não considero difícil admitir as minhas fraquezas – talvez porque tenha muitas. Tenho mais dificuldade em ser paciente com os outros. Constantemente tenho que me lembrar de oferecer graça aos outros. E a fim de ser mais aberto à correção, eu nunca presumo que não vá fazer bobagem, desenvolvo relacionamentos com boas pessoas que irão me falar a verdade, e estabeleço sistemas de prestação de contas em minha vida.

Seja Receptivo ao Ensino

Amo estar perto de pessoas que tenham uma atitude de iniciante. Eles se veem como aprendizes em vez de especialistas e, como resultado, tem uma postura humilde e receptiva ao ensino. Essas pessoas tentam ver as coisas através da perspectiva dos outros. Elas são abertas a novas ideias. Elas têm sede de conhecimento. Fazem perguntas e sabem ouvir. E juntam tantas informações quanto possível antes de tomar uma decisão. Admiro pessoas assim e tento ser como elas.

Esteja Disposto a Servir aos Outros

Poucas coisas são melhores para o cultivo do caráter e para desenvolver humildade do que servir aos outros. Colocar os outros à frente corrige nossa perspectiva e o tamanho de nosso ego. (Especialmente se você é um líder, precisa lembrar-se disso, porque pode se acostumar a ser servido e vir a pensar que está autorizado a agir assim).

Em seu livro *Winning: The Answers* [Paixão por Vencer], Jack e Susie Welch descrevem pessoas que ficam soberbas por causa de seu sucesso e como resultado, desenvolvem uma atitude errada em relação aos outros. Eles escrevem:

> As pessoas que se ensoberbecem desenvolvem toda a sorte de comportamentos desagradáveis. Elas são arrogantes, especialmente em relação aos seus colegas e subordinados. Elas omitem o crédito e depreciam os esforços dos outros, não compartilham ideias exceto para vangloriar-se, e não ouvem bem, quando ouvem. Os chefes podem localizar esses comportamentos fatais à equipe há quilômetros de distância, e não se espante se aqueles com "poder e autoridade" ao seu redor, como você os chama, tem consistentemente trabalhado contra você. Você pode ser muito esperto e produzir resultados

espetaculares no seu trabalho, mas a sua personalidade soberba é do tipo que mina a moral de qualquer organização, e por fim pode realmente prejudicar a sua atuação.[6]

Como uma pessoa que está acostumada a vencer pode lembrar a si mesma que isso não tem a ver exclusivamente com ela? Ela o faz servindo aos outros. Para mim o servir começa com a Margareth — e as outras pessoas de minha família. Além disso, a partir de 1997, selecionei um punhado de pessoas a cada ano a quem tentaria servir sem receber nada em troca. E também procuro por maneiras de servir à minha equipe, já que eles trabalham tão duro para servir a mim e a nossa visão a cada dia.

Seja Grato

Estou bem consciente do fato de que tenho sido abençoado e que não mereço o que tenho recebido na vida. Tenho uma dívida com Deus e com os outros, e por causa disso tento manter uma atitude de gratidão. Isso nem sempre é fácil. O consultor Fred Smith, que foi meu mentor por muitos anos, ajudou-me nessa área. Ele disse: "Nós não permanecemos gratos porque isso faz de nós devedores, e nós não queremos dever. A frese bíblica 'sacrifícios de ação de graças' era um mistério para mim até perceber que ser grato é reconhecer que alguém fez algo por mim, que eu não poderia fazer por mim mesmo. A gratidão expressa nossa vulnerabilidade, a nossa dependência dos outros".

> Aqueles que bebem a água devem se lembrar dos que cavaram o poço.

Um provérbio chinês diz que aqueles que bebem água devem se lembrar dos que cavaram o poço. Tudo o que fazemos, cada realização, cada marco pelo qual passamos veio em parte por causa do esforço de outras pessoas. Não há mulher ou homem que se faça sozinho. Se pudermos nos lembrar disso, poderemos ser gratos. E se formos gratos, é mais provável que desenvolvamos um bom caráter.

Confúcio afirmou: "A humildade é o sólido fundamento de todas as virtudes". Em outras palavras, ela pavimenta o caminho para o crescimento do caráter. E isso nos capacita para o nosso crescimento pessoal. Definitivamente estas coisas estão conectadas.

5. *Vou esforçar-me para terminar bem — o que importa é a fidelidade*
O último "degrau" de minha escada de caráter é a determinação de continuar construindo meu caráter e continuar vivendo de acordo com os mais altos padrões até o fim da vida. Estou me esforçando para realizar isso, fazendo a coisa certa e me tornando uma pessoa melhor a cada dia. Não espero até ter o sentimento para decidir fazer a coisa certa. Reconheço que as emoções seguem as atitudes. Faça a coisa certa e você se sentirá bem. Faça a coisa errada e se sentirá mal. Se você controlar o seu comportamento, suas emoções vão se ajustar.

> **Se você controlar seu comportamento, suas emoções vão se ajustar.**

O pastor e comunicador de rádio Tony Evans diz: "Se você quiser um mundo melhor, composto de nações, estados, províncias, cidades e vizinhanças melhores, iluminado por igrejas e famílias melhores, então a comece sendo uma pessoa melhor". Esse é o ponto onde tudo começa — em você e em mim. Se nós nos concentrarmos no nosso caráter, tornaremos o mundo um lugar melhor. Se fizermos isso durante toda a vida, faremos o melhor que pudermos para melhorar o nosso mundo.

QUANTO MAIS FORTE O SEU CARÁTER, MAIOR SERÁ O SEU POTENCIAL DE CRESCIMENTO

O escritor e ganhador do Prêmio Pulitzer, Alexander Solzhenitsyn, passou oito anos na prisão durante a era Soviética, por ter criticado Joseph Stalin. Ele entrou na prisão como ateu, e saiu como uma pessoa de fé. A experiência não o deixou mais amargo. Ela o deixou grato pelo desenvolvimento de sua fé e o fortalecimento de seu caráter. Ao recordar de sua experiência, ele diz: "Eu te abençôo, prisão — te abençôo por ter entrado em minha vida — pois lá deitado em palha podre, foi que aprendi que o propósito da vida não é prosperar, como cresci acreditando, mas amadurecer a alma".

Se nós desejamos crescer e atingir o nosso potencial, devemos dar mais atenção ao nosso caráter do que ao nosso sucesso. Devemos reconhecer que o crescimento pessoal significa mais do que expandir nossa mente e desenvolver novas habilidades. Significa aumentar a nossa capacidade como seres humanos. Significa manter nossa integridade interior, mesmo quando isso dói. Significa ser quem devemos ser, e não somente estar onde queremos estar. Significa amadurecer nossa alma.

Uma vez, o médico e escritor Orison Swett Marden descreveu uma pessoa de sucesso dizendo: "Ele nasceu lama e morreu mármore. Essa frase nos dá uma metáfora interessante para avaliar varias vidas. Algumas pessoas nascem lama e continuam na lama... Tristemente, algumas pessoas nascem mármore e morrem lama; algumas nascem lama, sonham em ser mármore, mas permanecem sendo lama. Mas muitas pessoas de bom caráter nasceram lama e terminaram a vida como mármore". Não é um pensamento maravilhoso? Espero que, quando morrer, possam dizer isso de mim, assim como de você também.

APLICANDO A LEI DA ESCADA NA SUA VIDA

1. Avalie em qual área você mais se concentrou até esse ponto de sua vida. Tentou melhorar o seu interior ou seu exterior? Aqui vão algumas maneiras de você fazer isso: compare quanto você gastou nos últimos doze meses em roupas, joias, acessórios e coisas do tipo, e quanto gastou em livros, conferências e afins. Compare quanto tempo passou nesse último mês em crescimento pessoal e espiritual em oposição a atividades relacionadas à aparência. Se você se exercita regularmente, examine quais são os benefícios pelos quais está se esforçando: eles se relacionam à saúde interna ou à aparência externa?

Se a sua avaliação revelar que enfatiza mais o exterior do que o interior, então defina como mudar o seu ponto de vista, através do aumento do investimento de tempo, dinheiro ou atenção aos fatores que o farão crescer mesmo que eles não apareçam.

2. Planeje passar tempo nos próximos meses servindo regularmente a outras pessoas. Deixar sua própria agenda de lado e colocar os outros em primeiro lugar o ajudará a desenvolver humildade, caráter e outras disposições mentais. Comece com sua família, se você não tem o hábito de fazer coisas por eles.

Outra ideia é separar pelo menos uma hora por semana para um trabalho voluntário. Agende-o e então dê a ele 100% de sua energia quando estiver servindo.

3. O senador americano Dan Coast disse: "O caráter não pode ser convocado no momento da crise se ele tiver sido desperdiçado por anos, transigindo e racionalizando. O único campo de teste para a atitude heróica é o dia a dia. O único preparo para essa decisão única e profunda, que pode mudar uma vida e até mesmo uma nação, são essas centenas de decisões, meio inconscientes, autodefinidoras e aparentemente insignificantes, feitas no campo de batalha diário do caráter".

O que você está fazendo a cada dia para desenvolver o hábito de amadurecer o seu caráter? Você está dando atenção à sua alma? Está fazendo coisas difíceis ou desagradáveis? Está praticando a Regra de Ouro e colocando os outros em primeiro lugar? O seu caráter não está cristalizado. Você pode melhorá-lo. Nunca é tarde demais. Você pode mudar quem você é e também mudar o seu potencial, tornando-se uma pessoa melhor.

> "O hábito é o campo de batalha diário do caráter."
> — Dan Coats

10

A Lei do Elástico
O Crescimento Cessa quando Você Perde a Tensão entre onde Está e onde Poderia Estar

"Somente uma pessoa medíocre já está no seu limite máximo."
— W. Somerset Maugham

Quando era criança, amava esportes e era um bom atleta. Descobri o basquete no quarto ano da escola, e ele se tornou a minha paixão. Joguei basquete durante todo o Ensino Médio. Como a maioria dos jovens na faculdade, era ativo e estava em forma. E aos vinte anos, continuei a jogar partidas de basquete de rua com amigos, além de começar a jogar golfe rotineiramente. Mas à medida que segui com minha carreira, e cheguei aos meus trinta e quarenta anos, não me exercitava mais nem cuidava da minha saúde como deveria. Paguei por isso quando estava com cinquenta e um anos e tive um ataque cardíaco.

Desde então os exercícios são parte regular de minha vida. Por muitos anos caminhei ou corri em uma esteira. Normalmente corria durante parte da partida de golfe com amigos. Há cerca de cinco anos, comecei a nadar, procurando passar uma hora de meu dia dentro da piscina. E mais recentemente comecei a fazer Pilates com Margareth. Estes exercícios se concentram principalmente em desenvolver a força e flexibilidade das fibras musculares. Para alcançar essa flexibilidade, é dada ênfase no alongamento muscular. Nós o achamos muito benéfico e recompensador. Acredito que esteja atualmente na minha melhor forma considerando os últimos trinta anos.

UMA SÉRIE DE ALONGAMENTOS

Enquanto me preparava para escrever este capítulo, lembrei-me de todo o alongamento profissional que tive que fazer ao longo de toda a minha carreira. Uma das minhas citações preferidas, que anotei quando ainda era um adolescente, dizia: "O dom de Deus para nós: potencial. O nosso dom para Deus: desenvolver nosso potencial". Como fazemos isso? Fazemo-lo saindo de nossa zona de conforto. Continuamente nos alongando — não só fisicamente, mas também mentalmente, emocionalmente e espiritualmente. A vida começa no fim de nossa zona de conforto. Nós chegamos lá nos alongando.

> "O dom de Deus dado a nós: potencial. O nosso dom para Deus: desenvolver esse dom."
> — Autor desconhecido

Quando olho para trás, para os quarenta e poucos anos que passaram, posso ver que muito do progresso que tive em minha carreira veio como resultado de experiências de alongamento. Dê uma olhada em algumas delas.

Escolher o meu primeiro pastorado

Fui para uma igreja onde ninguém conhecia meu pai, que era um superintendente distrital. Meu começo foi mais lento do que certamente seria se tivesse ido para algum lugar que meu pai houvesse indicado. Do modo como aconteceu, tive que trabalhar mais duramente. E tive que me encontrar e aprender o que realmente era capaz de fazer.

Acredito que isso me ajudou a definir o meu ministério. Estava determinado a trabalhar duro e ser criativo para encontrar caminhos de liderar pessoas e fazer minha igreja crescer. Aprendi tantas lições de liderança nessa primeira igreja. E aprendi a amar melhor as pessoas.

Concentrar-me em ensinar liderança

Quando comecei a falar sobre liderança nos anos setenta, esse era um assunto sobre o qual os outros pastores não costumavam falar. Havia pessoas que me criticavam por me concentrar em uma mensagem que eles consideravam "secular", embora tenha que dizer que achava isso peculiar, já que os maiores líderes de todos os tempos podem ser encontrados na Bíblia: Abraão, Moisés, Davi, Paulo e Jesus, só para mencionar alguns. Mesmo após quarenta anos, alguns continuam a me criticar.

Então por que continuei a ensinar sobre isso? Porque os pastores precisam liderar pessoas, e na minha época, eles não recebiam nenhum treinamento em liderança, mesmo precisando fazer isso todos os dias. Desde cedo lutei como líder. Sabia que outros encontravam dificuldades também. Gostaria de ajudá-los. Com o crescimento proporcionado por essa experiência, eu era não só capaz de ajudar outras pessoas, mas também poderia descobrir a mensagem que acreditava ter nascido para ensinar.

Aprender a me comunicar internacionalmente

Lembro-me da primeira vez que falei com a ajuda de um intérprete. Isso aconteceu no Japão. O processo foi desconfortável porque tinha que dizer uma ou duas frases, parar e esperar que o que havia dito fosse traduzido, dizer algo mais, esperar mais um pouco, e assim por diante. E é claro que havia muitas diferenças culturais que precisavam ser transpostas. Achei difícil. Quando terminei de falar, Margareth disse que nossa filha Elisabeth, que tinha oito anos de idade na época, se inclinou para ela e disse: "O papai não está muito bem, está?". Mesmo uma criança podia perceber que eu não estava me conectando muito bem com minha plateia.

Eu amo me comunicar, e a coisa mais fácil para mim seria simplesmente desistir da ideia de falar com pessoas fora dos Estados Unidos. Eu já havia aprendido a me comunicar efetivamente em inglês. Entretanto, vi isso como uma oportunidade de crescer e me expandir — e talvez algum dia causar um impacto maior. Levei quase uma década para aprender como me conectar com pessoas de outras culturas enquanto trabalhava com um tradutor, mas isso com certeza valeu a pena. Esse fundamento me possibilitou iniciar o projeto EQUIP, que agora treina líderes em 175 países ao redor do mundo.

Mudar para um novo público

Depois de ter ensinado liderança a pastores por cerca de dez anos, comecei a perceber uma nova tendência. Cada vez mais empresários estavam comparecendo às minhas conferências de liderança. Dei-lhes boas-vindas, porque vinha ensinando liderança tanto a pessoas laicas quanto a membros de minha própria igreja por anos. Mas isso não me instigou a mudar o que estava fazendo. Então um dia, quando estava me encontrando com meu editor, percebi que meus livros estavam sendo mais vendidos por meio de livrarias seculares em vez das livrarias cristãs. De fato, ao longo do tempo, isso mudou tanto que chegou ao ponto de dois terços das vendas acontecerem através de canais varejistas regulares.

Enxerguei nisso uma tremenda oportunidade de alcançar muito mais pessoas do que eu alcançaria de outro modo. Mas havia um desafio. Será que eu conseguiria me comunicar e me conectar com empresários? As pessoas esperam um tipo de coisa quando entram em uma igreja para ouvir uma mensagem do pastor. Elas esperam algo completamente diferente quando pagam para ouvir um palestrante. Eu não tinha certeza de ser capaz de ser bem-sucedido. Essa era outra experiência de expansão.

Concentrar-me em construir um legado
Quando fiz sessenta anos, estava me preparando para diminuir meu ritmo. Havia me mudado para um lugar ensolarado e quente, o qual amava. Estava bem financeiramente. Tinha meus netos, que são a maior benção que uma pessoa pode ter nesta vida. Iria continuar a escrever e falar, mas não no ritmo anterior. Essa seria uma época de colheita, após décadas de trabalho.

Mas então algumas oportunidades apareceram. Agora meus livros estavam com um novo editor. Fui sondado a respeito de iniciar uma empresa de treinamento. E tinha a chance de ganhar novamente o controle dos materiais de treinamento e desenvolvimento que havia criado ao longo da década anterior. O que eu faria?

Isso significaria expandir novamente, mas estava disposto a aproveitar a oportunidade — e aceitar o desafio. E estou muito feliz de tê-lo feito. Dei início a outra estação de semeadura, em vez de simplesmente colher. Acredito que isso me permitirá ajudar muito mais pessoas do que teria ajudado se simplesmente tivesse diminuído o ritmo.

OS BENEFÍCIOS DA TENSÃO

Há muitos anos atrás, durante uma das aulas que ministrei em uma conferência de liderança, coloquei um elástico na mesa, em frente a cada aluno. Então eu comecei a aula perguntando-lhe quais seriam todas as maneiras que as pessoas poderiam pensar em usar este elástico. No fim do tempo de discussão, lhes perguntei se poderiam identificar a única coisa comum a todas as suas sugestões de uso. Talvez você já tenha adivinhado o que era. Elásticos somente são úteis quando eles são esticados! Isso também se aplica a nós.

1. *Poucas pessoas querem ser esticadas*

Havia uma piada a respeito de um faz-tudo de longa data chamado Sam. Um dono de engenho havia lhe oferecido um trabalho de tempo integral. Este estava tendo problemas com ratos na represa do engenho. O dono pediu a Sam para eliminar os parasitas do moinho e forneceu um rifle para Sam realizar o trabalho.

Sam estava extático porque esse seria o primeiro emprego estável com pagamento fixo que ele já havia tido.

Um dia, após vários meses, um amigo veio visitar Sam. Ele o encontrou sentado em um barranco coberto de grama, com a arma sobre os joelhos.

— Ei, Sam. O que você está fazendo? — perguntou.
— Estou fazendo meu trabalho, protegendo o engenho.
— Protegendo do quê?
— Dos ratos.

Seu amigo olhou por cima do moinho e exatamente naquele momento um rato apareceu.

— Lá vai um! — o amigo exclamou. — Mate-o!

Sam não se moveu. Enquanto isso o rato fugiu apressado.

— Por que diabos você não atirou nele?
— Você está louco? — respondeu Sam. — Você acha que quero perder meu emprego?

Você pode achar que essa piada é tola, mas ela está muito mais próxima da realidade do que gostaríamos de admitir. Digo isso porque quando estava na faculdade, tinha um emprego na fábrica local de empacotamento de carne. Meu trabalho era arrastar engradados de carne até o refrigerador e trazer os pedidos dos clientes, mas estava curioso a respeito do processo como um todo e gostaria de entender como ele funcionava. Depois de já estar lá por algumas semanas, um homem chamado Pense, funcionário que já trabalhava lá há alguns anos, chamou-me de lado e falou: "Você faz muitas perguntas. Quanto menos você souber, menos terá para fazer". O seu trabalho era sacrificar as vacas na empresa. E isso era tudo o que ele queria fazer. Ele era como o personagem do desenho *Wall Street Journal,* que disse ao gerente de pessoal: "Sei que sou superqualificado, mas prometo usar somente metade de minha habilidade".

A maioria das pessoas usa apenas uma pequena fração de sua habilidade e raramente se empenha para atingir o seu pleno potencial. Na sua vida não há tensão para crescer, há pouco desejo de se expandir. Infelizmente, um terço dos graduados do Ensino Médio nunca mais leu um livro pelo resto de suas vidas, e 42% dos graduados da faculdade nunca mais leram após a formatura.[1] E o editor David Godine afirma que somente 32% da população americana já estiveram em uma livraria.[2] Não sei se as pessoas estão cientes da brecha existente entre o lugar onde elas estão e o lugar onde elas poderiam estar, mas relativamente poucas pessoas estão lendo livros para reduzir essa distância.

> **Quarenta e dois por cento dos graduados da faculdade nunca mais leram um livro após a formatura.**

Muitas pessoas estão dispostas a se acomodar com uma vida mediana. Será que isso é ruim? Leia essa descrição escrita por Edmund Gaudet, e então decida.

> "Medianos" são o que as pessoas fracassadas dizem ser quando seus familiares e amigos lhes perguntam o porquê de não serem mais bem-sucedidos.
> "Mediano" é o topo da parte mais baixa, o melhor do pior, o ponto baixo do melhor, o pior do melhor. Qual desses é você?
> "Mediano" significa ser medíocre, insignificante, um perdedor, uma nulidade.
> Ser "mediano" é o pretexto do preguiçoso; é não ter a determinação de crescer na vida; é viver de forma pré-determinada.
> Ser "mediano" é ocupar um espaço sem propósito; é fazer a viagem da vida, mas nunca pagar o preço; é não demonstrar nenhum interesse pelo investimento de Deus na sua vida.

Ser "mediano" é consumir a vida aos poucos, em vez de passar o seu tempo com vida; é matar tempo em vez de trabalhar até a morte.
Ser "mediano" é ser esquecido após morrer. As pessoas bem-sucedidas são lembradas pelas suas contribuições; os fracassados são lembrados porque tentaram, mas os "medianos", a maioria silenciosa, é somente esquecida.
Ser "mediano" é se comprometer com o maior crime que alguém pode cometer contra si mesmo, contra a humanidade e contra o seu Deus. O epitáfio mais triste de todos é este: "Aqui jaz o Sr. e a Sra. Mediana — aqui jazem os restos mortais do que deveria ter sido, exceto por suas crenças de que eram somente 'medianos'".[3]

Não consigo suportar a ideia de me conformar com o "mediano". Você pode? Ninguém admira quem é mediano. As melhores organizações não remuneram os medianos. A mediocridade não é algo pelo qual ambicionamos. O escritor Arnold Bennett disse: "A verdadeira tragédia é a de um homem que nunca se preparou para essa conquista suprema, que nunca se alongou ao máximo, nunca ficou de pé na sua estatura máxima". Devemos estar conscientes da brecha que existe entre nós e o nosso potencial, e permitir que a tensão desta brecha nos motive a continuar lutando para nos tornarmos alguém melhor.

2. *Conformar-se com sua situação atual por fim leva à insatisfação*
Acredito que a maioria das pessoas seja naturalmente tentada a permanecer numa zona de conforto, onde elas dão preferência ao bem-estar, em detrimento do potencial. Elas caem em padrões e hábitos familiares, fazendo as mesmas coisas do mesmo modo, com as mesmas pessoas, ao mesmo tempo e obtendo os mesmos resultados. É verdade que permanecer em nossa zona de conforto traz prazer, mas isso nos leva à mediocridade, e, portanto, à insatisfação. O psicólogo Abraham

> "Se você planejar ser qualquer coisa menor ao que seja capaz de ser, você provavelmente será infeliz durante todos os dias da sua vida."
> — Abraham Maslow

Maslow afirmou: "Se você planejar ser qualquer coisa menos do que seja capaz de ser, você provavelmente será infeliz durante todos os dias da sua vida".

Se você já se conformou com sua situação atual, e então se pergunta por que a sua vida não está do jeito que sonhou, precisa compreender que só atingirá o seu potencial se tiver a coragem de se mover para fora de sua zona de conforto e romper com uma mentalidade medíocre. Você deve estar disposto a deixar para trás o que lhe soa familiar, seguro e garantido. Deve abrir mão de desculpas e seguir em frente. Deve estar disposto a enfrentar a tensão decorrente de se estender em direção ao seu potencial. Este é o único modo de evitar o que o poeta John Greenleaf Whittier disse quando escreveu: "De todas as palavras tristes faladas ou escritas, as mais tristes são: 'Poderia ter sido...'"

3. *A expansão sempre começa de dentro para fora*

Quando era adolescente, meu pai me pediu que lesse o livro *As a Man Thinketh* [O Homem É aquilo que Pensa], de James Allen. Ele teve um profundo impacto em minha vida. Fez-me perceber que alcançar meu potencial é algo que começa dentro de mim. Allen escreveu: "Suas circunstâncias podem não ser amigáveis, mas elas não permanecerão assim por muito tempo se você visualizar um ideal e lutar por alcançá-lo. Você não pode, simultaneamente, viajar no interior de um trem, e vê-lo passar por você enquanto fica imóvel".

> "Você não pode, simultaneamente, viajar no interior de um trem, e vê-lo passar por você enquanto fica imóvel."
> — James Allen

A maioria das pessoas tem um sonho. Para algumas, ele está na ponta da língua, e para outras ele está escondido no fundo do coração, mas todas têm um. Entretanto muitas não estão perseguindo esse sonho. Quando ensino a respeito de alcançar um sonho, e pergunto à plateia quantos deles tem um sonho, quase todos levantam a sua mão. Quando pergunto: "Quantos estão perseguindo esse sonho?", menos da metade das pessoas levantam a sua mão. E quando a pergunta é: "Quantos estão realizando esse sonho?", vejo somente poucas mãos levantadas.

O que os está impedindo? E a você, o que o está impedindo nesta questão? Os autores de *Now Discover your Strenght* [Descubra seus Pontos Fortes], Marcus Buckingham e Donald O. Clifton, citam que as pesquisas Gallup indicam que a maioria das pessoas não gosta de seu emprego atual, embora elas não se esforcem para mudá-lo. O que as impede? A maioria dos americanos deseja perder peso, mas não se esforça nesse sentido. Todos os dias encontro pessoas que me dizem que gostariam de escrever um livro, mas quando pergunto: "Você já começou a escrever?", a resposta é quase sempre um não. Em vez de desejar, querer e esperar, as pessoas precisam buscar dentro de si pelas razões para começar.

É sábio lembrar que nossa situação na vida se deve principalmente às escolhas que fazemos e às ações que realizamos — ou falhamos em realizar. Quanto mais velhos nos tornamos, mais responsáveis somos pela nossa situação. Se você se encontra a meio caminho ou longe da realização dos seus sonhos em comparação ao ano que passou, você tem duas escolhas: pode aceitar a situação, defendê-la, encobri-la e encontrar uma desculpa, ou pode decidir mudá-la, crescer com ela e forjar um novo caminho.

Jim Rohn observou: "Toda forma de vida parece lutar para alcançar o seu máximo, com exceção dos seres humanos. Qual a altura máxima de uma árvore? A máxima altura que ela conseguir atingir. Por outro lado, foi dado aos seres humanos o dom da escolha. Você pode escolher ser o máximo ou pode escolher o mínimo. Por que não se estender até o tamanho total do desafio e ver o que pode ser feito?"

Onde você encontra o impulso interno para se alongar? Meça o que está fazendo em comparação ao que é capaz de fazer. Meça a si mesmo, tendo o seu próprio eu como referência. Faça disso uma disputa. Se você não tiver ideia do que é capaz, converse com pessoas que se importem e acreditem em você. Não há ninguém assim na sua vida? Então procure por alguém. Encontre um mentor que possa ajudá-lo a ver a si mesmo pelo que *possa* fazer não pelo que atualmente é. Então use essa imagem para se inspirar a começar a se estender nessa direção.

4. *O alongar-se sempre exigirá de você mudanças*

No início deste capítulo escrevi a respeito das minhas cinco principais experiências em estender-me. Como já refleti a respeito desses momentos de minha vida, tenho que admitir que foi um desafio mudar. Não gostei dessas experiências. Gosto de me sentir confortável e sempre sou tentado a resistir ao movimento. Mas o crescimento não vem de permanecer em nossa zona de conforto. Você não consegue se aprimorar e evitar mudanças simultaneamente. Então, como posso aceitar as mudanças e me empurrar para fora de minha zona de conforto?

Antes de tudo, paro de olhar para trás. É difícil se concentrar em seu passado e mudar no presente. Esse é o motivo porque mantive em minha mesa por anos uma pequena placa que dizia: "O ontem acabou na noite passada". Isto me ajudou a me concentrar no presente e trabalhar para melhorar o que poderia fazer *hoje*. Isso é importante. O autor e colaborador da série *Chicken Soup for the Soul* [Canja de Galinha para a Alma], Alan Cohen, diz: "Para crescer, você precisa estar disposto a permitir que o seu presente e o seu futuro sejam completamente diferentes do seu passado. Sua história não é o seu destino".

A segunda coisa que faço é trabalhar para desenvolver meu "músculo extensor". A. G. Buckham, que foi o pioneiro da fotografia aérea nos anos iniciais da aviação, observou: "A monotonia é a terrível recompensa da cautela". Se você quiser crescer e mudar, você deve assumir riscos.

A inovação e o progresso frequentemente são iniciados por pessoas que pressionam por mudanças. *Arriscar!* O apresentador Alex Trebek observou: "Você já conheceu uma pessoa bem-sucedida que não fosse incansável — que estava satisfeita com o lugar onde se encontrava? Essas pessoas desejam novos desafios. Elas querem levantar e seguir... e essa é uma das razões porque elas são bem-sucedidas".

> "A monotonia é a terrível recompensa da cautela."
> — A. G. Buckham

É uma pena que a palavra *empreendedor* tenha passado a significar *jogador* para algumas pessoas. Mas o risco tem as suas vantagens. As pessoas que assumem riscos aprendem mais e mais rápido do que aquelas que não assumem. A profundidade e extensão das suas experiências comumente são maiores. E elas aprendem como resolver problemas. Tudo isso ajuda uma pessoa a crescer.

A época de maior crescimento na vida vem quando fazemos o que nunca havíamos feito, quando nos empurramos adiante, e alcançamos um caminho que seja desconfortável para nós. Isso requer coragem. Mas a boa notícia é que isso nos leva a crescer de um modo que achávamos ser impossível. Isso dá vida ao que o romancista George Elliot disse: "Nunca é tarde demais para você ser o que deveria ter sido".

5. *Estender-se vai diferenciá-lo dos outros*
A América parece estar cada vez mais satisfeita com a mediocridade. Embora isso ainda não seja basicamente um problema nacional, é uma concessão pessoal para se fazer menos do que o nosso melhor. É necessário que o indivíduo diga: "Acho que o bom é suficiente". Mas infelizmente a mediocridade se espalha de pessoa para pessoa e eventualmente se multiplica de tal forma que uma nação inteira esteja em perigo.

> "Nunca é tarde demais para ser o que você deveria ter sido."
> — George Elliot

A excelência parece estar cada vez mais deixando de ser a regra. Entretanto as pessoas que vivem de acordo com a Lei do Elástico e fazem uso da tensão entre o aqui e onde gostariam de estar como um impulso para expandir-se vão se distinguir de seus pares.

Jack e Susie Welch falam sobre essa questão em seu livro *Winning: The Answers* [Paixão por Vencer], quando um jovem que estava entrando no mundo corporativo pergunta: "Como posso me diferenciar rapidamente como um vencedor?", sua resposta:

> Antes de tudo, esqueça alguns dos hábitos mais básicos que você aprendeu na escola. Uma vez que esteja no mundo real — e não importa se você tem vinte e dois ou sessenta e dois anos, ou se esteja começando em seu primeiro emprego, ou no quinto — o modo de se estar à frente é produzir a mais.
> Veja bem, por anos têm lhe sido ensinadas as virtudes de ir ao encontro de expectativas bem específicas. Você foi treinado para acreditar que responder completamente cada pergunta que o professor lhe fizer é algo nota dez.

Esses dias acabaram. Para receber um dez nos negócios, você deve extrapolar as expectativas que a organização tem sobre você, e terá que responder completamente as perguntas do "professor", *além* de várias outras perguntas que ele sequer imaginou.
Em outras palavras, o seu alvo deve ser tornar seus chefes mais espertos, sua equipe mais efetiva, e toda a empresa mais competitiva, por causa de sua energia, criatividade e percepções...
Se a sua chefe lhe pede um relatório da perspectiva de um dos produtos da empresa ao longo do próximo ano, você pode ter certeza de que ela já tem uma boa noção da resposta. Então vá além, sendo o soldado designado para confirmar o palpite dela. Faça a pesquisa suplementar, a coleta de dados, mastigue as informações para lhe dar algo que realmente expanda o seu conhecimento...
Em outras palavras, dê à sua chefe algo que a impressione, algo novo e interessante que ela possa reportar aos chefes *dela*. Em tempo, esses tipos de ideias vão levar a companhia adiante e o promoverão.

Aprimorar a si mesmo é o melhor meio de ajudar a sua equipe. Pessoas bem-sucedidas se diferenciam das outras porque iniciam as melhorias de que as outras pessoas necessitam. Quando você melhora, as outras pessoas ao seu redor se beneficiam. A excelência tem o potencial de se espalhar do mesmo modo que a mediocridade o tem. Os positivos ou negativos de um grupo sempre começam com um. Quando você melhora, os outros também melhorarão.

6. *A expansão pode tornar-se um estilo de vida*
Creio que quando nós paramos de nos expandir, paramos de realmente viver. Podemos até continuar respirando. Nossos sinais vitais podem estar ativos. Mas estaremos mortos por dentro, e mortos para nossas maiores possibilidades. Como o editor James Terry White observou: "A natureza escreveu por todos os lados os seus protestos contra a indolência; tudo o que para de lutar, que permanece inativo, rapidamente começa a deteriorar. É em meio à luta por um ideal, o constante esforço para chegar mais longe e mais alto, que se desenvolve a hombridade e o caráter".

Estou ficando velho. Não serei eternamente capaz de realizações ao máximo. Mas pretendo continuar lendo, fazendo perguntas, conversando com pessoas interessantes, trabalhando duro e me expondo a novas experiências até o dia de minha morte. Muitas pessoas já estão mortas, somente ainda não oficializaram o fato! O rabino Nachman de Bratslav disse: "Se amanhã você não estiver melhor do que está hoje, então para que precisaria do amanhã?" Eu me recuso a desistir de crescer. As seguintes palavras resumem o que penso:

> Não estou onde deveria estar,
> Não sou o que deveria ser,
> Mas não sou o que era.
> Não aprendi como chegar;
> Apenas aprendi como seguir adiante.

Vou continuar me expandindo até que esteja no meu limite. E não importa se vejo ou não o sucesso hoje. Porque infelizmente muitas pessoas param de crescer após experimentar o sucesso. O especialista em administração Peter Drucker observou: "O maior inimigo do sucesso de amanhã é o sucesso de hoje. Ninguém causou um impacto significativo após ganhar o Prêmio Nobel". Não quero que o sucesso me faça sair dos trilhos, seja ele grande, seja pequeno.

> "Se amanhã você não estiver melhor do que está hoje, então para que precisaria do amanhã?"
> — Rabino Nachman de Bratslav

7. Expandir-se lhe dá uma dose de significado

O estadista indiano Mahatma Gandhi afirmou: "A diferença entre o que fazemos e o que somos capazes de fazer seria o suficiente para resolver a maioria dos problemas do mundo". Essa diferença é a distância entre o bom e o ótimo. E o que fecha essa brecha é a nossa disposição em nos expandirmos.

As pessoas que vivem no lado "bom" do abismo vivem na terra do admissível. O que eles fazem está certo. Eles seguem as regras e não questionam. Mas eles poderiam fazer a diferença se seguissem a Lei do Elástico? Cruze a brecha e você estará no lado "ótimo". Essa é a terra das possibilidades. É onde as pessoas realizam de modo extraordinário.

Elas fazem mais do que se achavam capazes, e causam um impacto. Como elas fazem isso? Continuamente se esforçando para seguir se expandindo. Elas continuamente deixam sua zona de conforto e se movem em direção à sua zona de potencialidade.

O filósofo Søren Kierkegaard disse: "Uma possibilidade é uma dica de Deus. Devemos segui-la". Essa possibilidade é Deus nos dando uma oportunidade de fazer a diferença. Quando a aproveitamos, paramos de nos perguntar quem somos, e começamos a nos perguntar no que poderemos nos tornar. Nós podemos apreciar o que fizemos ontem, mas não o coloquemos em um pedestal. O que fizemos será pequeno em comparação com as possibilidades do futuro. Olhar para adiante nos enche de energia. Nós ecoamos as palavras de Robert Louis Stevenson, que disse: "Ser o que somos, e nos tornar o que somos capazes de ser, esse é o propósito da vida".

A significância é gerada dentro de nós. Se estamos dispostos a nos expandir, essa semente pode crescer até começar a produzir frutos em nossa vida. O que é fantástico é que a mudança dentro de nós nos desafia a produzir mudanças ao nosso redor, e nosso crescimento cria em nós uma crença de que os outros podem crescer também. Quando isso acontece em um ambiente e todos estão se expandindo e crescendo, a indiferença é substituída pelo sentimento de fazer a diferença. É desta maneira que começamos a mudar o nosso mundo.

> "Uma possibilidade é uma dica de Deus. Devemos segui-la."
> — Søren Kierkegaard

EXPANDINDO-SE ATÉ O FIM

Um dos meus heróis favoritos do esporte é Ted Williams, considerado um dos maiores rebatedores da história da Liga Nacional de Baseball. Ele foi o último homem a rebater 40% dos arremessos em uma temporada e se aposentou com 521 rebatidas bem-sucedidas e um índice de eficácia de 34,40%. Diz-se que Williams podia segurar um taco e perceber a diferença entre o taco de trinta e quatro onças (963 gramas) e outro pesando meia onça a menos. Uma vez ele reclamou a respeito de como sentia o cabo de alguns tacos e os devolveu. O que aconteceu foi que sua espessura era maior em cinco centésimos de uma polegada. E quando ele via uma bola vindo em sua direção, e esperando para rebatê-la, poderia dizer qual o tipo de arremesso pelo modo como as suas costuras se moviam. Este homem amava rebater, e era meticuloso a respeito de cada aspecto relacionado a isso. Enquanto viveu, estava constantemente aprendendo e se expandindo nesta área.

Recentemente li um relato sobre um encontro entre Williams e o técnico do Boston Celtics, Red Auerbach, nos anos 1950. Enquanto os dois grandes discutiam sobre os seus esportes, Williams perguntou:

— O que vocês comem em dia de jogo?

— Por que você quer saber? Você parece estar indo bem no que faz — replicou Auerbach.

— Estou sempre procurando por novas maneiras de melhorar o que faço.

Auerbach disse de Williams: "Ele pensava nas pequenas coisas. Pensava no que era importante para ser excelente. Enquanto você é excelente e melhora isso ainda mais, alguns atletas irão seguir pela inércia... Aqui está o melhor rebatedor do beisebol, e ele está tentando ganhar outro pequeno ponto percentual".

Williams viveu de acordo com a Lei da Escada, tanto quanto qualquer outro atleta sobre o qual eu tenha lido. Ele entendeu que o crescimento cessa quando você perde a tensão entre o aqui e o onde poderia estar. À medida que o tempo passa, a maioria das pessoas perde essa tensão que propicia o crescimento — especialmente se elas experimentam algum sucesso. Porém ter menos tensão torna as pessoas menos produtivas. E isso mina o seu crescimento em direção ao seu potencial. Notavelmente, no que diz respeito a rebater, Williams nunca perdeu essa tensão. Muito tempo depois de ele se aposentar, ele ainda conversava sobre rebatidas com qualquer pessoa que se interessasse pelo assunto. Ele estava continuamente aprendendo — e continuamente compartilhando o que aprendia. Todos nós devemos nos empenhar para ser um pouco assim.

> APLICANDO A LEI
> DA ESCADA
> NA SUA VIDA

1. Em quais áreas de sua vida você perdeu a sua capacidade de se expandir e se acomodou? Quaisquer que sejam, você precisa encontrar as razões internas para buscar por essa tensão a fim de se expandir novamente. Entre em contato com o seu descontentamento para seguir em frente. Em que área você não está conseguindo alcançar o seu potencial? Quais alvos não atingiu, os quais sabia serem possíveis? Que hábitos desenvolveu, os quais o estão impedindo de se mover adiante? Em quais áreas em que já foi bem-sucedido, você parou de vencer? Lembre-se de que a mudança é o segredo para o sucesso. Use a sua falta de satisfação para dar a partida onde quer que tenha parado.

Seja estratégico para manter a tensão entre onde se encontra e onde poderia estar. Faça isso restabelecendo continuamente alvos intermediários para si. Se os alvos forem muito imediatos, você rapidamente perde a tensão por alcançá-los. Se os alvos forem muito elevados, eles podem parecer muito difíceis de alcançar e isso pode desencorajá-lo.

2. Qual é o padrão de tempo correto para manter a tensão? Três meses? Seis meses? Um ano? Determine alvos para si de acordo com sua personalidade, e continue reavaliando-os ao final desses períodos. Você deseja que o alvo esteja quase ao alcance — não muito fácil, mas também não impossível. Ser capaz de elaborar isso é uma arte. Mas essa prática lhe dará tremendos lucros na sua vida.

3. Se você precisa de um alvo abrangente para mantê-lo em expansão, pense a respeito de qual ação significativa faria se você se tornasse quem potencialmente pode ser. Sonhe alto, e estabeleça esse sonho como o seu alvo de uma vida.

11

A LEI DA TROCA
Você Deve Desistir de Algo para Crescer

"As pessoas se prendem a um modo de vida insatisfatório, em vez de mudar para conseguir algo melhor, por medo de obter algo pior."
— Eric Hoffer

O que lhe custará ir para o próximo nível? Visão? Sim. Trabalho duro? Com certeza. Crescimento pessoal? Definitivamente. Que tal abrir mão de algumas das coisas que você mais ama e valoriza? Acredite ou não, este é o tipo de coisa que frequentemente retarda o processo de alguém, mesmo daquelas pessoas que já atingiram algum tipo de sucesso.

Quando você está iniciando a sua carreira, não é muito difícil desistir de algo com o fim de crescer. Na verdade, você está disposto a desistir de qualquer coisa por uma oportunidade. Porque o seu "tudo" não é muita coisa mesmo! Mas como seria quando você começasse a ganhar algumas coisas: um emprego do qual goste, um bom salário, uma casa, uma comunidade da qual fizesse parte, algum nível de segurança? Você estaria disposto a desistir dessas coisas por uma *chance* de fazer algo que vai o levar para mais perto do seu potencial?

ALCANÇANDO O SONHO AMERICANO

Recentemente li a história de um empresário que reconheceu a importância de fazer trocas para ser mais bem-sucedido e alcançar o seu potencial. Ele era filho de pobres trabalhadores braçais que sobreviviam com muito esforço. Ele lutou para se formar na faculdade e colou grau em matemática. Ele começou sua carreira trabalhando para o governo, mas logo fez a transição para uma carreira empresarial, começando com a Coca-Cola, a empresa onde o seu pai trabalhou como motorista. Ele era gerente, mas acreditava que a sua carreira ficaria limitada nessa empresa. Suspeitava que sempre seria visto como o filho do motorista e não seria avaliado de acordo com os seus próprios méritos. Então, quando lhe foi oferecido um emprego na Matriz da Pillsbury, ele o aceitou e se mudou para Minnesota.

Seu chefe na Pillsbury, a quem ele já conhecia previamente da Coca-Cola, disse-lhe que eles estavam enfrentando um grande desafio, e se eles não fossem bem-sucedidos, teriam que procurar por um novo emprego. Isso não o intimidou. "Sempre fui bem mais motivado pela possibilidade de sucesso do que pelo medo do fracasso", explica.[1] Ele trabalhou duro e manteve em vista o propósito de se tornar o vice-presidente aos quarenta anos de idade.

Na Pillsbury, ele começou como gerente. Logo foi promovido a diretor do grupo, então diretor sênior de sistemas de gerenciamento de informação, e por fim, vice-presidente corporativo de sistemas. Neste cargo, entre outras realizações, ele supervisionou a construção da Sede Mundial da Pillsbury, um complexo de escritórios de duas torres e quarenta andares no centro de Minneapolis. Ele completou o projeto antes do prazo final e abaixo das estimativas de custo.

Quatro anos antes da idade alvo, ele chegou à vice-presidência. Tinha um escritório com uma bela vista no trigésimo sexto andar. Ele alcançou o seu sonho e foi bem mais além do que o seu humilde começo sinalizava. Mas isso não foi o suficiente. Ele escreve:

> Tinha trinta e seis anos e, embora tenha sido abençoado por alcançar tantas realizações, de modo tão rápido, sabia que naquele momento tinha que buscar por *mais*. Então comecei a imaginar como seria estimulante se eu fosse o responsável pelas tomadas de decisões, dirigindo meu negócio! Após vários anos de sucesso como vice-presidente de serviços e sistemas corporativos da Pillsbury, eu sabia que tinha que sonhar mais alto. Sonhava em ser *presidente* de algo, para alguém, em algum lugar.[2]

Se ele permanecesse no caminho em que se encontrava, nunca poderia se tornar o presidente da Pillsbury. O seu problema era que, ainda que sempre tenha sido bem-sucedido e lidado com cada responsabilidade com um alto grau de competência, ele nunca havia sido responsável pelos lucros e perdas em qualquer posição. O que ele faria então? Como alcançaria os seus sonhos?

DE VICE-PRESIDENTE DA CORPORAÇÃO A CHAPEADOR DE HAMBÚRGUER

Ele discutiu sua situação com o Diretor de Operações da Pillsbury, que lhe sugeriu uma solução. Trabalhar em uma das empresas da Pillsbury: o Burger King. A mudança trazia em si um bom potencial, mas significava fazer algumas trocas difíceis. Ele conta:

> Minha ida para o Burger King significaria a perda do batalhado e muito desejado título de vice-presidente; uma perda salarial significativa no início; a perda da participação acionária na empresa; a necessidade de aprender um novo negócio do zero; e, se fosse bem-sucedido, uma possível transferência para outra parte do país, junto com todo o estresse que essa mudança acarretaria.[3]

Em outras palavras, isso iria virar sua vida de cabeça para baixo. Mas este é o modo como a Lei da Troca funciona. Se você quiser atingir o seu potencial, deve estar disposto a desistir de algumas coisas que valoriza.

Quando ele tomou a decisão, perguntou a si mesmo se isso o levaria mais para perto do seu sonho de se tornar presidente de uma companhia. Além disso, ele diz: "Não fiz a mim mesmo as perguntas erradas: Será que meu novo trabalho será difícil? O que meus amigos vão pensar se me virem fazendo hambúrguer em um restaurante *fast food*? O que farei se essa nova posição não funcionar como o planejado?"[4]

> **Você precisa desistir de algo para crescer.**

Ele fez a mudança, aceitou o cargo e mergulhou fundo. Foi para a Universidade Burger King, junto com um grupo de recém-formados e trabalhadores do setor de restaurantes que estavam recebendo uma oportunidade de se tornar gerentes assistentes. Ele era o "cara mais velho". Ele aprendeu tudo sobre o novo negócio, começando com a operação da grelha para a produção de *Whoppers*, até o trabalho no caixa, passando por todos os outros setores intermediários. E quando o seu treinamento estava completo, ele se tornou o quarto gerente adjunto, a menos de quinze minutos de distância do escritório onde trabalhou como vice-presidente.

Com o tempo ele foi promovido no Burger King, de gerente adjunto a gerente de loja, depois a gerente regional e em seguida a vice-presidente na Filadélfia. Não foi um caminho fácil. Ele enfrentou muitos desafios e havia pessoas na organização que não gostariam que ele fosse bem-sucedido. Mas ele perseverou e alcançou o sucesso. Ele diz: "Em retrospecto, os obstáculos não esperados que eu encontrei no Burger King podem ter sido uma bênção disfarçada. Se eu as tivesse antecipado, teria perdido meu sonho de vista".[5]

E ele alcançou aquele sonho de ser presidente de *alguma* empresa? Sim. Quatro anos depois de fazer a transição dos escritórios corporativos da Pillsbury para o Burger King, ele foi convidado a assumir uma empresa em crise que a Pillsbury havia adquirido: Godfather's Pizza. E se você ainda não descobriu, o nome do empresário é Herman Cain. Apesar das críticas desferidas e de ter falhado em sua aposta pela presidência, se você olhar para sua vida e carreira, pode perceber que ele compreendeu a Lei da Troca. Ele desistiu de algo a fim de crescer.

A VERDADE A RESPEITO DAS TROCAS

A vida apresenta muitas encruzilhadas, oportunidades para subir ou descer. Nessas encruzilhadas fazemos escolhas. Nós podemos adicionar algo à nossa vida, subtrair algo, ou trocar algo que temos por outra coisa que não temos. As pessoas mais bem-sucedidas sabem quando fazer cada uma das três. Aqui vão algumas das percepções que espero que os ajudem a compreender as trocas, localizá-las e usá-las em seu favor.

As trocas nos estão disponíveis ao longo da vida

A primeira vez que compreendi a Lei da Troca, estava no Ensino Fundamental, embora não a tenha chamado assim naquele momento. Naquele tempo amava jogar bola de gude. Alguns dias nós costumávamos jogar durante todo o almoço e recreio. Era muito divertido tentar vencer meus amigos e ganhar suas melhores bolas.

Um amigo meu tinha uma linda e enorme bola de gude "olho de gato", que eu queria muito para mim, mas ele não jogava com ela, e assim nunca tive a chance de ganhá-la. Ele só a segurava e a mostrava a nós. Então decidi desenvolver uma estratégia. Propus uma troca. Primeiro ofereci qualquer uma das minhas bolas de gude. Ele não se interessou. Então ofereci duas bolas. Depois três. Em seguida quatro. Vi que finalmente ele estava disposto a aceitar a troca, quando ofereci sete. O menino estava feliz porque tinha sete bolas de gude. Eu estava feliz porque abri mão de várias bolas de gude medianas, em troca de uma linda.

Todas as pessoas fazem trocas na vida, quer saibam disso ou não. A pergunta é se você vai fazer boas ou más trocas. Em geral, acredito que...

Pessoas malsucedidas fazem más trocas.
Pessoas medianas fazem poucas trocas.
Pessoas bem-sucedidas fazem boas trocas.

Calculo que fiz mais de vinte trocas significativas até esse momento de minha vida. Fiz duas delas nos últimos três meses! Aos sessenta e quatro anos percebi que devo estar disposto a continuar fazendo boas trocas se quiser me manter crescendo e me esforçando para alcançar meu potencial. Quando parar de fazê-las, chegarei a um beco sem saída na vida. E nesse ponto meu crescimento terá cessado. Esse será o momento em que os meus melhores dias terão ficado para trás, enquanto meu potencial não estará mais adiante de mim.

> Ainda que nós nem sempre consigamos o que queremos, nós sempre conseguimos o que escolhemos ter.

Precisamos aprender a ver as trocas como oportunidades de crescimento
Nada cria uma brecha maior entre pessoas bem-sucedidas e malsucedidas do que as escolhas que essas pessoas fazem. Usualmente elas tornam a vida mais difícil para si mesmas porque fazem más

escolhas nas encruzilhadas de suas vidas, ou se recusam a fazer escolhas por medo. Mas é importante lembrar que ainda que nós nem sempre consigamos o que queremos, nós sempre conseguimos o que escolhemos ter.

Onde quer que eu encontre uma oportunidade de troca, faço a mim mesmo duas perguntas:

QUAIS SÃO OS PONTOS POSITIVOS E OS NEGATIVOS DESSA TROCA?

Cada vez que você reage a uma das encruzilhadas da vida baseado em medo, em vez de olhar para as suas boas qualidades, você se fecha diante de uma oportunidade em potencial. Tentar descobrir quais são os pontos positivos e negativos de cada escolha me ajuda a lidar com o meu medo. Olhar para a realidade nua e crua me fez descobrir que tenho a tendência a superestimar o valor do que atualmente tenho e subestimar o valor do que posso ganhar ao desistir do que tenho.

EU VOU PASSAR POR ESSA MUDANÇA OU VOU CRESCER COM ESSA MUDANÇA?

A boa troca não é algo a ser suportado. Isso reflete uma atitude passiva e uma visão de mundo que diz: "Espero que tudo dê certo". Em vez disso, as trocas positivas deveriam ser vistas como oportunidades de crescimento, e deveriam ser aproveitadas. Ao final, nós nos tornaremos melhores, como resultado dessas trocas. Quando crescemos com essas mudanças, tornamo-nos ativos. Assumimos o controle de nossa atitude e emoções. Tornamos-nos agentes positivos de mudança em nossa vida.

O escritor Denis Waitley diz: "Um sinal de sabedoria e maturidade é quando você concorda com a percepção de que as suas decisões lhe trazem recompensas e consequências. Você é responsável pela sua vida e o seu sucesso final depende das escolhas que você fizer". Concordo com isso, e anos atrás decidi que, enquanto outros pudessem levar vidas tímidas, eu não o faria. Enquanto os outros pudessem ver a si mesmos como vítimas, eu não me veria assim. Mesmo que os outros deixassem o seu futuro nas mãos de outras pessoas, eu não o faria. Enquanto os outros simplesmente *passam pela vida*, eu vou *crescer* neste processo. Essa é a minha escolha, e não vou abrir mão disso.

As trocas nos forçam a passar por mudanças pessoais difíceis
Frequentemente ouço as pessoas expressarem sua esperança de que as coisas vão melhorar. Nesses momentos quero lhes dizer que a diferença entre o lugar onde nós estamos e o lugar onde desejamos estar é criada pelas mudanças que estamos dispostos a fazer em nossa vida. Quando você quer algo que nunca teve, precisa fazer algo que nunca fez para obtê-lo. De outro modo, você continuará conseguindo os mesmos resultados.

> **A diferença entre o lugar onde nós estamos e o lugar onde desejamos estar é criada pelas mudanças que estamos dispostos a fazer em nossas vidas.**

As mudanças na nossa vida sempre começam com mudanças que estamos dispostos a fazer de forma pessoal. Normalmente isso não é fácil. Mas para superarmos o desafio, precisamos lembrar que:

A mudança é pessoal — para mudar a sua vida, *você* precisa mudar.
A mudança é possível — qualquer pessoa *pode* mudar.
A mudança é lucrativa — você será recompensado quando mudar.

Mudar pode não ser fácil, mas pode ser feito. O psicólogo e sobrevivente do Holocausto, Victor Frankl, observou: "Quando não somos mais capazes de mudar uma situação, somos desafiados a mudar a nós mesmos". Só precisamos lembrar que somos o ponto-chave. É importante estar disposto a mudar. Outro ponto importante é *quando* vamos mudar.

Mudar simplesmente pela mudança somente causa um trauma.
Mudar antes do tempo pode levar a uma grande vitória, mas é algo difícil de fazer.
Mudar quando você precisa traz vitória.
Mudar depois do tempo leva a perdas.
Recusar-se a mudar é a morte do seu potencial.

Uma das mudanças pessoais mais duras pela qual passei aconteceu em 1978. Naquela época, encontrei-me em uma encruzilhada da vida.

Percebi que a minha capacidade em ajudar pessoas com minhas palestras era muito limitada. Eu somente podia tocar a vida das pessoas com as quais conseguisse falar pessoalmente. Foi nesse momento que decidi que gostaria de escrever livros. O problema é que eu nunca havia escrito um livro e não sabia como fazê-lo. Percebi que teria que investir muito tempo e esforço para tentar me tornar um escritor, mas estava disposto a tentar.

> "Quando não somos mais capazes de mudar uma situação, somos desafiados a mudar a nós mesmos."
> — Victor Frankl

Passei dezenas de horas entrevistando escritores, tomando aulas, assistindo a conferências e ouvindo fitas. Passei centenas de horas escrevendo e revisando o que escrevi. O processo todo durou um ano e o seu resultado foi pequeno — um manuscrito de 100 páginas. Fui rejeitado pelas editoras e houve centenas de vezes em que me perguntei: "Todo esse esforço vale mesmo a pena?"

No final, tudo deu certo. Consegui publicar meu primeiro livro, *Think on These Things*.* Será que atingi meu potencial ao escrever o livro? Não. Mas ele me colocou a caminho de atingi-lo, porque cresci com o processo. E terminar um livro me fez capaz de continuar escrevendo, aprendendo e aprimorando-me. Hoje já escrevi mais de setenta livros que venderam mais de 21 milhões de cópias. Mas eu não teria vendido sequer um se não estivesse disposto a fazer as mudanças difíceis e necessárias para me tornar um escritor. E nunca teria alcançado a maioria das pessoas que tive a oportunidade de ajudar.

A perda em uma troca normalmente é sentida muito antes dos ganhos

Há não muito tempo atrás, estava na casa de meu filho Joel, e vi meu neto James, que tinha três anos de idade, amuado, sentado na lavanderia. Ele estava esperando que o seu cobertor secasse, e estava bem chateado porque, enquanto o seu cobertor estivesse na secadora, ele não teria nada para segurar.

---

*N. do E.: Publicado no Brasil pela CPAD em 2009 com o título *O Coração e a Mente do Líder*.

Nós somos bem parecidos com o James. Queremos a mudança, mas não queremos esperar pelo resultado. E frequentemente nos tornamos demasiadamente cientes do que perdemos na troca porque o sentimos imediatamente, ao passo que não colhemos imediatamente os resultados até que se passem dias, semanas, meses, anos ou mesmo décadas.

Esses períodos de transição podem ser um grande desafio. Desejamos o resultado, mas precisamos encarar o fim de algo de que gostamos além de enfrentar a incerteza entre o fim e o desejado novo começo. Sentimos a mudança como uma perda. Algumas pessoas lidam com a incerteza razoavelmente bem; outras não. Alguns se recuperam do estresse psicológico da mudança de forma rápida e lidam bem com ela; outros não. A maneira como você vai lidar com isso depende em parte de sua personalidade e, em outra parte, da sua atitude. Você não pode mudar a sua personalidade, mas pode escolher ter uma atitude positiva e se concentrar nos benefícios vindouros da troca.

A maioria das trocas pode ser feita a qualquer momento

Há muitas trocas na vida que podem ser feitas a qualquer momento. Por exemplo, nós podemos desistir de maus hábitos para trocá-los por bons em qualquer momento em que tenhamos a força de vontade de tomar a decisão. Dormir o suficiente, deixar de ser sedentário para começar a se exercitar e desenvolver melhores hábitos alimentares para melhorar a saúde são todas questões de escolha e não de oportunidade. Obviamente, quanto mais cedo tomarmos essas decisões, melhor será, mas na maior parte das vezes essas escolhas não são uma questão de tempo.

Depois de fazer uma troca desvantajosa, as pessoas frequentemente entram em pânico, imaginam que estragaram tudo e nunca irão se recuperar. Mas normalmente isso não acontece. Na maior parte do tempo nós podemos fazer escolhas que nos ajudarão a voltar. Foi assim comigo. Fiz trocas desvantajosas além da conta, mas fiz muitos retornos e me recuperei.

Um dos meus poemas preferidos, de Carl Bard, expressa o poder de fazer boas escolhas depois de ter errado:

Embora ninguém possa voltar
E fazer um novo começo, meu amigo,

*Qualquer um pode começar agora
E produzir um novo final.*

Assim, no que diz respeito a escolhas, nunca diga nunca. Nunca é algo distante e não confiável, e a vida é muito cheia de possibilidades para que tenhamos esse tipo de restrição sobre nós.

Algumas poucas trocas acontecem uma única vez na vida
O ciclo de mudança nos oferece uma janela de oportunidade na qual podemos tomar decisões. Algumas vezes este ciclo acontece somente uma vez. Perca-o e a oportunidade não voltará. Andy Grove, o antigo presidente e diretor executivo da empresa Intel, observou: "Há pelo menos um ponto na história de qualquer companhia quando você tem que mudar dramaticamente para crescer até o próximo nível de desempenho. Perca esse momento e você entrará em declínio".

> "Cada sucesso somente compra o bilhete de acesso a um problema mais difícil."
> — Henry Kissinger

Experimentei uma situação assim há alguns anos. Por mais de uma década, a pessoa que mais gostaria de conhecer era Nelson Mandela. Levou alguns anos até que finalmente conseguisse marcar o compromisso de passar um dia com ele. Mas próximo à data marcada, o Sr. Mandela quebrou o seu quadril e cancelou o compromisso. Poderia ter alterado a minha agenda para ir encontrá-lo onde ele estivesse, mas isso significaria cancelar um compromisso no Quênia. Essa era uma troca que eu não estava disposto a fazer porque havia me comprometido a estar lá. Por causa da idade de Mandela, provavelmente perdi para sempre a oportunidade de conhecê-lo.

Quanto mais alto você subir, mais difíceis serão as trocas
Como afirmei anteriormente, se você é como a maior parte das pessoas, você tem pouco a perder quando está iniciando na vida. Mas, à medida que sobe e acumula algumas das coisas boas da vida, as tro-

cas começam a ficar mais caras. O antigo secretário de estado Henry Kissinger disse: "Cada sucesso somente compra o bilhete de acesso a um problema mais difícil".

Quando nós nos encontramos no fundo do poço, fazemos trocas por causa do desespero. Estamos altamente motivados a mudar. À medida que vamos subindo, mudamos por causa da inspiração. Neste nível mais alto não precisamos mais mudar. Sentimo-nos confortáveis. Como resultado, deixamos de fazer trocas.

Um dos perigos do sucesso é que ele pode tornar a pessoa não receptiva ao ensino. Muitas pessoas são tentadas a usar o seu sucesso como uma permissão para interromper o seu crescimento. Elas se convencem de que sabem o suficiente para serem bem-sucedidas e começam a se mover por inércia. Elas trocam a inovação e o crescimento por uma fórmula, a qual seguem vez após vez. Elas dizem: "Você não pode discutir com o sucesso". Mas estão erradas. Por quê? O motivo é porque as habilidades que o trouxeram *aqui* não são as mesmas habilidades que o levarão *lá*. Isso é especialmente verdadeiro hoje, quando todas as coisas mudam rapidamente. Há cinco anos (do momento em que escrevi isso), o Twitter não existia. Agora pense a respeito de como ele está impactando a cultura e os negócios. Há quatro anos, o iPhone não existia. Hoje é comum carregar consigo esse poderoso aparelho de comunicação e computação. Não importa quão bem-sucedido você tenha sido até aqui, você não pode resistir às mudanças. Se quiser continuar aprendendo e crescendo, precisa continuar fazendo trocas. E elas têm o seu preço.

> "O preço de algo é a quantidade de vida com a qual o adquiriu."
> — Henry David Thoreau

No final, quando fazemos trocas, estamos trocando uma parte de nós mesmos por outra. O escritor e pensador Henry David Thoreau disse: "O preço de algo é a quantidade de vida pela qual o adquiriu". Você dá parte de sua vida para receber algo em troca. Isso pode não ser fácil, mas é algo essencial.

Nós nunca mais somos os mesmos após uma troca
Louis Boone, escritor de livros empresariais, afirmou: "Não tema o fracasso a tal ponto que se recuse a tentar coisas novas. O mais triste resumo de uma vida contém três descrições: poderia ter feito, poderia ter conseguido e deveria ter feito". Todos nós temos o poder de escolha, mas cada vez que fazemos uma escolha, ela passa a ter poder sobre nós. Ela nos transforma. Mesmo as más escolhas podem por fim nos ajudar a mudar para melhor, porque elas clareiam nosso pensamento e nos mostram quem somos.

C. S. Lewis, professor, romancista e apologista, escreveu um livro chamado *The Great Divorce* [O Grande Divórcio]. Tem-se dito que ele escolheu esse título porque a fé depende de uma escolha. Se verdadeiramente examinarmos a questão, devemos decidir em qual lado da linha queremos viver, e essa escolha nos leva a nos divorciarmos de coisas às quais nos apegávamos. Nós não seremos mais os mesmos após essa escolha, independentemente de qual caminho escolhamos.

Algumas trocas nunca valem o que custam
Sou completamente a favor de fazer trocas. Acabei por vê-las como um modo de vida. Mas nem tudo em minha vida está disponível para troca. Não estou disposto a trocar meu casamento pela minha carreira. Também não estou disposto a negociar meu relacionamento com meus filhos e netos por fama e fortuna. E não estou disposto a vender meus valores por alguma coisa ou alguém. Esses tipos de trocas somente trazem arrependimento. E é difícil se recuperar deles.

Talvez a história mais impressionante de uma troca desvantajosa possa ser encontrada no relato de Esaú e Jacó na Bíblia. Como o filho mais velho, Esaú estava esperando herdar o melhor de todos os bens do seu pai, Isaque: o direito de primogenitura, a bênção e a porção maior das riquezas do seu pai. Mas então, ele trocou tudo isso com o propósito de preencher o seu estômago:

> E Jacó cozera um guisado; e veio Esaú do campo e estava ele cansado. E disse Esaú a Jacó: deixa-me, peço-te, comer desse guisado vermelho, porque estou cansado. Por isso se chamou o seu nome Edon Então, disse Jacó: Vende-me, hoje, a tua primogenitura.
>
> Disse Esaú: Eis que estou a ponto de morrer, e para que me servirá logo a primogenitura?

Então, disse Jacó: Jura-me hoje. E jurou-lhe e vendeu a sua primogenitura a Jacó. E Jacó deu pão a Esaú e o guisado das lentilhas; e ele comeu, e bebeu, e levantou-se, e foi-se.

Assim, desprezou Esaú a sua primogenitura.[6]

Acredito que a maioria das pessoas que faz esse tipo de troca devastadora não percebe que as está fazendo até que seja tarde demais. Este é o motivo porque acredito que seja importante criar sistemas e definir limites que nos mantenham seguros. Por exemplo, dou a Margareth o poder de veto sobre minha agenda, para me proteger de passar muito tempo trabalhando. Também evito estar sozinho com qualquer mulher que não seja membro de minha família. E invisto tempo todos os dias orando para manter meus valores em uma posição de destaque em minha vida. Eu realmente recomendo que você tome decisões e faça uso de sistemas para se manter bem fundamentado e no caminho certo.

TROCAS QUE VALEM A PENA

Que tipo de trocas você tem feito na sua vida? Você já pensou nisto? Você desenvolveu diretrizes para ajudá-lo a decidir pelo que lutar e do que desistir? Permita-me mostrar-lhe cinco tipos de trocas que poderão ajudá-lo a desenvolver suas próprias diretrizes:

1. *Estou disposto a abrir mão da segurança financeira de hoje em função da segurança potencial de amanhã*

O médico e escritor George W. Crane disse: "Não há futuro em nenhum emprego. O futuro se encontra no homem que possui esse emprego". Eu sempre acreditei que isso fosse verdade, e como resultado, sempre estive disposto a apostar em mim mesmo. Frequentemente assumi riscos financeiros ou cortes no salário para ir atrás do que acreditava ser uma boa oportunidade.

Fiz sete grandes mudanças na minha carreira, e em cinco

> "Não há futuro em nenhum emprego. O futuro se encontra no homem que possui esse emprego."
> — George W. Crane

delas aceitei ter meu salário reduzido. A primeira mudança veio quando escolhi meu primeiro trabalho. Quando me formei na faculdade, duas igrejas me convidaram a liderar sua congregação. Uma me ofereceu um salário de tempo integral. A outra não. Escolhi a que não pagaria tão bem porque acreditava que cresceria mais lá. (E porque Margareth estava disposta a trabalhar para ajudar no nosso sustento!) O segundo trabalho que tive foi em uma igreja maior e foi um progresso em termos financeiros. Isto aconteceu em 1972. Em todas as mudanças pelas quais passei desde então, somente uma ofereceu um ganho financeiro — e essa aconteceu em 2010!

Por que eu estava sempre disposto a aceitar uma redução de salário quando mudava de emprego? Porque valorizava a oportunidade acima da segurança. E sabia que trabalharia duro e seria capaz de desenvolver a habilidade ganhar mais no final das contas. Como diz o meu amigo Kevin Turner, o diretor de operações da Microsoft: "A única segurança que temos no nosso trabalho é o nosso compromisso pessoal, para com o nosso desenvolvimento individual". Essa é uma troca que sempre traz uma recompensa.

2. *Estou disposto a abrir mão de uma gratificação imediata em troca de crescimento pessoal*

Sou uma pessoa extremamente sanguínea, e amo divertir-me. Na verdade, se você tivesse me conhecido quando era um garoto, provavelmente teria predito que a minha vida não teria valido muito. Não havia esperança para mim. Tudo o que eu queria era jogar bola e passar o tempo com os meus amigos. Mas quando comecei a amadurecer, entendi o que a cantora de ópera Beverly Sills disse: "Não há atalhos para qualquer lugar que valha a pena ir". A gratificação imediata e o crescimento pessoal são coisas incompatíveis.

Meu amigo Darren Hardy escreve em seu livro *The Compound Effect* [O Efeito Com-

> "A única segurança que temos no nosso trabalho é o nosso compromisso pessoal, para com o nosso desenvolvimento individual."
> — Kevin Turner

posto] a respeito da batalha que a maioria das pessoas trava no que diz respeito a ponderar a gratificação instantânea *versus* fazer o que for melhor para nós:

Compreendemos que as estrelas da mídia, em echarpes de seda, não vão tornar nossa cintura mais magra. Percebemos que se ficarmos conectados durante três horas por noite, assistindo a *Dancing With the Star* [Dançando com as Estrelas] e NCIS — Investigações Criminais ficaremos com três horas a menos para ler um bom livro ou ouvir um bom CD. Sacamos que simplesmente comprar um ótimo tênis de corrida não nos torna aptos a correr a maratona. Somos uma espécie "racional" — ou pelo menos é isso que dizemos a nós mesmos. Então por que somos tão irracionalmente presos a tantos maus hábitos? É porque a nossa necessidade de gratificação imediata pode nos transformar no animal mais reativo e não racional que existe.[7]

No que diz respeito a crescimento e sucesso, a gratificação imediata é quase sempre o inimigo do sucesso. Podemos escolher satisfazer a nós mesmos e nos estabilizar, ou podemos postergar nossa gratificação e crescer. A escolha é nossa.

3. *Estou disposto a abrir mão da vida fácil em troca de uma vida abundante*

Vivemos em uma cultura que idolatra as estrelas do cinema e da música, deseja ter uma mansão abastada, idealiza viagens e joga na loteria esperando algum dia ganhar a chance de viver uma vida de abundância que ela tanto admira e imita. Mas muito disso é ilusão. É como a imagem retocada de uma modelo na capa da revista. Não é real.

Essa é apenas uma das razões porque escolhi esquecer a vida fácil em favor da vida abundante. O que é essa vida abundante? No livro *Repacking your Bags* [Reorganize a sua Bagagem], Richard J. Leider e David A. Shapiro oferecem uma fórmula para a vida abundante. Eles a definem assim: "Viver no Lugar ao qual você pertence, com as pessoas a quem Ama, fazendo o Trabalho Certo, dentro do seu Propósito".[8] Essa é uma ótima descrição. Eu adicionaria o que o missionário Albert Schweitzer disse: "O grande segredo do sucesso é passar pela vida como o homem que nunca se esgota". Para evitar ficar "esgotado", tento criar uma maior capacidade em mim, e deste modo criar uma reserva em minha vida.

Se você quiser criar capacidade e reserva na sua vida, sugiro-lhe que faça o seguinte:

- Delegue, a fim de que você trabalhe de forma mais racional, não só trabalhe mais.
- Faça o que você faz melhor, e abra mão do resto.
- Assuma o controle da sua agenda; se não o fizer, outros o farão.
- Faça o que ama porque isso lhe dará energia.
- Trabalhe com pessoas de quem gosta para que sua energia não se esgote.

Se você fizer essas coisas enquanto trabalha no emprego certo, com propósito, num bom lugar, com pessoas a quem você ama, você estará vivendo a vida abundante.

4. *Estou disposto a desistir da segurança em favor da significância*

> Os grandes homens e mulheres da história não foram grandes por causa do que eles ganharam ou possuíram, mas pelo que realizaram, dando sua vida em troca.

Conheço muitas pessoas cujo propósito na vida é a segurança: emocional, física e financeira. Mas não creio que seja sábio medir o seu progresso de acordo com a sua segurança. Creio que é mais sábio medi-lo pela significância. E significância requer crescimento. Você nunca chegará a algum lugar interessante sempre fazendo algo seguro.

A maioria das pessoas é capaz de ganhar a vida. Isso é seguro. O significativo é fazer a diferença enquanto se vive. Os grandes homens e mulheres da história não foram grandes por causa do que eles ganharam ou possuíram, mas pelo que realizaram, dando sua vida em troca. Toda troca é um desafio para nos tornarmos o que realmente somos. Se essa troca for feita corretamente, poderemos criar oportunidades para ajudar os outros a se tornarem quem eles realmente são. Isso é significância!

5. *Estou disposto a abrir mão da adição em favor da multiplicação*
Comecei minha carreira sendo um realizador. Sempre tive muita energia, fico muito animado em fazer um trabalho que eu ame, e nunca precisei dormir muito. Então entrei no meu trabalho de corpo e alma, e estava motivado a ajudar as pessoas. No início, minha atitude era: "O que posso fazer pelos outros?" Mas isso era adição. Uma vez que comecei a aprender sobre liderança, minha pergunta mudou para: "O que posso fazer com os outros?" Isto é multiplicação.

O lugar onde estou investindo a maior quantidade de tempo, energia e recursos destinados à multiplicação é o projeto EQUIP, a organização não lucrativa que fundei para ensinar liderança internacionalmente. Com a intenção de fazer parcerias e ajudar mais pessoas, nós nos perguntamos:

O que aconteceria se, a cada dia, uma empresa de liderança...

Lutasse para adicionar valor a líderes e organizações;
Valorizasse parcerias e as buscasse agressivamente;
Compartilhasse, e não acumulasse, recursos e conhecimentos com outros;
Não se preocupasse em quem acabasse ficando com os créditos;
E se tornasse um rio, distribuindo ajuda para os outros, e não uma reserva de bens para si mesma?

A resposta é multiplicação! Até esse dia, a EQUIP treinou mais de cinco milhões de líderes em 175 países ao redor do mundo. Isso é algo pelo qual vale a pena fazer trocas.

Se você ainda não se considera um líder, quero encorajá-lo a explorar o desenvolvimento do seu potencial de liderança. Mesmo se você é agressivo no que diz respeito a seu crescimento pessoal, aprimora grandemente suas aptidões e habilidades, e aprende a liderar, você pode aumentar o impacto que causa na vida. Entretanto, se você acredita que não tem em si essa habilidade de liderar outros, então considere ser um mentor. O seu investimento nas outras pessoas terá um efeito multiplicador, e não se arrependerá do tempo que investir.

A maioria das pessoas tenta levar muitas coisas consigo ao longo da jornada da vida. Elas querem continuar somando, sem desistir de nada. Isso não funciona. Você não pode fazer tudo; há só uma quantidade fixa de horas por dia. Em determinado momento você alcança o seu limite. Além disso, precisamos sempre nos lembrar de que se fizermos tudo sempre igual, nada vai realmente mudar!

Podemos aprender muito a respeito de trocas em um jogo de xadrez. Como alguém já disse: abra mão de um para ganhar dois; não faça dois movimentos ao mesmo tempo; mova-se para cima e não para baixo; e quando alcançar o topo, você terá toda a liberdade de se mover como quiser.[9] Se você quiser alcançar o seu potencial, esteja pronto para fazer trocas. Como o escritor James Allen disse: "Aquele que realiza pouco deve sacrificar pouco; aquele que realiza muito deve sacrificar muito

APLICANDO A LEI DA TROCA NA SUA VIDA

1. Escreva a sua própria lista de princípios de trocas. Comece usando a lista do capítulo para produzir outras ideias:

- Estou disposto a abrir mão da segurança financeira de hoje em função da segurança potencial de amanhã
- Estou disposto a abrir mão de uma gratificação imediata em troca de crescimento pessoal
- Estou disposto a abrir mão da vida fácil em troca de uma vida abundante
- Estou disposto a desistir da segurança em favor da significância
- Estou disposto a abrir mão da adição em favor da multiplicação

Pense sobre trocas de valor que você fez no passado e que acredita que continuarão a ser boas ideias no futuro. Também considere o que pode ser necessário para que você alcance o seu potencial, além do que precisa desistir para realizá-lo.

2. É tão importante que você saiba o que *não está disposto* a desistir, quanto identificar o que *está* disposto a abrir mão. Pense sobre as coisas que são inegociáveis na sua vida e liste-as. Então, para cada uma delas, identifique sua grande ameaça potencial, e que medidas de segurança você deve tomar para protegê-la.

3. Qual troca você precisa fazer exatamente agora, e que não tem estado disposto a fazer? A maioria das pessoas se acomoda e aprende a viver com uma limitação ou uma barreira que pode ser removida fazendo-se uma troca. Qual a próxima mudança que terá que realizar? E do que terá que abrir mão nessa troca?

12

A LEI DA CURIOSIDADE
O Crescimento É Estimulado quando Perguntamos por quê

"Alguns homens veem as coisas como elas são, e perguntam por que. Outros sonham com coisas que nunca existiram, e perguntam por que não."
— George Bernard Shaw

Quando era um calouro na faculdade, estudando a cadeira de psicologia 101, todos na turma foram convidados a fazer um teste de criatividade. Para a minha surpresa e consternação, meu escore estava entre os piores da turma. *O que há de ruim nisso?* Você pode perguntar. *Muitas pessoas não são muito criativas.* O problema é que teria que falar profissionalmente, e há poucas coisas piores do que um orador maçante. Como iria superar essa potencial deficiência em minha futura carreira?

Apoiei-me em outra qualidade que tinha em abundância: curiosidade. Tenho sido curioso desde sempre. Eu era um típico adolescente em crescimento, e era muito similar aos meus amigos em muitas maneiras, com exceção de uma. Eles amavam dormir, porém eu acordava cedo todos os dias. Sempre tive medo de que perderia algo se ficasse muito tempo na cama! Agora acho isso engraçado, porque eu morava em uma pequena cidade no centro de Ohio, onde pouca coisa acontecia. Então o que havia a perder? Ainda assim, esse hábito me diferenciou de meus colegas.

Comecei a usar essa minha característica natural para colecionar citações, histórias e ideias. Pensei comigo mesmo: *A melhor forma de evitar ser chato é citar pessoas que não sejam entediantes.* Comecei procurando por ideias que fossem declaradas de um modo engraçado, inteligente ou inspirador. Mas adivinhe o que aconteceu depois de fazer isso por anos? Comecei a perguntar *por que* suas declarações e histórias eram tão interessantes. Por que eram engraçadas? Por que as pessoas riam delas? Por que eram originais? Por que as pessoas se conectavam com elas? Desde cedo estava aprendendo com essas citações que colecionava, e estava usando o mesmo tipo de ponto de vista para tornar as minhas próprias ideias criativas e memoráveis. Esse hábito levou a minha comunicação a um novo patamar. E melhor ainda, ele estimulou meu crescimento e desenvolvimento.

DE ONDE VEM A CURIOSIDADE?

Será que nasci com essa curiosidade natural? Ou foi algo instilado em mim? Não sei qual a resposta, mas sei disto: continuei a ser curioso e a cultivar a curiosidade por toda a minha vida. E isso é importante, porque acredito que curiosidade é o segredo para ser um aprendiz por toda a vida, e, se você quiser continuar crescendo e se desenvolvendo, você deve continuar aprendendo.

As pessoas curiosas possuem uma sede de conhecimento. Elas se interessam pela vida, pessoas, ideias, experiências e eventos, e elas vivem constantemente desejando aprender mais. Elas continuamente perguntam *por quê?* A curiosidade é o catalisador primário para o autoaprendizado. As pessoas que permanecem curiosas não precisam ser encorajadas a fazer perguntas ou a explorar. Elas simplesmente as fazem o tempo todo. E elas continuam a fazê-las, continuamente. Elas sabem que a trilha da descoberta é tão excitante quanto a própria descoberta, porque há coisas maravilhosas a serem aprendidas ao longo da vida.

A curiosidade ajuda a pessoa a pensar e expandir possibilidades além do ordinário. O ato de perguntar *por quê?* Dá asas à imaginação. Conduz a descobertas. Abre o leque de opções. Leva as pessoas além do ordinário e faz com que vivam uma vida extraordinária. As pessoas dizem que não se deve cruzar uma ponte antes de chegar a ela, mas, como alguém disse: "Esse mundo é conquistado por pessoas que cruzaram pontes em sua imaginação, antes que alguém mais as tenha cruzado". Acredito que é por isso que o médico ganhador do Prêmio Nobel, Albert Einstein, disse: "Toda mudança significativa e duradoura começa primeiramente em nossa imaginação, e então é realizada".

Einstein fez as suas descobertas porque era curioso. E valorizava sua natureza curiosa e sua imaginação como as suas maiores qualidades.

COMO CULTIVAR A CURIOSIDADE

Eu amo pessoas curiosas. Gosto de passar tempo e conversar com elas. Essa alegria pelo conhecimento e aprendizado é contagiosa. Frequentemente me pergunto por que não há mais pessoas curiosas. Muitas pessoas parecem ser indiferentes. Por que elas não perguntam *por quê?* Será que algumas pessoas simplesmente nasceram sem o desejo de aprender? Será que algumas são apenas mentalmente preguiçosas? Ou a vida se torna tão normal para alguns, que eles não se importam de viver em uma rotina, fazendo as mesmas coisas dia sim, dia não? Essas pessoas poderiam "acordar" suas mentes e se tornarem mais curiosas para que o crescimento se torne mais natural a elas?

Certamente espero que sim e acredito que sim. É por isso que escrevi este capítulo. E é por isso que recomendo as próximas dez sugestões, a fim de cultivar a curiosidade:

1. *Acredite que você pode ser curioso*

Muitas pessoas enchem sua mente com crenças restritivas. Sua falta de autoconfiança ou baixa autoestima fazem-nas criarem barreiras para si mesmas, e limitarem o como e o quê pensam. O resultado? Elas falham em atingir o seu potencial — não porque careçam de capacidade, mas porque não estão dispostas a ampliar suas crenças e fazer algo novo. Nós não podemos agir de um modo que seja inconsistente com o que pensamos. Você não pode ser o que não acredita.

> A grande diferença entre as pessoas curiosas e em crescimento, e aquelas que não o são é a crença de que podem aprender, crescer e mudar.

Mas aqui vai a boa notícia: você pode mudar o modo como pensa, e, como resultado, mudar a sua vida.

Permita-se ser curioso. A grande diferença entre as pessoas curiosas e em crescimento, e aquelas que não o são é a crença de que *podem* aprender, crescer e mudar. Como expliquei na Lei do Propósito, você deve perseguir o crescimento. O conhecimento, a compreensão e a sabedoria não vão procurar por você. Você deve sair e adquiri-las. A melhor maneira de fazê-lo é permanecer curioso.

A grande diferença entre as pessoas curiosas e em crescimento, e aquelas que não o são é a crença de que *podem* aprender, crescer e mudar.

2. Tenha a mentalidade de um iniciante

A maneira como você aborda a vida e o aprendizado não tem nada a ver com a sua idade. Na verdade, tem tudo a ver com a sua atitude. Ter a mentalidade de um iniciante significa se perguntar o porquê e fazer várias perguntas até que se obtenha a resposta. Também significa ser aberto e vulnerável. Se a sua atitude é como a de um iniciante, você não tem uma imagem para sustentar e o seu desejo de aprender mais é mais forte do que o desejo de zelar por sua imagem. Você não é tão influenciado por regras pré-estabelecidas ou pela assim chamada visão comum. Peter Drucker, especialista em gerenciamento, disse: "Meu grande ponto forte como consultor é ser ignorante e fazer algumas perguntas". Isso é ter uma atitude de iniciante.

> "O meu grande ponto forte como consultor é ser ignorante e fazer algumas perguntas."
> — Peter Drucker

As pessoas com uma atitude de iniciante abordam a vida do modo como uma criança o faz: com curiosidade. Elas são como a menininha que faz à sua mãe pergunta após pergunta. Por fim a mãe grita: "Pelo amor de Deus, pare de fazer tantas perguntas. A curiosidade matou o gato".

Depois de dois minutos a menina pergunta: "Então, o que o gato queria saber?"

O oposto das pessoas que têm uma atitude de iniciante são: os "sabe tudo". Eles veem a si mesmos como especialistas. Têm muito conhecimento, educação e experiência, e assim, em vez de perguntar por quê, e começar a ouvir, eles começam a falar e dar respostas. Toda vez que a pessoa esteja respondendo mais do que perguntando, você pode estar certo de que ela desacelerou o seu crescimento e perdeu a paixão por crescer.

3. *Faça do por que a sua palavra favorita*
Albert Einstein disse: "O importante é não parar de perguntar. A curiosidade tem a sua razão de existir. A pessoa não pode evitar se deslumbrar quando contempla os mistérios da eternidade, da vida, da maravilhosa estrutura da realidade. É o suficiente simplesmente tentar compreender um pouco desse mistério a cada dia. Nunca perca essa santa curiosidade". O segredo de manter essa "curiosidade santa" é sempre perguntar por quê.

Quando estava iniciando como líder, achava que deveria ser uma máquina de respostas. Não importava o que a pessoa perguntasse, eu fornecia direção, exibia confiança e respondia às perguntas com clareza — tanto se soubesse o que estava fazendo, ou não! À medida que fui amadurecendo, aprendi que os líderes em crescimento se concentravam em fazer perguntas e não em dar respostas. Quanto mais perguntas fizesse, melhores os resultados que obtinha de uma equipe. E maior a minha vontade de fazer mais perguntas. Hoje tenho uma verdadeira compulsão por provocar a mente das pessoas que encontro. Tornei-me uma máquina de fazer perguntas.

> Toda vez que a pessoa esteja respondendo mais do que perguntando, você pode estar certo de que ela desacelerou seu crescimento e perdeu a paixão por crescer.

O conferencista e escritor Brian Tracy diz: "Um importante estimulante do pensamento criativo é se concentrar em perguntas. Há algo a respeito de uma pergunta bem formulada que frequentemente penetra no cerne da questão e dispara novas ideias e percepções". Na maior parte do tempo, as perguntas centradas começam com a palavra *por que*. Essa palavra realmente pode ajudá-lo a clarear uma questão. E é importante como você faz a pergunta. As pessoas com uma postura de vítima perguntam: "Por que eu?" Não porque queiram saber, mas porque sentem pena de si mesmas. As pessoas curiosas fazem perguntas para encontrar soluções, a fim de que possam seguir se movendo adiante e fazendo progressos.

O cientista e filósofo Georg Christoph Lichtenberg observou: "O primeiro passo de sabedoria da pessoa é questionar tudo, e o seu último é chegar a um acordo com todas as coisas". Esses são os pontos de apoio para o crescimento contínuo. Pergunte por quê. Explore. Avalie o que descobriu. Faça de novo. Esta é uma boa fórmula para o crescimento. Nunca esqueça que aquele que sabe todas as respostas não está fazendo as perguntas certas.

4. Passe tempo com pessoas curiosas

Quando você pensa em curiosidade, crescimento e aprendizado, pensa em educação formal? Acredito que nas séries iniciais a criatividade é encorajada, mas nos anos seguintes, não. A maior parte da educação formal conduz as pessoas em direção às respostas, em vez de às perguntas. Se você foi à faculdade, quantas vezes ouviu o professor pedir aos alunos para segurar suas perguntas até mais tarde, a fim de passar por suas anotações ou completar o seu programa? A ênfase usualmente está na informação em vez da investigação.

Você encontra uma atitude de abertura e questionamento no mundo corporativo? Normalmente não. A maioria das corporações tampouco estimula a criatividade. Jerry Hirshberg, no seu livro *The Creative Priority: Putting Innovation to Work in Your Business* [A Prioridade Criativa: Colocando a Inovação para Trabalhar em sua Empresa], escreve:

> Ninguém em uma corporação deliberadamente planeja reprimir a criatividade. Ainda assim, uma estrutura burocrática tradicional, com sua necessidade de previsibilidade, lógica linear, conformidade a normas aceitas e as imposições das mais recentes declarações de visão de longo alcance, é praticamente uma máquina perfeita de destruição de ideias. As pessoas em grupos regressam em direção à segurança do familiar e do bem regulamentado. Mesmo pessoas criativas fazem isso. É mais fácil. Evitar a ambiguidade, o medo do imprevisível, a ameaça no não familiar e a desordem da intuição e da emoção humana.[1]

Então, o que você precisa fazer para cultivar a criatividade e estimular o crescimento? Você deve procurar outras pessoas curiosas.

Há dois anos, Margareth e eu fomos para a Jordânia, nas férias. Nós amamos história e arte, e por anos, ouvimos e lemos a respeito de Petra, a antiga cidade construída no arenito. Se você assistiu ao filme *Indiana Jones e a Última Cruzada,* deve se lembrar da fachada esculpida na pedra, que continha a passagem até o lugar onde estava escondido o Santo Graal.

Quando visitamos Petra, caminhamos por quilômetros. Naquela época eu estava precisando de uma cirurgia de prótese do joelho, e, por isso, achei a experiência difícil e dolorosa. Na hora do almoço, estava exausto e a dor no meu joelho estava excruciante. Enquanto comíamos, o guia nos contou que havia mais um lindo lugar talhado na rocha para conhecermos. Estava na próxima montanha, e nós poderíamos ir vê-lo, mas teríamos que ir por nossa própria conta. A maioria das pessoas não topou. Como eu, elas estavam muito cansadas. Eu também desisti da experiência. Mas enquanto estávamos sentados e comendo o nosso almoço, os poucos que haviam decidido fazer o passeio começaram a se preparar para ir e comecei a repensar a minha decisão. Eles estavam curiosos para ir e a sua animação começou a inspirar e estimular-me. Minha velha curiosidade bateu e não conseguia suportar a ideia de perder algo. Então, eu e Margareth decidimos nos unir ao grupo. Levamos uma hora para subir a montanha e duas horas para descê-la, mas valeu a pena. Eu nem mesmo me importei de passar a maior parte da noite no hotel, deixando meu joelho de molho. Estar perto de pessoas muito curiosas é contagiante. Sei de poucos outros caminhos para cultivar e manter a curiosidade.

5. *Aprenda algo novo a cada dia*

Uma das melhores maneiras de permanecer curioso é começar cada dia com a determinação de aprender algo novo, experimentar algo diferente, ou conhecer alguém novo. Para fazer isso, três coisas são necessárias. Primeiramente, você deve acordar com um espírito aberto para algo novo. Você deve encarar o dia como a fonte de múltiplas oportunidades para aprender.

Em segundo lugar, você deve manter olhos e ouvidos abertos ao longo do dia. A maioria das pessoas malsucedidas aceita o seu dia, deixando de prestar atenção nas coisas, simplesmente esperando que ele acabe. A maioria das pessoas bem-sucedidas aproveita o seu dia, concentrando-se e ignorando distrações. Pessoas em crescimento permanecem concentradas, ainda que mantenham uma sensibilidade e uma consciência que as deixa abertas a novas experiências.

O terceiro fator é a reflexão. Não há muito proveito em ver algumas coisas novas sem tirar tempo para pensar a respeito delas. Compreendi que o melhor meio de aprender algo novo é separar um momento no fim do dia para fazer a si mesmo perguntas que o estimulem a pensar a respeito do que aprendeu. Por anos tenho feito disso uma prática para rever o meu dia e evidenciar os pontos altos. Lembre-se que a experiência não é o melhor professor; o ato de avaliar a experiência o é.

6. Partilhe o fruto do fracasso

Uma pessoa curiosa e em crescimento lida com o fracasso de um modo totalmente diferente de alguém que não seja curioso. A maioria das pessoas encara o fracasso, os erros e falhas como sinal de fraqueza. Quando elas falham, dizem: "Eu nunca farei *aquilo* novamente!" Mas as pessoas que crescem e se aprimoram veem o fracasso como um sinal de progresso. Elas sabem que é impossível tentar continuamente sem falhar algumas vezes. Isso faz parte da jornada da curiosidade. Portanto, elas fazem do fracasso um aliado.

> A experiência não é o melhor professor; o ato de avaliar o é.

Quando o fracasso é o seu aliado, você não pergunta: "Como posso me distanciar desta experiência?" Em vez disso, você pergunta: "Por que isso aconteceu? O que posso aprender? Como posso crescer com isso?" Como resultado, você vai falhar rápido, aprender rápido e rapidamente voltar a tentar de novo. Isso leva a crescimento e sucesso.

7. Pare de procurar pela resposta certa

Por causa do meu tipo de personalidade, sou alguém que sempre está procurando por opções. Entretanto, sei que há pessoas com diferentes tipos de personalidade que são motivadas a encontrar *a resposta certa* para qualquer pergunta. Acredite ou não, isso é um problema. Essas pessoas de "uma solução única" não estão se colocando na melhor situação para aprender e crescer. Qual o motivo? Porque sempre há mais de uma solução para um único problema. Se você acredita que há uma única solução certa, ou você se frustrará porque não poderá encontrar a solução ou, se pensar que já a encontrou, irá parar de procurar e talvez perca ideias melhores. Além disso, quando obtiver o que considera a resposta certa, você se tornará complacente. Nenhuma ideia é perfeita. Não importa quão boa ela é, sempre poderá ser aprimorada.

Você deve ter ouvido a expressão: "Se não quebrou, não o conserte". A frase certamente não foi cunhada por alguém dedicado ao crescimento pessoal. Se esta tem sido a sua atitude, então sugiro que você desenvolva uma atitude questionadora e substitua a frase popular pelas próximas perguntas:

- Se não quebrou, como podemos melhorá-lo?
- Se não quebrou, quando provavelmente quebrará?
- Se não quebrou, enquanto tempo será útil enquanto o mundo muda?

As pessoas curiosas continuam fazendo perguntas, e, como resultado, elas continuam aprendendo.

Há vários anos atrás, vendi as minhas empresas para que pudesse concentrar a minha energia e investir mais tempo escrevendo e falando. Mas após um tempo, comecei a ficar frustrado. Podia ver que os recursos que havia desenvolvido ao longo de muitos anos para ajudar outros a crescer, desenvolver-se e aprender liderança, não estavam atingindo as pessoas do modo que achei que eles iriam atingir. Então, em 2011, comprei as empresas de volta e dei inicio à Companhia John Maxwell para que pudesse reorientar esse processo.

Sou tão animado porque amo a minha equipe. Ela é pequena, ágil, centrada e altamente talentosa. Coloquei tudo nas mãos deles, e os deixei livres para fazerem as coisas acontecerem. E disse que queria que eles viessem cada dia para o trabalho convencidos de que há um melhor modo de fazer as coisas, determinados a encontrar quem os possa ajudar a aprender a fazê-lo e prontos a fazer as coisas de uma forma melhor do que já fizeram. E eles estão fazendo-o!

Roger Von Oech, escritor de *A Whack on the Side of the Head* [Um Golpe no Lado da Cabeça], diz: "Quase todo avanço na arte, gastronomia, medicina, agricultura, engenharia, publicidade, política, educação e design ocorreu quando alguém desafiou as regras e tentou uma nova abordagem".[2] Se você deseja evitar crescer com muito conforto e se tornar estagnado, então continue fazendo perguntas e desafiando o processo. Continue perguntando se há um melhor meio de fazer algo.

Será que isso vai incomodar pessoas complacentes e preguiçosas? Sim.
Será que vai energizar, desafiar e inspirar pessoas em crescimento? Sim!

8. *Supere a si mesmo*
Se você vai fazer perguntas e se permitir falhar, então algumas vezes você parecerá tolo. A maioria das pessoas não gosta disto. Você sabe qual é a minha resposta? Supere-se! Como Roger Von Oech diz: "Se nós nunca tentássemos algo que faz com que parecêssemos ridículos, ainda estaríamos habitando nas cavernas".

> "Quase todo avanço na arte, gastronomia, medicina, agricultura, engenharia, publicidade, política, educação e design ocorreu quando alguém desafiou as regras e tentou uma nova abordagem."
> — Roger Von Oech

Em vez disso, precisamos ser como as crianças. Uma coisa que amo a respeito em crianças bem pequenas é que elas simplesmente perguntam. Elas não se importam se uma pergunta é tola. Elas somente perguntam. Elas não se preocupam se vão parecer ridículas tentando algo novo. Elas simplesmente fazem. E, como resultado, elas aprendem. Richard Thalheimer, fundador da *Sharper Image diz:* "É melhor parecer desinformado do que ser desinformado. Freie o seu ego e mantenha-se fazendo perguntas". Esse é um grande conselho.

9. *Pense de forma livre*
Sempre amei a citação do inventor Thomas Edison: "Não há regras aqui. Nós estamos tentando realizar algo!" Edison sempre estava tentando inovar, pensar de modo inovador. A maior parte das ideias revolucionárias foram violações que cessaram ideias já existentes. Elas bagunçaram a antiga ordem. Como Ralph Waldo Emerson disse: "Toda vida é um experimento. Quanto mais experimentos você fizer, melhor".

Valorizo o pensamento inovador, e facilmente fico frustrado com pessoas que se recusam a pensar de modo diferente do que se autoimpuseram. Quando as pessoas dizem coisas como: "Nós nunca fizemos isso desta maneira" ou: "Essa não é a minha função", eu simplesmente quero sacudi-las. Tenho vontade de me oferecer para realizar o seu funeral, porque elas já morreram e obviamente só estão esperando que alguém torne isso oficial. Boas ideias estão em todo o lugar, mas é difícil de vê-las quando você as procura de dentro de sua antiga estrutura de pensamento.

> "Não há regras aqui. Nós estamos tentando realizar algo!"
> —Thomas Edison

Em vez de permanecer confinadas, as pessoas precisam quebrar os muros de suas estruturas, sair e se tornarem caçadores de ideias.

Isso requer uma atitude de abundância. Infelizmente, a maioria das pessoas que pensam de forma limitada possui uma atitude de escassez. Elas não acreditam que há muitos recursos para mudar de caminho. Eles acreditam que não conseguirão.

O escritor Brian Klemmer diz: "Um dos segredos da abundância é ter uma atitude centrada na solução. A pessoa comum pensa de forma positiva sobre si mesma, mas ela não é centrada nas soluções". Em outras palavras, a maioria das pessoas vive dentro desta estrutura de pensamento, que a limita, e não fora dela. Elas vivem com as suas limitações. Klemmer observa:

> Quando pessoas comuns se perguntam: "Posso fazer isso?", elas se baseiam nas circunstâncias que veem... *Uma pessoa com uma mentalidade de abundância faz perguntas diferentes.* Ela pergunta: "Como posso fazê-lo?" Esta simples variação semântica muda tudo. Ela força a sua mente a criar uma solução.³

A melhor maneira de tornar ativa uma mente apática é perturbar a sua rotina. Mudar a forma de pensar faz isso pela pessoa.

10. *Aproveite a sua vida*

Talvez o melhor modo de permanecer curioso e continuar crescendo é curtir a vida. Tom Peters, autor do livro *In Search of Excellence* [Em Busca da Excelência], observa: "A corrida continua para o curioso e ligeiramente louco, e para aqueles com uma paixão insatisfeita por aprender, que o tentam intrepidamente". Acredito que isso honra a Deus, quando aproveitamos a vida e a vivemos bem. Isso significa assumir riscos

— algumas vezes fracassar, outras vezes ser bem-sucedido, mas sempre aprender. Quando você aproveita a vida, a separação entre trabalho e diversão começa a esmorecer. Nós fazemos o que amamos e amamos o que fazemos. Tudo se torna uma experiência de aprendizado.

A CURIOSIDADE ERA O SEU SEGREDO

Você acredita que alguém que ganhou um título de doutorado, era professor em uma universidade de prestígio, e ganhou um Prêmio Nobel de Medicina tenha realizado um bom trabalho de entrar em contato com o seu potencial? E que tal se você também acabasse sabendo que essa pessoa havia sido convidada a ajudar a criar a primeira bomba atômica no projeto Manhattan, quando ainda tinha somente vinte anos? Que currículo bom esse, não? Qual seria o segredo do sucesso dessa pessoa? A maioria das pessoas pensaria na inteligência. Mas alegava-se que esse cientista teria um QI apenas acima da média, de somente 125 pontos.[4] Com certeza ele era inteligente, mas o verdadeiro segredo do seu crescimento e sucesso era uma curiosidade insaciável.

Seu nome era Richard Feynman (em inglês, a pronúncia do seu sobrenome é *Fine-man*, homem excelente). Era o filho de um vendedor de uniformes da cidade de Nova York. Sempre foi encorajado a fazer perguntas e pensar por si mesmo. Com onze anos, construiu circuitos elétricos e fez experimentos em casa. Cedo ganhou a reputação de conseguir consertar rádios. Ele sempre estava explorando, aprendendo e perguntando o por quê.

Ele começou a aprender álgebra no ensino básico. Dominou a trigonometria e cálculo, tanto o diferencial como o integral, aos quinze anos.[5] Era brincadeira para ele. Quando o seu professor de física do Ensino Médio ficou frustrado com ele, deu-lhe um livro dizendo: "Você fala muito e faz muito barulho. Sei por que. É porque está entediado. Estude este livro e quando entender tudo o que há nele, poderá voltar a falar". Aquele era um livro de cálculo avançado de um curso de último ano da faculdade.[6] Feynman devorou o livro. Ele se tornou outra ferramenta de que dispunha para aprender a respeito do mundo.

Ele tinha uma paixão na vida, resolver enigmas e quebrar códigos. Quando estava no Ensino Médio, seus colegas de classe sabiam de sua paixão e traziam-lhe todos os dias todo tipo de enigma, equação, problema de geometria e quebra-cabeça que eles pudessem encontrar. Ele solucionava todos.⁷

SUA CURIOSIDADE NÃO TINHA LIMITES

O desejo de Feynman em saber o porquê de tudo o levou a estudar. Ele não estava interessado somente em física ou matemática. Qualquer ideia poderia captar a sua atenção. Por exemplo, quando ele estudava física, como aluno não graduado na MIT (Instituto de Tecnologia de Massachusetts), ele assumiu um emprego de verão como químico. Quando estava em Princeton, estudando para o seu doutorado, almoçava com alunos da graduação de outras disciplinas para que pudesse aprender quais perguntas eles estavam fazendo e quais problemas eles estavam tentando resolver. Por causa disso ele acabou fazendo cursos de doutorado em filosofia e biologia.

Essa curiosidade continuou por toda a vida. Um verão ele decidiu fazer um trabalho avançado em genética.⁸ Em outra oportunidade, em férias na Guatemala, ele aprendeu sozinho a ler a antiga escrita Maia, o que o levou a fazer descobertas significativas em matemática e astronomia, em um manuscrito antigo.⁹ Ele se tornou um especialista em arte, aprendeu a desenhar, e se tornou bom o suficiente para ter uma exposição exclusivamente sua.¹⁰ Ele foi um aprendiz por toda a vida.

Feynman enfrentou um breve período em que sua curiosidade diminuiu. Isso foi após os cansativos e exigentes anos que ele passou no Projeto Manhattan. Ele passou por um tipo de depressão e acreditou que estava esgotado. Ele perdeu a vontade de explorar. Mas então descobriu qual era o problema. Feynman escreve:

> Costumava *gostar* de física. Por quê? Costumava *brincar* com ela... Isso não dependia de ser um fato importante para o desenvolvimento da física nuclear, ou de ser interessante e divertido, ou ser uma boa brincadeira para mim. Quando estava no Ensino Médio, percebi a água correndo de uma torneira e ficando cada vez mais estreita, e eu me perguntei se conseguiria descobrir o que determinava essa curva. Descobri isso de forma razoavelmente fácil. Eu não *tinha* que fazer isso; não era algo importante para o futuro da ciência; outra pessoa já o havia feito. Tudo isso não fazia diferença para mim: inventaria coisas e brincaria com elas só por diversão.

Então tomei essa nova atitude. Agora que estou esgotado, nunca realizarei mais nada...Vou *brincar* com a física, quando tiver vontade, sem me preocupar com absolutamente nada importante.[11]

Essa mudança de atitude capacitou-o a reacender sua curiosidade e curá-lo do esgotamento. Como resultado, ele voltou a perguntar por quê. Logo depois disso, ele viu alguém na cafeteria da universidade girar um prato ao lançá-lo no ar. Ele perguntou-se por que o prato girava e oscilava do modo como o fazia. Ele descobriu a resposta matematicamente, e fez alguns lançamentos só por diversão. Os diagramas e cálculos que fez enquanto "passava o tempo fazendo coisas que não eram importantes", neste caso lidando com pratos oscilantes, foram os que lhe trouxeram o Premio Nobel de Física.[12] No fim, Feynman realmente terminou fazendo algo importante para a ciência. Mas isso simplesmente ocorreu porque ele quis saber *por que*, para sua própria satisfação e crescimento!

Feynman viveu de acordo com a Lei da Curiosidade. Você vive assim também? Para saber a resposta, faça a si mesmo as seguintes dez perguntas:

1. Você acredita que pode ser curioso?
2. Você tem uma atitude de iniciante?
3. Você já fez do *por que* a sua palavra favorita?
4. Você passa tempo com pessoas curiosas?
5. Você aprende algo novo a cada dia?
6. Você partilha os frutos do fracasso?
7. Você parou de procurar pela *resposta certa*?
8. Você superou a si mesmo?
9. Você pensa de forma livre?
10. Você está aproveitando a vida?

Se suas respostas forem sim, então você provavelmente está vivendo de acordo com essa Lei. Se não, você precisa mudar. E você pode mudar. Ser capaz de responder sim a essas perguntas tem pouco a ver com sua inteligência natural, nível de talento ou acesso a oportunidades. Tem tudo a ver com o desenvolvimento da curiosidade e a disposição em perguntar *por quê?*

A sagaz escritora Dorothy Parker observou: "A cura para o tédio é a curiosidade. Não há cura para a curiosidade". Isto é bem verdade. Quando você é curioso, o mundo inteiro se abre e há poucos limites para o que possa aprender e como possa se desenvolver.

> "A cura para o tédio é a curiosidade. Não há cura para a curiosidade."
> — Dorothy Parker

> ### APLICANDO A LEI DA CURIOSIDADE NA SUA VIDA

1. Pense a respeito de três a cinco importantes áreas na sua vida em que você concentra a maior parte do seu tempo e energia. Como você se vê em cada uma dessas áreas? Você pensa em si mesmo como um especialista ou um iniciante? Se você se vê como um especialista, você pode estar com problemas no que diz respeito ao seu crescimento futuro. Os iniciantes sabem que tem muito a aprender e estão abertos a cada ideia possível. Eles estão dispostos a pensar de forma livre. Eles não ficam obcecados com ideias preconcebidas. Eles estão dispostos a tentar coisas novas.

Se você tem uma atitude de iniciante em determinada área, faça tudo o que puder para se manter assim. Se você se considera um especialista, tenha cautela! Encontre um modo de reacender a atitude de aprendiz. Encontre um mentor que esteja à sua frente nesta área. Ou faça o que Richard Feynman fez: procure se divertir novamente.

2. Faça uma lista das pessoas com quem você passa mais tempo em uma determinada semana. Agora classifique essas pessoas de acordo com o nível de curiosidade de cada uma delas. A maioria das pessoas do seu mundo é questionadora? Elas frequentemente perguntam por quê? Elas gostam de aprender coisas novas? Se não, você precisa decidir fazer algumas mudanças, para passar o seu tempo com pessoas mais curiosas.

3. Um dos maiores obstáculos à criatividade e ao aprendizado é a relutância em parecer tolo aos olhos das outras pessoas. Há dois modos simples de dizer se esse é um problema potencial na sua vida: o primeiro é ter medo de falhar; o segundo é se levar excessivamente a sério.

A cura é tomar o que chamo de "riscos de aprendizado". Permita-se fazer ou aprender algo que o tire completamente de sua zona de conforto. Faça aula de artes. Matricule-se em aulas de dança. Estude arte marcial. Aprenda uma língua estrangeira. Encontre um mestre em caligrafia ou *bonsai* para treiná-lo. Apenas esteja certo de escolher algo que considere divertido, onde não possa ser visto como um especialista, e que esteja longe de sua zona de conforto.

13

A Lei do Modelo
É Difícil Melhorar quando Você não Tem ninguém além de si em quem se Inspirar

"A frase de crescimento pessoal mais importante que você ouvirá de um líder é 'siga-me'."

No capítulo da Lei do Propósito, escrevi sobre como procurei em vão por pessoas que tivessem um plano de crescimento, para que elas me ensinassem como me aprimorar. Isso foi em 1972. Isso me levou a adquirir o kit oferecido por Curt Kampmeier, e iniciei no caminho do crescimento pessoal intencional. O kit me proporcionou um grande início de caminhada, mas tenho que admitir que o meu processo de desenvolvimento pessoal era um método sem previsibilidade. Eu estava aprendendo na base da tentativa e erro.

Como ponto positivo, o crescimento pessoal se tornou minha maior prioridade. Eu estava aprendendo a decidir quais livros ler, quais lições ouvir e quais conferências assistir. No princípio adotei a técnica de atirar indiscriminadamente. Agarrava-me a qualquer oportunidade que me aparecesse. Mas não estava conseguindo ganhar o impulso que desejava. Então descobri que precisava concentrar meu crescimento em meus pontos fortes: liderança, relacionamentos e comunicação. Quando fiz isso minha efetividade cresceu.

Também comecei a aprender como colher frutos do que estava estudando. Os recursos são de pouco valor, a menos que você tire deles o básico de que precisa. Isso significou aprender a fazer anotações úteis, coletar citações e refletir a respeito do que estava aprendendo. Eu sempre fazia um resumo e escrevia pontos de ação na contracapa de um livro que tenha sido significativo para mim. Isso também significou coletar, classificar e arquivar histórias e citações todos os dias. Também coloquei em prática cada aprendizado tão cedo quanto possível.

Todas essas práticas se tornaram parte de minha disciplina diária, e continuaram sendo pelos últimos quarenta anos. Meu carro se tornou minha sala de aula, já que nele ouvia fitas e, mais recentemente, CDs. A mesa em meu escritório sempre teve uma pilha de livros nos quais estava trabalhando. Meus arquivos cresciam continuamente. Eu estava crescendo, minha liderança estava se aprimorando e estava avistando melhores resultados profissionais.

Com relação aos pontos negativos, eu tive uma percepção nessa mesma época. O crescimento pessoal sem o benefício de mentores pessoais não poderia me levar mais longe do que isso. Se quisesse me tornar o líder que desejava ser — e que acreditava que Deus havia me criado para ser — precisava encontrar modelos que estivessem à minha frente, para aprender com eles. Por quê? Porque é difícil melhorar quando você não tem ninguém além de si para se inspirar. Esta é a lição da Lei do Modelo.

A QUEM SEGUIREI?

Aprendi muito com pessoas que nunca conheci. Dale Carnegie me ensinou habilidades relacionais quando li *How to Win Friends and Influence People* [Como Fazer Amigos e Influenciar Pessoas], no primeiro ano do Ensino Médio. James Allen me ajudou a compreender que a minha atitude e meu modo de pensar impactam o curso de minha vida, quando li o seu livro *As a Man Thinketh* [Assim como Pensa o Homem]. E Oswald Sanders me revelou pela primeira vez a importância da liderança, quando li o seu livro *Spiritual Leadership* [Liderança Espiritual]. A maioria das pessoas que decide crescer encontra seus primeiros mentores nos livros. Este é um ótimo lugar para iniciar. Aliás, é um ótimo lugar para continuar.

> **A maioria das pessoas que decide crescer encontra seus primeiros mentores nos livros.**

Eu ainda aprendo com dezenas de pessoas a cada ano, pessoas com quem nunca vou me encontrar. Mas em algum momento, você também precisa encontrar modelos pessoais. Se seguir somente a si mesmo, você acabará andando em círculos.

Tive o privilégio de me conectar com muitos líderes cujo modelo eu considerei valioso e decidi imitar. Pessoas como o consultor Fred Smith, o conferencista Zig Ziglar e o técnico John Wooden me ajudaram muito. Outros que pareciam ser melhores quando vistos à distância, acabaram se tornando um desapontamento quando os conheci mais de perto. O que somente demonstra que você deve ser seletivo no que diz respeito a escolher mentores e modelos.

Sorrio toda a vez que penso na piada sobre dois mendigos tomando um sol no banco da praça. O primeiro diz: "A razão porque estou aqui é porque me recusei a ouvir qualquer pessoa". O segundo diz: "A razão porque estou aqui é porque escutei a todo mundo".

Nenhuma das duas atitudes é útil. Você deve ser seletivo a respeito de a quem escolhe como mentor. A partir das experiências positivas e negativas que tive com meus mentores, desenvolvi um critério para determinar o "valor" do modelo, para então segui-lo. Partilho esses critérios com você, na esperança de que eles o ajudarão a fazer boas escolhas nesta área de crescimento.

1. Um bom mentor é um exemplo de valor

Nós nos tornamos como as pessoas a quem valorizamos e os modelos a quem seguimos. Por essa razão devemos tomar muito cuidado quando decidimos quais são as pessoas a quem pediremos que nos liderem. Elas devem apresentar não somente uma excelência profissional e um conjunto de habilidades com as quais possamos aprender, mas também demonstrar um caráter que valha a pena imitar.

Muitos atletas, celebridades, políticos e líderes empresariais tentam repudiar o fato de serem um modelo de comportamento quando outros já os estão seguindo e imitando. Eles querem que as pessoas separem o seu comportamento pessoal e sua vida profissional, mas tal divisão não pode realmente ser feita. O líder religioso e escritor Gordon B. Hinckley aconselha:

Não é sábio, ou mesmo possível, separar o comportamento privado da vida pública — embora haja pessoas que tenham ido muito longe para sugerir que essa é a única visão possível para indivíduos "iluminados". Estas pessoas estão erradas. Estão enganadas. Por sua natureza, a liderança verdadeira carrega consigo o fardo de ser um exemplo. Será que é pedir muito de *qualquer* agente público, eleito por seus constituintes, que fique firme e seja um modelo diante das pessoas — não somente nos aspectos ordinários da liderança, mas em seu próprio comportamento? Se os valores não forem estabelecidos e seguidos nos altos escalões, o comportamento nos níveis inferiores acaba seriamente ameaçado e indeterminado. De fato, em qualquer organização onde isso aconteça — seja uma família, uma corporação, uma sociedade ou nação — os valores que forem negligenciados desaparecerão.

Quando você procura por modelos de comportamento e mentores, perscrute sua vida pessoal tão cuidadosamente quanto o seu desempenho público. Seus valores serão influenciados pelos deles, então você não deve ser casual a respeito de quem decide seguir.

2. Um bom mentor está disponível

Andrew Carnegie, magnata do aço e filantropo, disse: "Quando fiquei mais velho, passei a prestar menos atenção no que as pessoas falavam. Passei a observar o que elas faziam". Para que possamos ser capazes de observar de perto os modelos, e ver o que fazem, precisamos ter algum contato com eles. Isso requer acesso e disponibilidade. Para que sejamos ativamente orientados, devemos ter tempo com essas pessoas, para fazer perguntas e aprender com as respostas.

> "Quando fiquei mais velho, passei a prestar menos atenção no que as pessoas."
> — Andrew Carnegie

Quando discipulo alguém, só o encontro oficialmente algumas poucas vezes por ano. Entretanto, durante o ano passamos algum tempo juntos de forma informal. Muitas das suas questões de discipulado são estimuladas pelas minhas ações, e não pelas minhas palavras. Esse pensamento me torna humilde, porque sei que algumas vezes falho em alcançar os valores e ideais que ensino.

Como frequentemente tenho dito, o meu maior desafio de liderança é liderar a mim mesmo! É fácil ensinar as pessoas o que devem fazer. Mostrar a elas é muito mais difícil.

O maior conselho que posso dar a respeito de disponibilidade é que, quando você está procurando por um mentor, não pense muito alto já no início. Se você está considerando iniciar na política, não precisa do conselho do presidente dos Estados Unidos. Se você é aluno do Ensino Médio, pensando em aprender a tocar violoncelo, não precisa ser orientado por Yo-Yo Ma (músico norte-americano nascido na França, de origem chinesa, considerado um dos melhores violoncelistas da história). Se você é recém-formado e está começando carreira, não espere ter acompanhamento extensivo por parte do diretor executivo de sua empresa.

Por que eu não deveria mirar alto? — você deve estar pensando. *Por que não começar com o melhor?* Antes de tudo, se você estiver só começando, quase todas as suas perguntas podem ser respondidas por alguém que esteja dois ou três níveis acima (e não dez). E as suas respostas estarão frescas, porque eles terão lidado recentemente com as questões com que você está lidando agora. Em segundo lugar, os diretores executivos precisam investir o seu tempo respondendo as perguntas dos que estejam prontos a liderar em seu nível. Eu não estou dizendo que você nunca poderá ir ao topo. Estou dizendo-lhe para passar a maior parte do seu tempo sendo orientado por pessoas que estejam disponíveis, dispostas e de acordo com o estágio de sua carreira. E, à medida que for progredindo em seu desenvolvimento, encontre novos mentores para o seu novo nível de crescimento.

> **Meu maior desafio de liderança é liderar a mim mesmo.**

3. Um bom mentor tem experiência comprovada

Quanto mais longe você seguir na busca de seu potencial, mais terreno desconhecido você terá de invadir. Como você descobrirá como agir? Beneficie-se da experiência de outros. Como diz o provérbio chinês: "Para conhecer a estrada adiante, pergunte aos que já estão voltando".

No início dos anos 1970, quando a minha igreja estava crescendo rapidamente, percebi que estava entrando em território desconhecido. Nunca havia estado lá, nem ninguém que eu conhecia. Para me ajudar a descobrir como liderar melhor neste novo território, comecei a procurar líderes religiosos bem-sucedidos em grandes igrejas por todo o país. Já contei muitas vezes a história de como lhes ofereci 100 dólares por trinta minutos do seu tempo. Muitos gentilmente concordaram em me ver. Fui para o compromisso armado com um caderno de notas cheio perguntas e cutuquei as suas mentes. É quase impossível descrever o quanto aprendi naquelas conversas.

> "Para conhecer a estrada adiante, pergunte aos que já estão voltando."
> — Provérbio Chinês

Toda vez que entrava em um novo empreendimento, buscava o conselho de pessoas com experiência comprovada. Quando iniciei meu primeiro negócio, conversei com empresários de sucesso que me deram conselhos. Quando quis escrever meu primeiro livro, sentei aos pés de escritores de sucesso que poderiam me orientar. Para aprender a me comunicar de forma mais eficiente, estudei os comunicadores. Ouvir a respeito das suas más experiências me deixou ciente sobre problemas potenciais que estaria encarando mais à frente. Ouvir sobre suas experiências bem-sucedidas me deu visão a respeito das minhas oportunidades futuras.

> "Todos os líderes são influenciados pelas pessoas a quem admiram. Ler a respeito delas e estudar as suas características permite que um líder inspirador desenvolva as suas próprias características de liderança."
> — Rudy Giuliani

Não conheço uma pessoa bem-sucedida que não tenha aprendido com pessoas mais experientes. Algumas vezes, elas os seguem em suas pegadas. Outras vezes, usam seus conselhos para ajudá-los a entrar em terreno desconhecido. Rudy Giuliani, antigo prefeito da cidade de Nova York, diz: "Todos os líderes são influenciados pelas pessoas a quem admiram. Ler a respeito delas e estudar as suas características permite que um líder inspirador desenvolva as suas próprias características de liderança".

4. Um bom mentor possui sabedoria

Há uma história bem conhecida sobre um especialista que foi chamado a uma companhia para avaliar o seu equipamento de produção. Este havia quebrado e tudo o mais estava em compasso de espera. Quando o especialista chegou, não trazia nada a não ser uma pequena bolsa preta.

Ele caminhou silenciosamente ao redor do equipamento por uns poucos minutos e então parou. Enquanto ele se concentrava em uma área específica do equipamento, puxou um pequeno martelo de sua bolsa e o bateu gentilmente. De repente, tudo voltou a funcionar, e ele partiu silenciosamente.

No dia seguinte, mandou uma conta que fez o administrador ficar louco. A conta era de mil dólares! Rapidamente o administrador mandou um e-mail ao especialista, onde dizia: "Não vou pagar esta conta absurda sem que ela seja discriminada e detalhada". Logo ele recebeu uma fatura com as seguintes palavras:

Por martelar o equipamento — 1 dólar
Por saber o lugar onde martelar — 999 dólares

Este é o valor da sabedoria! Os mentores sábios frequentemente nos mostram onde devemos martelar. A sua compreensão, experiência e conhecimento nos ajudam a resolver problemas que nos dariam muito trabalho se estivéssemos sozinhos.

Fred Smith foi um mentor que sempre depositou sabedoria em minha vida. Um dia perguntei lhe por que pessoas altamente bem-sucedidas frequentemente sabotam as suas vidas e prejudicam as suas carreiras. Ele disse: "Nunca confunda os talentos de uma pessoa com a própria pessoa. Seus dons lhe permitem fazer coisas incríveis, mas a pessoa pode ter falhas de caráter, o que eventualmente pode causar danos". Esta porção de sabedoria me ajudou imensamente. Primeiro, ela me ajudou a entender melhor como trabalhar com pessoas talentosas e ajudá-las a se desenvolverem. Segundo, foi um sinal de cuidado para comigo. Sei que ter talento em determinada área não me exime de negligenciar a disciplina ou questões de caráter. Todos nós estamos a somente um passo de uma atitude estúpida.

As pessoas sábias comumente usam umas poucas palavras para nos ajudar a aprender e nos desenvolver. Elas abrem os nossos olhos para mundos, que de outro modo não poderíamos ver sem a sua ajuda. Elas nos ajudam a navegar por situações difíceis. Ajudam-nos a ver oportunidades que, de outro modo, perderíamos. Tornam-nos mais sábios do que nossos anos vividos ou nossa experiência.

5. *Um bom mentor oferece amizade e suporte*

A primeira pergunta que a maioria dos seguidores faz a seu mentor é: "Você se importa comigo?" A razão para essa pergunta é obvia. Quem gostaria de ser guiado por uma pessoa que não se importa com ele? As pessoas egoístas vão ajudá-lo somente até o ponto em que isso valorize a sua própria agenda. Bons mentores oferecem amizade e suporte, trabalhando de forma não egoísta para ajudá-lo a alcançar o seu potencial.

> "Grandes coisas acontecem quando paramos de ver a nós mesmo como um dom de Deus para os outros, e começamos a ver os outros como dons de Deus para nós."
> — James S. Vuocolo

A sua atitude é expressa de forma apropriada pelo conselheiro empresarial e escritor James S. Vuocolo, que diz: "Grandes coisas acontecem quando paramos de ver a nós mesmos como um dom de Deus para os outros, e começamos a ver os outros como dons de Deus para nós.

Uma noite estava apreciando o jantar com o escritor Jim Collins, e com Frances Hesselbein, o antigo diretor executivo da *Girl Scouts*. Ambos foram orientados por Peter Drucker, que é frequentemente chamado de pai da administração moderna. Conheci Drucker e aprendi com ele, mas eles aproveitaram um relacionamento longo com Drucker e o conheceram bem. Perguntei-lhes o que aprenderam com o seu mentor, e as suas respostas se concentraram na amizade com o homem, mais do que na sabedoria do especialista. O que Jim Collins me contou naquela noite é expresso de uma forma bem sucinta em um artigo que ele escreveu após a morte de Drucker:

> Mas, para mim, as lições mais importantes de Drucker não podem ser encontradas em algum texto ou palestra, mas em seu exemplo de vida. Fiz uma peregrinação particular até Claremont, Califórnia, em 1994, procurando pela sabedoria do maior pensador administrativo de nossa era, e fui embora sentido que havia encontrado um ser humano compassivo e generoso que — quase como um benefício adicional — era um gênio prolífico. Nós perdemos não só um sábio em um pedestal, mas um professor amado que recebia estudantes em sua modesta casa para uma conversa afetuosa e estimulante. Peter F. Drucker era dirigido, não pelo desejo de falar algo, mas pelo desejo de aprender alguma coisa com cada estudante que encontrava — e é por isso que ele se tornou um dos professores mais influentes que nós já havíamos conhecido.[1]

Se a pessoa que se propõe a orientá-lo não o apoia realmente, e não lhe oferece amizade, então o relacionamento nunca lhe será satisfatório. Conhecimento sem suporte é algo estéril. Conselho sem amizade é algo frio. Sinceridade sem cuidado é algo duro. Entretanto quando está sendo auxiliado por alguém que se importa com você, isso é emocionalmente gratificante. O crescimento vem tanto da mente como do coração. Apenas pessoas apoiadoras estão dispostas a compartilhar ambos com você.

6. Um bom mentor é um treinador que faz a diferença na vida das pessoas

Um tema importante em minha vida é o desejo de agregar valor às pessoas e fazer a diferença em suas vidas. Uma das maneiras pelas quais faço isso é sendo um mentor. Mas meu tempo é tão limitado que posso orientar somente algumas poucas pessoas. Isso tem causado frustração em mim e em todas as pessoas que me pedem para aconselhá-las ou treiná-las a fim de serem mentoras também. Para meu deleite, finalmente encontrei uma solução para esse problema.

Em 2011, algumas pessoas me ajudaram a criar uma empresa de consultoria chamada *John Maxwell Team*, que se tornou um dos meus compromissos do tipo "faça a diferença" mais recompensadores, porque ela me capacita a agregar valor a muitas pessoas. Faço isso ajudando a treinar e certificar treinadores que ensinam os meus princípios. Juntos, nós estamos fazendo a diferença na vida das pessoas.

Eu amo a palavra *treinador*. Li no livro *Aspire* [Tente], de meu amigo Kevin Hall, que essa palavra (*coach*, em inglês) vem das carruagens movidas a cavalo, que foram criadas na cidade de Kocs, durante o século quinze. Os veículos eram originalmente usados para transportar a realeza, mas com o tempo passaram a transportar valores, correspondência e passageiros comuns. Como Kevin observa: "Um treinador (*coach*) permanece sendo algo, ou alguém, que *transporta uma pessoa valiosa de onde está para o lugar ao qual deseja ir*". Então, se você possuía um treinador, você sabia que chegaria ao lugar desejado. Em uma obra chamada *A Coach by Any Other Name* [Um Treinador em Várias outras Palavras], Kevin segue narrando o que seria um treinador. Ele escreve:

> Em outras culturas e linguagens, os treinadores são conhecidos por diferentes nomes e títulos. No Japão, um "sensei" é aquele que foi longe no caminho. Nas artes marciais, essa é a designação de um mestre.
>
> Em Sânscrito, um "guru" é aquele com grande conhecimento e sabedoria. "Gu" significa escuridão, e "Ru" significa luz — o guru é aquele que leva a pessoa da escuridão para a luz. No Tibet, um "lama" é alguém com espiritualidade e autoridade para ensinar. No Budismo Tibetano, o Dalai Lama é o maior professor.
>
> Na Itália, o "maestro" é o mais alto professor de música. É a abreviação de "maestro de cappella", que significa maestro da capela. Na França, o "tutor" é um professor particular. O termo data do século 14 e se refere a uma pessoa que trabalhava como vigia.
>
> Na Inglaterra, um "guide" (guia) é alguém que conhece e mostra o caminho. A palavra denota a habilidade em ver e apontar o melhor caminho. Na Grécia, um "mentor" é um conselheiro sábio e confiável. Na *Odisseia*, o mentor de Homero era um conselheiro protetor e apoiador.

> "Um treinador permanece sendo algo, ou alguém, que transporta uma pessoa valiosa de onde está para o lugar ao qual deseja ir."
> — Kevin Hall

Todas essas palavras descrevem a mesma função: *alguém que vai adiante e mostra o caminho*.²

Não importa qual palavra você use para descrevê-los, os treinadores fazem a diferença na vida das pessoas. Eles nos ajudam a crescer. Eles aprimoram o seu potencial. Aumentam a sua produtividade. São essenciais para ajudar pessoas a efetuar mudanças positivas. Como meu amigo Andy Stanley diz no livro *The Next Generation Leader* [O Líder da Próxima Geração]: "Você nunca irá maximizar o seu potencial em qualquer área sem ter um treinador. Isso é impossível. Você pode ser bom. Pode ser melhor ainda do que qualquer outra pessoa. Mas sem um investimento externo você nunca será tão bom quanto poderia ser. Nós produzimos mais quando somos observados e avaliados... A autoavaliação é algo útil, mas a avaliação de outra pessoa é essencial".³

> "A autoavaliação é algo útil, mas a avaliação de outra pessoa é essencial."
> — Andy Stanley

Em minha opinião, os bons treinadores compartilham cinco características. Eles:

- Importam-se com as pessoas que treinam.
- Observam as suas atitudes, o seu comportamento e o seu desempenho.
- Alinham-nos aos seus pontos fortes para atingir um máximo em desempenho.
- Comunicam e dão relatórios de desempenho.
- Ajudam-nos a melhorar suas vidas e o seu desempenho.

Beneficiei-me com centenas de pessoas ao longo dos anos. Essas pessoas foram modelos de crescimento, aconselharam-me com seus exemplos de sucesso, e me treinaram para que melhorasse meu desempenho usando essas cinco características. Tenho uma dívida para com eles. O processo de crescer com a ajuda de um mentor normalmente segue este padrão: ele começa com percepção. Você percebe que precisa de ajuda, e que seguir a si mesmo não é uma opção viável. Tive alegria de perceber isso bem cedo em minha carreira. Reconheci que não tinha experiência, nem bons modelos dentro de meu círculo para me ajudar a desenvolver o meu potencial.

Quando uma pessoa chega a essa conclusão, há duas possibilidades. A primeira é que o orgulho da pessoa aumenta e ela não consegue chegar à outra pessoa para obter algum conselho. Essa é uma reação comum. Em seu livro *The Corporate Steeplechase* [A Corrida de Obstáculos Corporativa], o psicólogo Srully Blotnick diz que as pessoas aos vinte anos, começando suas carreiras, tendem a ter vergonha de fazer perguntas. Quando elas chegam aos trinta, sua atitude individualista dificulta que procurem conselho de seus colegas. Isso definitivamente trabalha contra eles. Para evitar parecerem ignorantes, eles praticamente confirmam a sua própria ignorância.

A outra reação à percepção é se humilhar e dizer: "Preciso de sua ajuda". Essa decisão não somente leva a um maior conhecimento, mas ela frequentemente produz maturidade. Ela reforça que as pessoas precisam umas das outras — não somente quando são jovens, começando a vida, mas durante a vida inteira. Como Chuck Swindoll disse tão eloquentemente em seu livro *The Finishing Touch* [O Toque Finalizador]:

> Ninguém é uma corrente. Cada um é uma parte da cadeia. Mas tire uma das cadeias e a corrente se rompe. Ninguém é um time completo. Cada um é um jogador. Mas tire um dos jogadores e o time fica desfalcado. Ninguém é uma orquestra completa. Cada um é um músico. Mas tire um dos músicos e a sinfonia fica incompleta...
> Você adivinhou. Nós precisamos uns dos outros. Você precisa de alguém e alguém precisa de você. Ninguém é uma ilha. Para fazer a vida funcionar, precisamos nos apoiar e dar suporte. Relacionar-se e reagir. Dar e receber. Confessar e perdoar. Abrir os braços e abraçar. Liberar e depender.
> Já que nenhum de nós é completo, independente, autossuficiente, completamente capaz, um figurão todo-poderoso, vamos parar de agir como se fossemos. A vida já é solitária o suficiente sem jogarmos esse joguinho. O jogo terminou. Vamos nos conectar.

Quando olho para trás em minha vida, reconheço que os meus maiores bens em minha jornada de crescimento foram as pessoas. Mas, por outro lado, grandes também foram as responsabilidades. As pessoas que você seguir, os modelos que imitar, os mentores dos quais receber conselhos ajudam a modelá-lo. Se você passar o seu tempo com pessoas que retiram de você, que o menosprezam ou desvalorizam-no, cada passo adiante será difícil. Mas se encontrar líderes sábios, bons modelos de propósito e amigos positivos, você perceberá que eles aceleram a sua viagem.

Tive a alegria de contar com muitos mentores fantásticos ao longo de minha vida. Meus primeiros modelos foram os meus pais, Melvin e Laura Maxwell. Eles me ensinaram integridade e amor incondicional. Elmer Town e Zig Ziglar foram duas das pessoas de fora do meu pequeno círculo, com quem primeiro aprendi. Elmer foi o primeiro a me ensinar sobre fazer a minha igreja crescer. Zig foi o primeiro conferencista sobre crescimento pessoal que segui. Ambos se tornaram bons amigos. Tom Philippe e meu irmão Larry Maxwel me aconselharam na área de negócios. Les Stobbe me ajudou a escrever meu primeiro livro. Peter Drucker abriu os meus olhos para a importância de desenvolver as pessoas até o nível em que elas possam me substituir. Fred Smith me ajudou a ajustar as minhas habilidades em liderança. Bill Bright me demonstrou o impacto que os filósofos empresariais podem fazer no mundo religioso. John Wooden me ensinou como ser um homem melhor.

Não importa quem você seja, o que realizou, quais os altos ou baixos de sua vida. Você pode se beneficiar ao ter um mentor. Se você nunca teve um, não tem ideia do quanto isso pode melhorar a sua vida. E se você já teve mentores, então já sabe — e deveria começar a passar isso adiante, tornando-se um mentor também, porque você sabe que é difícil melhorar quando não tem ninguém a não ser você mesmo para seguir.

APLICANDO A LEI DO MODELO NA SUA VIDA

1. Encontre um mentor para planejar o próximo passo. Pense a respeito de onde se encontra atualmente em sua carreira e na direção que gostaria de tomar. Olhe para alguém que você admira, e que está a dois ou três passos à sua frente no mesmo caminho. Essa pessoa não necessariamente precisa estar em sua organização. Procure pelas qualidades necessárias em um bom mentor: um exemplo de valor, disponibilidade, experiência comprovada, sabedoria, disposição em dar suporte e habilidades de treinamento. Se estas qualidades estiverem presentes nessa pessoa, peça a ele ou ela que se torne o seu mentor.

Antes de qualquer encontro com um mentor, venha preparado com três a cinco perguntas pensadas, cujas respostas lhe sejam de significativa ajuda. Depois do encontro, trabalhe para aplicar o que aprendeu à sua situação particular. Não peça por outro encontro até que tenha feito isso. Comece a sua próxima reunião contando a seu mentor sobre como aplicou o que aprendeu (ou como tentou aplicar e falhou, para que possa aprender o que fez de errado). Então faça novas perguntas. Siga esse padrão, e o seu mentor será recompensado pelo seu esforço, e provavelmente ficará feliz em continuar ajudando-o.

2. Todos nós precisamos de pessoas que nos ajudem a afiar pontos fortes específicos, ou navegar através de determinadas áreas problemáticas. Com quem você fala quando possui perguntas relacionadas a casamento, filhos, crescimento espiritual, disciplinas pessoais, passatempos e outras? Nenhuma pessoa consegue responder a todas essas perguntas. Você precisa encontrar vários "consultores" pessoais para ajudá-lo.

Passe um tempo fazendo duas listas. Primeiro, liste os pontos fortes ou habilidades específicas que você quer aprimorar para alcançar o seu potencial. Segundo, liste as áreas problemáticas específicas onde sente que precisa de orientação contínua. Comece procurando por pessoas com experiência nessas áreas em particular e pergunte-lhes se estariam dispostos a responder suas perguntas, quando as tiver.

3. Você tem modelos de longa data, a quem observa, segue, e com quem aprenda, pessoas que podem lhe dar conselhos relativos à perspectiva geral de sua vida e carreira? Ou você está tentando melhorar, não tendo ninguém a não ser você mesmo para seguir? Se você ainda não pediu que outros o ajudem em sua jornada, é hora de começar. A maioria de nós começa procurando por modelos de valor a quem seguir, lendo a seu respeito nos livros. Comece assim. Mas não pare por aí. Procure por pessoas que lhe deem acesso às suas vidas.

John Wooden foi uma pessoa assim para mim. Por muitas décadas aprendi com ele, à distância. Assistia aos jogos do seu time na televisão, acompanhei a sua carreira. Li tudo o que ele escreveu. Entretanto, nos anos noventa, tive o privilégio de me encontrar com ele duas vezes por ano, durante muitos anos. Aprendi muito com ele e sou muito grato pelo tempo que Wooden compartilhou comigo. Enquanto você procura por modelos e mentores, quero lhe fazer uma advertência. Frequentemente as pessoas têm uma boa imagem à distância, mas quando as conhece, descobre características das quais não gosta. Se isso acontecer com você, por favor, não permita que isso o desanime. Há várias pessoas lá fora, pessoas com integridade, dignas de serem respeitadas e seguidas (tais como John Wooden). Continue procurando e você as encontrará.

14

A Lei da Expansão
O Crescimento sempre Aumenta a sua Capacidade

"Não há linha de chegada."
— Comercial da Nike

Você já alcançou o máximo da sua capacidade? Você já alcançou o seu pleno potencial como ser humano? Creio que se você está lendo isso, a resposta é não. Se você ainda respira e está em seu juízo perfeito, então tem o potencial de continuar aumentando sua capacidade. Em seu livro *If It Ain't Broke... Break it!* [Se Ainda não Quebrou... Quebre-o!], os escritores Robert J. Kriegel e Louis Patler dizem:

> Nós não temos ideia de quais sejam os limites de uma pessoa. Todos os testes, cronômetros e linhas de chegada do mundo não podem medir o potencial humano. Quando alguém está perseguindo os seus sonhos, essa pessoa vai muito além do que parecem ser as suas limitações. O potencial que existe dentro de nós é ilimitado e, em grande parte, não aproveitado... Quando você pensa em limites, você os cria.[1]

> "O potencial que existe dentro de nós é ilimitado e, em grande parte, não aproveitado... Quando você pensa em limites, você os cria."
> — Robert J. Kriegel e Louis Patler

Como você se move em direção ao seu potencial e continuamente aumenta a sua capacidade? Escrevi alguma coisa a respeito de aumentar a sua efetividade *externamente*. Você o faz incluindo aos outros e aprendendo a trabalhar com pessoas. Entretanto o único modo de aumentar a sua capacidade *internamente* é mudar o modo como você aborda o crescimento pessoal. Adquirir mais informações não é o suficiente. Você deve mudar o modo como pensa e deve mudar as suas atitudes.

COMO AUMENTAR A SUA CAPACIDADE DE RACIOCÍNIO

Ouvi que a maioria dos especialistas acredita que as pessoas normalmente usam 10% de seu real potencial. Essa afirmação é assombrosa! Se isso for verdade, então uma pessoa mediana possui uma enorme capacidade de progresso. É como se nós possuíssemos centenas de hectare de possibilidades, mas reservássemos somente meio hectare para cultivo. Então, como acessamos os outros 90%? A resposta está na mudança do nosso modo de pensar e agir. Vamos começar dando uma olhada em como você precisa pensar para aumentar a sua capacidade.

1. *Pare de pensar em mais trabalho e comece a pensar no que funciona*

Pergunte à maioria das pessoas como elas podem aumentar a sua capacidade, e elas lhe dirão que é trabalhando mais. Há um problema nesta solução. Mais trabalho não aumentará necessariamente a sua capacidade. Mais do mesmo normalmente resulta apenas em mais do mesmo, quando o que realmente queremos é melhorar o que já temos.

> A maioria dos especialistas acredita que as pessoas normalmente usam 10% de seu real potencial.

Caí nesta armadilha cedo em minha carreira. De fato, quando as pessoas começavam a me pedir que as ajudasse a serem mais bem-sucedidas, a minha resposta era que trabalhassem mais. Presumia que a sua ética de trabalho não fosse tão boa quanto a minha, e se elas simplesmente fizessem mais, elas seriam bem-sucedidas. Entretanto, percebi o meu erro de raciocínio quando comecei a viajar para países em desenvolvimento, onde muitas pessoas trabalhavam muito, mas recebiam pouco retorno para os seus esforços. Aprendi que trabalhar muito nem sempre é a resposta. Isso me levou a começar a olhar para o modo como abordava meu estilo de trabalho. Sendo uma pessoa cheia de energia, trabalhava muito, por muitas horas. Mas sabia que não era tão eficiente quanto poderia ser. Percebi que o problema era que eu valorizava o esforço acima da eficiência. Estava fazendo muitas coisas em vez de fazer as coisas certas. Minha lista de coisas a fazer crescia cada vez mais, mas o meu impacto não estava crescendo. Percebi que tinha que mudar o meu modo de pensar. Comecei a verificar todas as coisas que estava fazendo e perguntei: "O que está funcionando?".

Isso é que eu lhe recomendo fazer. Descubra o que funciona. Para agir assim, faça a si mesmo as seguintes três perguntas:

O que preciso fazer?
O que me dá o maior retorno?
O que melhor me recompensa?

Essas perguntas vão ajudá-lo a concentrar a sua atenção no que precisa fazer, no que deve fazer e no que realmente deseja fazer.

2. *Pare de pensar "posso fazer?", e comece a pensar "como posso fazer?"*
À primeira vista, as perguntas *"Posso fazer?"* e *"Como posso fazer?"* podem parecer bem similares. Entretanto, a realidade é que elas pertencem a mundos distintos em termos de resultados. *"Posso fazer?"* é uma pergunta cheia de hesitação e dúvida. Uma pergunta que impõe limitações. Se essa é a pergunta que você comumente faz a si mesmo, você acaba por minar os seus esforços antes mesmo de começar. Quantas pessoas poderiam ter realizado muitas coisas na sua vida, mas falharam em tentar porque duvidaram e responderam não à pergunta "Posso fazer?".

Quando você se pergunta "Como posso fazer?", você dá a si mesmo uma chance de lutar para alcançar algo. A razão mais comum porque as pessoas não superam as probabilidades é porque elas não se desafiam o suficiente. Não testam os seus limites. Não forçam sua capacidade. A pergunta "Como posso fazer?" assume que há um caminho. Você só precisa encontrá-lo.

> A razão mais comum por que as pessoas não superam as probabilidades é porque elas não se desafiam o suficiente.

Quando era um jovem líder, fui desafiado pelas palavras de Robert Schuller, que disse: "O que você faria se soubesse que não iria falhar? A resposta para mim era óbvia. Faria muito mais do que estava realizando até então! A pergunta de Schuller me instigou a pensar de forma livre, "fora da caixa". Fez com que desejasse assumir mais riscos, ultrapassar as fronteiras, testar os meus limites. Fez com que percebesse que a maioria das nossas limitações está baseada não na falta de habilidade, mas na falta de fé.

Sharon Wood, a primeira americana a subir o Monte Everest, comentou sobre a sua experiência: "Descobri que não era uma questão de força física, mas de força psicológica. A conquista estava dentro de minha mente — ultrapassar todas aquelas barreiras das limitações autoimpostas e chegar ao ponto — atingir o chamado potencial, do qual 90% de nós mal fazemos uso". Se você quiser acessar esses 90% sem uso, pergunte "Como posso fazer?". Faça-o, e maiores realizações se tornarão uma questão de quando e como, não uma questão de se.

Recentemente um amigo me deu um livro de Prince Pritchett, intitulado *You* [Você]. Pritchett escreve:

> Seu ceticismo, que você presume ser baseado em pensamento racional e na avaliação objetiva dos dados factuais a seu respeito, tem raízes em lixo mental. As suas dúvidas não são um produto de um raciocínio acurado, mas de um raciocínio habitual. Há anos, você tem aceitado conclusões equivocadas como sendo corretas, começou a viver a sua vida como se aquelas ideias tortas sobre o seu potencial fossem verdadeiras, e pôs fim aos experimentos audaciosos na vida que lhe trouxeram muitos comportamentos inovadores na sua infância. Agora é a hora de você reencontrar aquela fé que um dia já teve. [2]

Se você passou algum tempo em um ambiente negativo ou sofreu abuso na sua vida, pode achar que essa transição na maneira de pensar é algo difícil de fazer. Se você é assim, deixe-me parar um momento para encorajá-lo e explicar algo. Estou lhe pedindo para mudar de "Posso fazer?" para "Como posso fazer?" quando talvez você precise mudar de "Não consigo!" para "Como posso Fazer?". Creio que, se você chegou tão longe nesse livro, então lá no fundo já acredita que possa realizar. Eu também acredito que possa. Acredito que Deus colocou em *cada* pessoa o potencial para crescer, expandir e realizar. O primeiro passo para fazer isso é acreditar que você pode. Eu acredito em você!

O segundo passo é ter perseverança. No começo, pode lhe parecer que você não está fazendo progresso. Não tem importância. Não desista. Pritchett diz que todas as coisas parecem fracassos no meio do caminho. Ele diz: "Você não pode fazer um bolo sem bagunçar a cozinha. Na metade de uma operação até parece que houve um assassinato na sala. Se mandar um foguete para a lua, cerca de 90% do tempo ele estará fora de curso. Ele acaba chegando até a lua porque continuamente comete erros e os vai corrigindo.[3]

> Todas as coisas parecem um fracasso na metade do caminho.

Você pode mudar o seu modo de pensar. Você deve acreditar no seu potencial. Você pode usar o fracasso como um recurso para ajudá-lo a encontrar o limite de sua capacidade.

> "Aprender é descobrir que algo é possível."
> — Fritz Perl

Como o psiquiatra Fritz Perls observou: "Aprender é descobrir que algo é possível". A Lei da Expansão fala sobre aprender, crescer e aumentar a nossa capacidade.

Diz-se que um dia o grande artista Michelangelo foi ao estúdio de Rafael. Ele olhou para uma das suas pinturas iniciais, ponderou por um momento, e então pegou um pedaço de giz e escreveu a palavra *Amplius*, que significa "maior", sobre toda a superfície da pintura. Michelangelo estava encorajando Rafael a pensar maior. É isto que nós precisamos fazer.

3. Pare de pensar em uma porta e comece a pensar em várias portas
No que diz respeito a crescimento, você não deve fixar o seu futuro em uma só "porta". Ela pode não abrir! É muito melhor considerar várias oportunidades e procurar por várias respostas para as suas perguntas. Pense em opções.

Cometi o erro de procurar por uma porta quando iniciei a minha carreira. Queria construir uma grande igreja, então saí procurando pelo segredo que me levaria para o sucesso. Comecei a entrevistar pessoas para encontrar alguém que pudesse me contar "o segredo". Era quase como se estivesse procurando por alguém que pudesse garantir o meu desejo. Meu raciocínio estava errado. Eu gostaria que alguém me desse a fórmula para o meu sonho, para que então o pusesse em prática. Com o tempo vim a perceber que precisava colocar o meu sonho em prática e formular os detalhes enquanto fazia a jornada. A mobilidade é algo crítico para o progresso, e minha estratégia começou a evoluir a partir do meu processo de descoberta.

Uma das minhas palavras favoritas é *opções*. Qualquer um que me conheça bem sabe que não gosto de me sentir "aprisionado". Porém o meu gosto por opções é dirigido por mais do que somente o desejo de evitar a claustrofobia mental. Ele é dirigido por meu desejo de expandir a minha capacidade. Quanto mais o tempo passa, mais desejo explorar opções criativas e menos desejo depender do sistema de outra pessoa.

Aprendi a pensar em *muitas portas* e explorar as opções, e aqui vai o que aprendi:

- Há mais de um caminho para fazer bem algo.
- As chances de chegar a qualquer lugar aumentam com a criatividade e a adaptabilidade.
- Mover-se deliberadamente cria as possibilidades.
- Falhas e contratempos podem ser grandes ferramentas de aprendizado.
- Conhecer o futuro é difícil; controlar o futuro é impossível.
- Conhecer o hoje é essencial; controlar o hoje é possível.
- O sucesso é resultado de ação contínua, recheado de ajustes contínuos.

O maior desafio que você enfrentará é o de expandir a sua mente. É como cruzar a grande fronteira. Você deve estar disposto a ser um pioneiro, entrar em território não mapeado, encarar o desconhecido, conquistar as suas próprias dúvidas e medos. No entanto, há boas notícias. Você pode mudar o seu modo de pensar e pode mudar a sua vida. Como Oliver Wendell Holmes afirmou: "A mente humana, uma vez expandida por uma nova ideia, nunca retorna à sua dimensão original". Se você quiser expandir a sua capacidade, o primeiro lugar para começar é sempre a mente.

> Conhecer o futuro é difícil; controlar o futuro é impossível. Conhecer o hoje é essencial; controlar o hoje é algo possível.

COMO AUMENTAR A SUA CAPACIDADE DE AÇÃO

Se você quiser expandir o seu potencial e, consequentemente, a sua capacidade, deve primeiro mudar o seu modo de pensar. Entretanto, se você mudar *somente* o seu modo de pensar e negligenciar a mudança de atitude deixará de alcançar o seu potencial. Para começar a expandir a sua capacidade, tome os seguintes três passos:

1. *Pare de fazer aquelas coisas que sempre fez e comece a fazer as coisas que poderia e deveria ter feito*

O primeiro passo em direção ao sucesso é se tornar bom no que sabe fazer. No entanto quanto mais você faz o que sabe, mais vai descobrindo outras coisas de valor que você *poderia* fazer. Quando isso ocorre, você precisa tomar uma decisão. Continuará fazendo o que sempre fez ou dará um salto e experimentará coisas novas? Fazer coisas novas leva à inovação e novas

> "A mente humana, uma vez expandida por uma nova ideia, nunca retorna à sua dimensão original."
> — Oliver Wendell Holmes

descobertas, e entre essas descobertas está a percepção de coisas que você *deveria* fazer consistentemente. Se você as fizer, continuará a crescer e expandir o seu potencial. Se não, vai parar de crescer.

O meu amigo Kevin Hall descreve este processo de descoberta e crescimento no livro *Aspire* [Tente] quando fala a respeito de um debate que teve com um dos seus mentores, o professor aposentado Arthur Watkins. O senhor estava descrevendo o crescimento de um comerciante, de aprendiz a mestre. Kevin recorda da conversa que tiveram:

> Um mestre não chega a este estágio da noite para o dia, ele explicou. Há um processo. Primeiro, ele precisa se tornar um aprendiz, então um artífice, e por fim um mestre. Aprendiz. Artífice. Mestre. Essas três palavras ilustram a importância de passar por todos os estágios necessários e fundamentais para adquirir o tipo de humildade que seja proporcional à verdadeira liderança.
>
> Arthur se animou como se estivesse para contar um segredo ancestral. "Você sabe que 'aprendiz' significa aluno?", ele perguntou, e então explicou que a palavra vem do francês "appendre", que significa aprender.
>
> Nos tempos antigos, aprendiz era o nome dado à pessoa que escolheria uma profissão, e então encontraria um especialista em sua aldeia para ensinar-lhe as habilidades necessárias para a vocação escolhida. Após aprender tudo o que pudesse de seu mestre, o aprendiz viajava para algum outro lugar, para expandir a sua educação. Lançar-se em tal jornada transformava um aprendiz em um artífice.
>
> Esse artífice frequentemente viajava por longas distâncias, pelo privilégio de trabalhar sob a autoridade do mestre que melhor pudesse ajudá-lo a aprimorar cada vez mais o seu ofício. Com o tempo um artífice poderia eventualmente se tornar um mestre — e estar na posição de recomeçar o ciclo novamente.[4]

O processo de expansão do potencial de uma pessoa é contínuo. Funciona na base do fluxo e refluxo. As oportunidades vem e vão. Os padrões que devemos determinar para nós mesmos mudam constantemente. O que nós *podemos* fazer muda à medida que nos aprimoramos. O que *devemos* fazer também é algo que evolui. Devemos deixar para trás algumas coisas antigas para adquirir coisas novas. Isso pode ser um trabalho difícil, mas se estivermos dispostos, a nossa vida muda.

A LEI DA EXPANSÃO

Em 1974, convenci-me de que a liderança é marcada por sucessos e subsequentes fracassos. Com essa convicção veio junto o amor por liderar. Estava entusiasmado para aprender como liderar efetivamente e, então, transformar a vida de outras pessoas. Após vários anos alcancei um nível de conforto em minha habilidade de liderar outros e ensinar a respeito do tema. Gostava do que estava fazendo e via em mim um alto grau de sucesso. Mas então comecei a perceber outras oportunidades, outras coisas que *poderia* fazer. Tive a chance de atingir um público maior. Estava em um momento de tomada de decisão. Deveria estar satisfeito com a minha vida ou tentar expandi-la?

A expansão significaria deixar a minha zona de conforto. Teria de começar um empreendimento para produzir material educativo. Teria de investir em pessoas para que trabalhassem comigo. Teria que aprender a redigir livros, para poder alcançar

> "Estou sempre fazendo aquilo que não posso fazer, a fim de aprender como fazê-lo."
> — Pablo Picasso

pessoas que de outro modo eu nunca poderia alcançar, por exemplo, em uma conversa. Precisaria viajar e aprender os costumes e culturas das pessoas com quem entraria em contatos nos outros países, a fim de ser capaz de me comunicar com elas. Todas essas mudanças tomaram tempo. Eu cometi vários erros. Frequentemente estava abaixo das expectativas. Na maior parte do tempo eu me senti como Pablo Picasso, quando ele disse: "Estou sempre fazendo aquilo que não posso fazer, a fim de que aprenda como fazê-lo".

O processo de adaptação e expansão continua até hoje para mim. Mais recentemente tive de aprender como usar as mídias sociais para expandir o meu alcance. Iniciei duas companhias. Aprendi como iniciar um empreendimento de consultoria e continuo a aprender como me conectar com pessoas de outros países. Não quero parar de aprender. Desejo continuar aumentando, expandindo meu potencial e melhorando minha técnica até o dia que morrer. Quero viver até o fim as palavras do escritor e pastor Norman Vincent Peale, que disse: "Peça ao Deus que o criou, que continue a recriá-lo".

2. Pare de fazer o que se espera e comece a fazer mais do que esperam de você

Vivemos em uma cultura que concede troféus às pessoas, simplesmente por terem aparecido, independentemente de sua contribuição. Por causa disso, muitas pessoas acham que estão indo bem se fizerem somente o que se espera delas. Não creio que isso as ajude a alcançar o seu potencial ou a sua capacidade. Para expandir, é necessário que a pessoas faça mais.

Jack Welch, o antigo diretor executivo da General Eletric, chama isso de "sair da pilha". Para se distinguir, ser percebido e avançar em sua carreira, você precisa fazer e ser mais. Precisa crescer acima da média. Pode fazer isso exigindo mais de si do que os outros exijam, esperar mais de si do que os outros esperem, acreditar mais em si do que os outros acreditem, fazer mais do que os outros pensem que você deveria fazer, dar mais do que os outros pensem que você deveria dar e auxiliar mais do que os outros achem que você deveria fazer.

> "O maior de todos os milagres é que nós não precisaremos ser amanhã o que somos hoje, mas poderemos melhorar se fizermos uso do potencial que Deus implantou em nós".
> — Rabino Samuel M. Silver

Gosto do modo como o boxeador Jack Johnson o descreve: "Ir *bem* adiante do que o chamado do dever lhe diz para ir, fazer *mais* do que os outros esperam que faça, isso é o que significa excelência! E ela vem de *batalhar*, de manter os *mais altos* padrões, procurar pelos *menores* detalhes e caminhar a *segunda* milha. Excelência significa fazer o seu *melhor*. Em *tudo*! Em *todos* os aspectos".

O ato de fazer mais do que se espera produz mais do que separá-lo dos seus colegas, ao dar-lhe uma reputação de bom desempenho. Essa prática também o treina para desenvolver o hábito da excelência. E isso cresce exponencialmente ao longo do tempo. A excelência continuada expande as suas capacidades e o seu potencial.

3. Pare de fazer coisas importantes ocasionalmente e comece a fazê-las diariamente

Você já ouviu a expressão: "A vida é como uma grande tela e você deveria jogar nela toda a tinta que conseguir"? Gosto do intento e da exuberância dessas palavras, mas não creio que o conselho seja muito bom — a menos que você queira fazer uma bagunça. Uma ideia melhor é fazer da sua vida uma obra de arte, o que requer muito raciocínio, uma ideia clara e seleção com respeito a qual tinta quer colocar sobre a tela. Como você faz isso? Fazendo coisas importantes todos os dias. Henry David Thoreau, escritor e filósofo, disse:

> Se a pessoa avança confiantemente na direção de seus sonhos, e se esforça para viver a vida que havia imaginado, encontrará um sucesso inesperado em horas comuns; atravessará uma fronteira invisível; leis novas, universais e mais liberais vão começar a se estabelecer ao redor e dentro dela; e viverá com a licença de uma mais alta ordem de coisas.

Acredito que avançar confiantemente em direção aos sonhos significa fazer o que é importante a cada dia. Realizar o que não é importante a cada dia não faz nada por você. Meramente consome o seu tempo. Fazer a coisa certa ocasionalmente não leva ao crescimento consistente e à expansão de sua vida. Ambos os componentes são necessários. O crescimento diário leva à expansão pessoal.

O poeta Henry Wadsworth Longfellow comparou o seu crescimento com o de uma macieira. Ele disse: "O propósito da macieira é crescer um pouco a cada ano. É isso o que planejo fazer". Ele também expressou um raciocínio similar em um de seus poemas, onde escreveu:

> *Nem o prazer, nem a dor é sempre o nosso destino final;*
> *Mas viver de modo que cada amanhã nos encontre mais à frente do que hoje.*

Se nós fizermos o que for importante a cada dia, isso será real para nós.

EXPANDIR A SUA CAPACIDADE — E O SEU IMPACTO

Uma das maiores recompensas que recebi por escrever e falar é ouvir ocasionalmente de alguém que tenha sido positivamente impactado pelo meu trabalho. Recentemente recebi uma carta de Tim Williams, um sargento que trabalha para o escritório de delegacia de Colorado Springs, estado do Colorado. Ele escreveu para me contar a respeito do caminho de crescimento intencional que ele tem percorrido, e de como isso expandiu a sua capacidade. Tim escreveu:

Como parte de meu processo de teste de promoção em 2005, foi me pedido que lesse o livro *As 21 Irrefutáveis Leis da Liderança*. Eu disse a mim mesmo que leria primeiro cada um dos livros que me foram designados; então iria reler cada um, e por fim passar os olhos em cada livro com um marcador de texto, para obter possíveis perguntas de testes. Minha primeira leitura das *21 Leis* não deixou em mim uma opinião favorável. Minha segunda leitura me deixou com um sentimento melhor, concordando com a maior parte dele. Enquanto passava os olhos cheguei à conclusão que eu tinha estado a maior parte de minha vida sob uma rocha de liderança. Antes de ser sargento no escritório de delegacia, passei vinte anos como sargento nas Forças Especiais do Exército dos Estados Unidos, [então] não considerava a liderança um conceito novo.

Tim continuou dizendo que ele segue lendo livros como parte de seu plano de crescimento. Eles mudaram os seus pensamentos — e as suas atitudes. Como resultado, ele continuou a avançar dentro da organização. "À medida que subia de posto", ele escreveu, "fui capaz de instituir muitas mudanças dentro de minha organização, o que credito diretamente ao que aprendi...Tenho sido capaz de influenciar outros e ajudar a muitos".

Como resultado do que aprendeu, Tim adotou duas práticas. A primeira é que ele vai até onde os seus funcionários estão. Tim diz: "Passei as minhas noites na prisão, indo de delegacia em delegacia, visitando subalternos e conversando sobre qualquer coisa. Ouvia, ria e apenas passava algum tempo ouvindo sobre as suas famílias, e em algumas ocasiões, sobre as suas queixas". Como resultado, ele começou a se conectar com as pessoas. A segunda prática foi escrever bilhetes pessoais para as pessoas e lhes permitir que soubessem que ele se importava com elas e apreciava o seu trabalho. Ele também se empenhou em anotar as coisas positivas que os seus funcionários faziam, em suas avaliações, e não somente suas deficiências. "O aumento na moral era inacreditável", disse Tim.

Tim continuou dizendo: "No final do ano decidi levar esse passo adiante e mandei um e-mail para todos aqueles que pertenciam ao meu turno, queria que isso fosse algo positivo e transparente para todos. Fiz disso um evento anual e os resultados têm sido fantásticos! Os pedidos de atestado no meu turno caíram notoriamente. Encerrei a primeira edição do que chamei 'Obrigado, eu Percebi'".

Folha 4,

Enquanto chegamos ao final do ano, gostaria de separar um momento e refletir sobre as coisas que cada um de vocês fez individualmente, para tornar minha vida de supervisor mais fácil. Por causa da natureza competitiva dessa profissão que nós temos, quero que todos vocês saibam o que fizeram um pelo outro. Neste final de ano, cada um de vocês contribuiu de algum modo para o sucesso que todos nós compartilhamos.

Então, por todas as pequenas coisas que vocês imaginaram que não haviam sido percebidas, por favor, permita-me dizer: obrigado, eu percebi.

Michael B., por abrir mão de dois dias de folga para que nós tivéssemos pessoas suficientes para cobrir o turno, por se voluntariar para o pequeno destacamento de pintura nos seus dias de folga, pelo projeto de matemática, por aceitar o desafio de Instrutor da Academia, obrigado. Eu percebi.

Bruce B., por vir trabalhar com dor, incapaz de ouvir, quando você poderia ter facilmente cancelado, por ser meu parceiro nas palestras de instrução e fazer as perguntas que outros gostariam de ter feito, por trabalhar na adversidade, obrigado, eu percebi.

Rosemarie P., por me lembra do que estava esquecendo, por desistir de sua vaga como parte de meu plano maior para Layne D., por sempre cuidar de mim, obrigado, eu percebi.

Kelly S., por sempre estar disposta a mudar as suas tarefas, por tomar o seu lugar quando poderia facilmente ter desistido, por nos ajudar a manter o registro pela maior quantidade de pessoas que já se viu dispostas a trocar um pneu no meio da noite, obrigado, eu percebi.

John W., por ser o meu primeiro suplente líder como Substituto II, novo no turno e sabendo [muito] bem que assumiria a culpa por isso, você o fez com incrível caráter. Obrigado, eu percebi.

Como sargento substituto e oficial aposentado não comissionado das Forças Especiais, Tim Williams poderia ter dito: "Fui um líder por mais de vinte anos. Sei o que é liderar, mesmo quando a vida das pessoas está em perigo. Parei de aprender. Vou me apoiar em minha experiência e concluir a minha carreira. É melhor que as pessoas façam o que digo!" Ele poderia ter dito, mas não o fez. Em vez disso, estava aberto para crescer. Ele decidiu continuar a ser um aprendiz. E por essa razão, a sua vida, a sua influência e o seu potencial continuaram a expandir. Ele vive a Lei da Expansão: o crescimento sempre aumenta a sua capacidade.

Essa qualidade sempre está presente em todos os eternos aprendizes. E por essa razão a sua capacidade continua expandindo. Diz-se que quando Pablo Casals tinha noventa e cinco anos de idade, um jovem repórter perguntou: "Senhor Casals, o senhor tem noventa e cinco anos de idade, e é o maior violoncelista que já viveu. Por que você continua praticando seis horas por dia?"

A resposta de Casals foi: "Porque creio que estou fazendo progressos".

Você tem o potencial para progredir até o dia de sua morte — se você tiver a atitude certa com relação ao crescimento. Precisa acreditar no que o rabino Samuel M. Silver disse: "O maior de todos os milagres é que nós não precisaremos ser amanhã o que somos hoje, mas poderemos melhorar se fizermos uso do potencial que Deus implantou em nós".

> "O maior de todos os milagres é que nós não precisaremos ser amanhã o que somos hoje, mas poderemos melhorar se fizermos uso do potencial que Deus implantou em nós."
> — Rabino Samuel M. Silver

APLICANDO A LEI DA EXPANSÃO NA SUA VIDA

1. Você já fez a transição mental entre a pergunta "Eu não posso!" ou "posso fazer?" para "Como posso fazer?" Faça o teste. Sonhe um pouco. Então se pergunte:

> Se soubesse que não iria falhar, o que tentaria fazer?
> Se não tivesse limitações, o que eu gostaria de fazer?
> Se as finanças não fossem uma questão importante, o que estaria fazendo com a minha vida?

Tire um tempo e escreva as suas respostas. Agora as observe.

Qual a sua resposta mais instintiva a elas? Você as olha e diz: *Isso é improvável? Isso é impossível. Que bizarro!* Ou você pensa: *Como posso fazer isso? O que preciso fazer para realizar isso? O que terei que dar em troca para fazer essa transição?* Se for a última opção, você está mentalmente preparado para expandir a sua capacidade. Se for a primeira, você ainda terá que trabalhar para fazê-lo. Passe um tempo descobrindo o que o fez parar de acreditar que pode fazer as mudanças necessárias para expandir a sua vida.

2. Faça em si mesmo uma auditoria de eficiência para que possa ter certeza de que esteja perguntando *O que funciona?* Em vez de pensar em *mais trabalho*. De uma repassada em sua agenda e listas de coisas a fazer das últimas quatro semanas. (A propósito, se você não tem usado algum tipo de sistema para planejar os seus dias, esse é o primeiro passo que precisa tomar). Tente quantificar o tempo que passa em cada ação e atividade durante essas quatro semanas. Então pense a respeito de quanto tempo acredita que cada atividade deveria ter tomado e dê a si mesmo uma nota de eficiência de 0 a 10. Agora separe todas as atividades de acordo com suas categorias.

> Faça em si mesmo uma auditoria de eficiência para que possa ter certeza de que esteja perguntando *O que funciona?* Em vez de pensar em *mais trabalho.*

Você consegue ver algum padrão? O que está funcionando? O que não está? O que você está fazendo demais, tanto porque não esteja sendo eficiente, como porque a atividade não tenha propósito? Que mudanças você precisa fazer? Use o critério obrigação, retorno e recompensa para ajudá-lo a avaliar o que precisa mudar.

3. Você tem um plano ou sistema para se certificar de que esteja fazendo o que é importante diariamente? Primeiro, defina o que é essencial para você no dia a dia. Em meu livro *Today Matters* [O Hoje Importa], escrevi a respeito de minha lista diária. Incluo a lista aqui para você, como um disparador de ideias:

> Escolha e exiba as atitudes certas.
> Determine e aja de acordo com prioridades.
> Conheça e siga diretrizes de saúde.
> Comunique-se com cuidado com sua família.
> Pratique e desenvolva bons hábitos mentais.
> Faça e mantenha compromissos apropriados.
> Ganhe e gerencie apropriadamente as suas finanças.
> Aprofunde e viva a sua fé.
> Inicie e invista em relacionamentos sólidos.
> Planeje e seja modelo de generosidade.
> Adote e pratique bons valores.
> Busque e experimente melhorias.

Uma vez que tenha criado a sua própria lista, descubra como fará para realizar cada uma dessas prioridades a cada dia, para que você permaneça no caminho e expanda o seu potencial.

15

A Lei da Contribuição
Crescer o Capacita a Ajudar os outros a Crescer também

*Se você não estiver fazendo algo com sua vida,
não importa a duração dela!*

Quando iniciei a minha jornada de crescimento após aquela conversa com Curt Kampmeier há quarenta anos, não tinha ideia de onde isso me levaria. No começo eu só sabia que precisava crescer e que isso teria de ser proposital.

Devo confessar que no começo a minha motivação era egoísta. Queria crescer a fim de ser bem-sucedido. Havia algo que desejava alcançar e marcos que queria atingir. Mas ao longo do caminho, fiz uma descoberta que mudou minha vida. O meu progresso no crescimento pessoal também abriu portas para outros. Ele tornou possível que eu contribuísse com a vida deles. O progresso nos levou não só a alcançar o sucesso, mas também nos levou a um trabalho de significância. Além do que recebi em meu desenvolvimento, também fui capacitado a doar. A confiança obtida com o crescimento pessoal me deu credibilidade e me fez acreditar que poderia começar a desenvolver outras pessoas também. E, em tudo isso, encontrei a maior alegria e recompensa da vida.

É meu desejo que este capítulo final inspire-o a ser tudo o que pode a fim de ajudar os outros a serem tudo o que foram feitos para ser. Você não pode dar o que não tem. Mas se você tem trabalhado para aprender e para obter algo, tem a habilidade de passar isso adiante. Se você vive de acordo com a Lei da Contribuição, terá muito a oferecer às outras pessoas, porque trabalhar em seu próprio crescimento capacita-o a ajudar outros a crescerem também.

INSPIRAÇÃO PRECOCE

Agregar valor aos outros é uma grande prioridade em minha vida. Esse desejo foi estimulado em mim quando era um adolescente, quando li a respeito de Benjamim Franklin, que escreveu: "Prefiro que digam 'Ele viveu de forma útil' do que digam 'Ele morreu rico'". Mais do que só palavras, foi o modo como Benjamin Franklin viveu sua vida. Por exemplo, quando ele desenvolveu o que veio a ser conhecido como o forno de Franklin, ele poderia tê-lo patenteado e feito um bom dinheiro com isso. Em vez disso, ele decidiu partilhar a invenção com o mundo.

> "Prefiro que digam 'Ele viveu de forma útil', do que digam 'Ele morreu rico'."
> — Benjamin Franklin

De acordo com Dr. John C. Van Horne da Companhia Literária da Filadélfia, "A filantropia de Franklin era o que chamo de natureza coletiva. O seu conceito de benevolência era ajudar as pessoas e fazer o bem à sociedade. De fato, em um sentido, a filantropia de Franklin, a sua benevolência, era a sua religião. Fazer o bem à humanidade era, sob a sua ótica, algo divino".

Franklin não via o mundo em termos do quanto poderia tirar dele. O seu ponto de vista eram quantas pessoas ele poderia ajudar. Ele ajudou a desenvolver o conceito de livraria pública e de corpo de bombeiros local. Mesmo o seu trabalho como impressor reflete o seu desejo de compartilhar ideias, não as acumular.

Uma das coisas que me surpreendeu quando era adolescente era ler que todos os dias Franklin perguntava a si mesmo pela manhã: "O que farei de bom hoje?", e pela noite perguntava: "O que fiz de bom hoje?" Isso me inspirou. Fez com que percebesse que eu poderia ser intencional em minha habilidade de ajudar os outros e estar disponível diariamente. Quando fiquei mais velho, o que era só uma boa ideia se tornou o meu maior sonho.

Isso se tornou claro para mim quando tive um ataque cardíaco em 1998. No momento em que estava sentindo toda aquela dor, sem saber se sobreviveria, eu não tive medo de morrer. No momento, tive dois pensamentos: o primeiro era que queria ter certeza de que as pessoas mais próximas de mim soubessem o quanto as amo. E a

> Todos os dias Ben Franklin perguntava a si mesmo: "O que eu farei de bom hoje?", e à noite perguntava: "O que eu fiz de bom hoje?"

segunda coisa que pensei foi que eu ainda tinha muito a realizar. Ainda tinha contribuições a fazer. Com cinquenta e um anos, ainda estava muito novo para morrer. Mais tarde soube que David Rae da Organização dos Jovens Presidentes disse que a maioria dos diretores executivos têm menos medo de morrer do que de não ter contribuído com o mundo, e então meus sentimentos não eram incomuns.

> Os diretores executivos têm menos medo de morrer do que de não ter contribuído com o mundo.

BONS MODELOS

O meu desejo de ajudar outras pessoas não vem só de ler a respeito de grandes líderes, tais como Benjamin Franklin. Ele também foi inspirado pelo bom exemplo de meus pais. Por anos observei minha mãe, que era uma bibliotecária de longa data, tornar-se a encorajadora e confidente de muitas jovens na faculdade onde meu pai serviu como presidente. Ela fez a diferenças na vida de muitas delas.

Também vi o exemplo de meu pai. Eu o observei servir as pessoas de sua congregação quando era pastor de uma igreja local. Então o vi servir e agregar valor à vida de pastores quando ele trabalhou como superintendente distrital. E ele continuamente agregava valor a jovens estudantes e à faculdade igualmente, quando ele presidiu a instituição. E meu pai ainda ajuda os outros. Poucos anos atrás, papai estava se preparando para mudar para um novo centro de assistência e cuidados, e ele me disse que gostaria de ser a primeira pessoa a mudar para lá quando abrisse. "Isso é importante, filho. Preciso ser o primeiro", ele enfatizou.

É um traço da família Maxwell querer ganhar a qualquer custo, mas suspeitei que meu pai estava tramando algo. "Por que você quer chegar lá primeiro, pai?", eu perguntei.

"Você verá", ele respondeu. "Haverá muitas pessoas idosas se mudando para aquelas instalações" — papai estava com quase noventa anos naquela época! — "e aquele será um ambiente estranho para elas. Elas ficarão com medo. Quero ter terminado minha mudança para poder recebê-las quando chegarem, apresentar-me, mostrar-lhes todo o lugar e fazê-las saber que tudo ficará bem".

Quando crescer, quero ser mais como o meu pai!

SEJA UM RIO, E NÃO UM RESERVATÓRIO

Como você aumenta as suas chances de ajudar outros e fazer uma contribuição significativa na sua vida? Pense em si como um rio e não como um reservatório. A maioria das pessoas que torna o crescimento pessoal parte de sua vida o faz a fim de agregar valor a si mesmo. Elas são como reservatórios que continuamente captam água, apenas para ficarem cheias. Em contraste, um rio *flui*. Toda a água recebida é passada adiante. Esse é o modo como devemos viver, enquanto aprendemos e crescemos. Isso requer uma mentalidade de abundância — a crença de que continuaremos recebendo. Mas enquanto você se dedicar ao crescimento pessoal, nunca experimentará escassez e sempre terá muito a dar.

Recentemente eu e Margareth assistimos a uma palestra de Gordon MacDonald. Ele nos desafiou a encontrar alguém que nos encorajasse, e assim nós também pudéssemos encorajar a outros. Ele fez as seguintes perguntas:

Quem o orienta e lhe oferece uma diretriz de sabedoria?
Quem o orienta a desejar ser uma pessoa melhor?
Quem o desafia a raciocinar?
Quem o anima em seus sonhos?
Quem se importa o suficiente com você para repreendê-lo?
Quem é generoso com você quando comete uma falha?

Quem divide o fardo em momentos de pressão sem que lhe seja pedido?
Quem traz diversão e riso à sua vida?
Quem lhe dá perspectiva quando você fica desanimado?
Quem lhe inspira a buscar a Deus com fé?
Quem lhe ama incondicionalmente?

Essas perguntas são excelentes para identificar alguém que possa nos encorajar a ser melhores. Mas elas também devem ser invertidas a fim de que pensemos a respeito de exercer um papel semelhante na vida de outros. A quem você orienta? Você compartilha a carga em momentos de pressão sem que lhe seja pedido? Como o antigo presidente Jimmy Carter disse: "Tenho uma vida e uma chance de fazê-la valer a pena... Minha fé demanda que faça tudo o que puder, onde quer que esteja, quando puder, pelo tempo que conseguir, e o que quer que seja para fazer a diferença".

> "Tenho uma vida e uma chance de fazê-la valer a pena... Minha fé demanda que faça tudo o que puder, onde quer que esteja, quando puder, pelo tempo que conseguir, e o que quer que seja para fazer a diferença."
> — Jimmy Carter

FAZENDO AS ESCOLHAS CERTAS COM RELAÇÃO ÀS CONTRIBUIÇÕES

Doar o seu tempo, sabedoria e recursos sem esperar nada em retorno é uma atitude generosa que faz do mundo um lugar melhor. Nós precisamos de mais doadores. Não consigo explicar porque funciona deste modo, mas quando você se concentra mais nas necessidades e desejos dos outros, mais necessidades e desejos seus são satisfeitos. Em contraste, quando você escolhe acumular o que tem, em vez de dar, torna-se o centro de seu solitário universo, e fica menos satisfeito, e não mais. Como resultado, acaba repelindo tanto pessoas como bênçãos potenciais.

Você pode se tornar uma pessoa mais generosa e doadora, mesmo se já apresenta essas qualidades. Entretanto, para fazer isso, você precisa ser uma pessoa em crescimento e desenvolvimento. E deve ter intenção em seus esforços em agregar valor aos outros. Aqui vão algumas sugestões para ajudá-lo a cultivar uma atitude de contribuição:

1. *Seja grato*

As pessoas que não são gratas, também não são doadoras. Elas raramente pensam nos outros; elas só pensam em si mesmas. Seus dias se resumem a procurar por pessoas que as ajudem, deem algo a elas e sirvam-nas. E quando os outros não suprem as suas expectativas, eles ficam se perguntando por quê. O seu egoísmo as impede de colher, e sua falta de gratidão faz com que se perguntem por que elas não colhem os frutos!

Quando era um garoto, meu pai me ajudou a entender que cada pessoa depende dos outros e recebe ajuda deles. Ele costumava dizer: "Quando você nasceu, já devia à sua mãe por nove meses de casa e comida! E depois que comecei a buscar diligentemente o crescimento pessoal, foi reforçado em mim o conceito de outros me ajudando ao longo do caminho. Em 1975, quando vi Zig Ziglar falar pela primeira vez, ele disse: "Você pode conseguir tudo o que quiser na vida, *se* você ajudar o número suficiente de pessoas a conseguir o que elas desejam". Essas palavras mexeram comigo. E se tornou-se óbvio para mim que muitas pessoas me ajudaram — e ainda me ajudam — ao longo de meu caminho. Cada escritor que tenha redigido um livro que li. Cada líder que tenha separado um tempo para me ensinar. Cada pessoa que tenha trabalhado voluntariamente em minha igreja. Ninguém alcança o sucesso sozinho.

Há muitos anos atrás, encontrei as seguintes palavras que expressam essa ideia. Não conheço a sua autoria, mas as tenho citado — e tenho tentado vivê-las — por quarenta anos:

> Não há sucesso sem sacrifício. Se formos bem-sucedidos sem fazer algum sacrifício, é porque alguém antes de nós o fez. Se você se sacrifica e não vê resultado, então alguém após você colherá o sucesso a partir de seu sacrifício.

Sou receptor de muitos benefícios que não mereço e pelos quais não trabalhei. Alguma outra pessoa pagou por eles. E sou grato! Como demonstro a minha gratidão? Derramando-me na vida de outros e passando a eles as coisas que lhes permitirão ir longe e alcançar mais do que alcancei. À medida que você recebe, espero que faça o mesmo.

2. Coloque as pessoas em primeiro lugar
Quanto mais envelheço, mais percebo a importância das outras pessoas. Todas as coisas neste mundo são temporárias. O que importa são as pessoas. Sua carreira, passatempos e outros interesses vão morrer com você. As pessoas seguem adiante. O que você dá para ajudar outros faz com que cresçam a fim de que também possam contribuir com outros. É um ciclo que pode continuar até muito além da sua morte.

Tratar bem aos outros não só beneficia as pessoas, mas nos ajuda a abrir caminho na vida mais facilmente e coloca-nos em uma posição de aprender com os outros. Como George Washington Carver observou: "A distância até onde chega na vida depende de você ser terno com os jovens, compassivo com os idosos, solidário com os que estão se esforçando, e tolerante com fracos e fortes. Porque algum dia na vida, você já foi como todos esses".

Se você é um líder, colocar os outros à frente é ainda mais importante, porque as suas ações impactam muitas outras pessoas. Por exemplo, você ouve todo o tempo em organizações que as pessoas são o seu bem mais precioso, embora muitos líderes não ajam como se isso fosse verdade. Eu deveria saber. Quando era um jovem líder, errei em pensar que minha a visão vinha em primeiro lugar. Acreditava que a minha maior responsabilidade era fazer com que as pessoas acreditassem em mim, onde estava indo, o que estava fazendo, o que estava pedindo. Pensava que as pessoas eram obrigadas a servir-me, pelo bem da visão. O problema com este tipo de atitude é que a linha entre motivar pessoas e manipulá-las é muito tênue e fácil de ultrapassar.

Quando um líder busca engajar as pessoas, a primeira pergunta que elas fazem não é: "Para onde você está indo?". Sua primeira pergunta é: "Você se importa comigo?". Isso é verdade sempre que duas pessoas tenham o desejo de fazer algo juntas, e não somente entre líderes e seguidores. Mas as pessoas especialmente querem saber se elas importam para alguém que as esteja liderando e se o seu líder é alguém digno de confiança.

Uma vez que as pessoas estejam satisfeitas de que seus motivos sejam corretos e que você as colocará acima de seus desejos egoístas, elas estarão dispostas a serem suas parceiras de jornada. É isto que elas desejam ser, e não somente seguidoras passivas — ou pior ainda, peças de engrenagem dispensáveis em algum tipo de máquina que você esteja construindo.

A medida do sucesso não é o número de pessoas que o servem, mas o número de pessoas a quem você serve. Quando as pessoas são prioridade na sua vida, agregar valor a elas é algo que se torna natural. É uma questão de estilo de vida. Você agrega valor às pessoas porque você as valoriza e acredita que elas têm valor.

3. *Não deixe que as coisas o dominem*

De acordo com o meu amigo Earle Wilson, as pessoas podem ser divididas em três grupos: os que têm, os que não têm e os que ainda não pagaram pelo que têm. Infelizmente mais e mais pessoas estão entrando no terceiro grupo a cada dia. As pessoas estão se tornando escravas do desejo de adquirir. Essa é uma das razões porque os Estados Unidos e a Europa estão em tal situação financeira calamitosa. Eles seguem tomando empréstimos para compensar o seu hábito consumista.

> **A medida do sucesso não é o número de pessoas que o servem, mas o número de pessoas a quem você serve.**

O escritor Richard Foster escreve: "Possuir coisas é uma obsessão em nossa cultura. Se possuímos algo, cremos que isso nos dará mais prazer. Isso é uma ilusão". Possuir coisas não traz satisfação verdadeira. Em geral, se você tenta alimentar as necessidades emocionais ou espirituais com coisas materiais, isso só o torna mais faminto de mais coisas. Não o satisfaz. Entretanto, se você suprir essas necessidades de forma apropriada, então pode estar satisfeito com ou sem uma quantidade de posses.

Ninguém deveria se tornar um escravo das suas coisas. Ninguém deveria fazer disso a razão de sua vida — adquirir mais somente em função de ter mais. Há uma história na Bíblia a respeito de um homem cujos bens controlavam seus pensamentos e sua vida. O seu egoísmo o impediu de ver o todo. Ele estava consumido pela ideia de acumular riquezas e achou que isso duraria para sempre. Entretanto, a sua vida foi interrompida prematuramente e ele falhou em investir na vida de outras pessoas. O escritor John Ortberg escreve sobre ele: Ele devotou a sua vida às coisas erradas. Se você fosse fazer uma lista das prioridades dele, ela seria parecida com esta:

O que mais importa
1. Colher uma grande safra
2. Construir celeiros maiores
3. Obter segurança financeira
4. Comer
5. Beber
6. Casar-se
7. Lembrar-se de não morrer

É claro que o último item é o mais difícil de todos. Mais cedo ou mais tarde, nossa alma vai retornar ao Criador. E as coisas que tiver armazenado — de quem serão?[1]

Em 1889, o empresário milionário Andrew Carnegie escreveu uma redação chamada "Evangelho da Prosperidade". Nela ele diz que a vida da pessoa rica deveria ter duas fases: um tempo para adquirir as riquezas e um tempo para redistribuí-las. O único modo de manter uma atitude generosa é ter o hábito de dar — seu tempo, atenção, dinheiro e recursos. Richard Foster aconselha: "O simples ato de permitir que o dinheiro, ou outro tesouro, se vá, faz algo dentro de nós. Isso destrói o demônio da ganância".

> "O simples ato de permitir que o dinheiro, ou outro tesouro, se vá, faz algo dentro de nós. Isso destrói o demônio da ganância."
> — Richard Foster

Se você quiser estar no controle do seu coração, não permita que os seus bens o controlem. A pergunta é: "Você possui as suas coisas, ou as suas coisas o possuem?" As pessoas que doam pegam as coisas que possuem e usam-nas como um ativo para fazer deste mundo um lugar melhor de se viver. E elas fazem isso independentemente do muito ou pouco que possuam.

4. Não permita que as pessoas o dominem

Quando eu e Margareth éramos recém-casados e estava iniciando em minha carreira, nós possuíamos poucos recursos. Basicamente nós estávamos lutando para sobreviver. Durante aquele tempo nos tornamos amigos de um casal financeiramente abastado. Todas as noites de sexta-feira, Jack e Helen nos levavam a algum restaurante fino e pagavam a nossa conta. Esse era o ponto alto da minha semana, já que Margareth e eu não poderíamos pagar por isso. Ao longo de um período de dois anos, nós recebemos muitos benefícios financeiros deste relacionamento, e éramos muito gratos.

Depois de três anos naquele emprego, recebi um convite para me tornar o líder de uma igreja maior. Era uma oportunidade tremenda, com grande avanço e potencial. Quando anunciei que estava partindo para assumir a nova posição, Jack não ficou satisfeito. Nunca esquecerei as suas palavras: "John, como você pode partir depois de tudo o que fiz por você?". Foi naquele momento que percebi que Jack estava lentamente me dominando. Ele estava de olho nos resultados, e eu não havia percebido!

Isso foi um alerta. Foi neste dia que tomei uma decisão. Sempre tentaria dar mais do que receber em um relacionamento. E nunca ficaria de olho nos resultados. Daquele dia em diante, nunca mais permiti que um dos meus líderes ficasse com a conta do restaurante. Estaria do lado doador da vida sempre que possível. Obviamente ainda recebo de outros. Já expliquei isso. Sou mais abençoado do que posso expressar, pelo que outros fizeram por mim. Mas não quero abrir mão do controle de minha vida. É difícil dar a si mesmo quando outra pessoa tem direito de posse sobre você. Queria ser capaz de agregar valor às pessoas sem amarras a mim. Uma vida de doação deve ser liberadora para você e para aqueles a quem ajuda.

5. Defina sucesso como plantio, e não como colheita

O romancista Robert Louis Stevenson disse: "Avalio o sucesso do meu dia baseado nas sementes que plantei, e não na colheita que realizei". Esse deveria ser o modo como julgamos não só o nosso dia, mas toda a nossa vida. Infelizmente a maioria das pessoas semeia pouco e espera colher muito. O seu foco está no pagamento.

Qual o motivo? Obviamente há a questão do egoísmo natural. Mas creio que há algo mais, além disso. O meu amigo Nabi Saleh, dono do Café Glória Jean, uma vez me contou: "Após o plantio, há um período de tempo quando parece que nada está acontecendo. Todo o crescimento acontece abaixo da superfície". As pessoas comumente não reconhecem isso, nem antecipam ou se preparam para esse período. Elas se tornam impacientes. E desistem.

> "Avalio o sucesso do meu dia baseado nas sementes que plantei, e não na colheita que realizei."
> — Robert Louis Stevenson

Em seu livro *A Arte de Virar o Jogo no Segundo Tempo da Vida*, Bob Buford escreve a respeito de um executivo que estava buscando por conselho de como viver a sua vida. Buford escreve:

> Um amigo meu que foi presidente de uma grande editora uma vez procurou um mestre mundialmente renomado. Após despejar o tremendo estresse de sua vida diante do mestre sem provocar alguma resposta, ele decidiu ficar calado por um momento. O mestre começou a despejar chá em uma linda xícara oriental, até que ele transbordou e se espalhou sobre a esteira, até alcançar meu amigo. Perplexo, meu amigo perguntou ao mestre o que estava fazendo. O mestre replicou: "A sua vida é como uma xícara, transbordando. Não há espaço para nada novo. Você precisa derramar, e não se encher".[2]

Se você está semeando a curto prazo na sua vida, então frequentemente ficará insatisfeito com o resultado e será incapaz de continuar doando e vivendo enquanto espera. Por outro lado, se semeia continua e abundantemente, pode ter certeza de que no tempo certo fará a colheita. As pessoas bem-sucedidas sabem disso e se concentram na semeadura, sabendo que a colheita por fim chegará. O processo é automático. Se você viver a vida com a intenção de fazer a diferença na vida dos outros, sua vida será plena, e não vazia.

Amo a maneira como George Washington Carver expressou essa ideia. Ele disse: "Nenhuma pessoa tem o direito de vir a esse mundo e sair dele sem deixar as suas razões distintas e legítimas de ter passado por ele". Isso é algo que nós sempre devemos ter em mente.

6. *Concentre-se no autoaprimoramento, e não na autorrealização*

Uma das coisas mais importantes que o meu mentor e consultor Fred Smith me ensinou foi nunca concentrar minha vida na autorrealização. Ele disse:

A autorrealização pensa em como algo pode me servir.
O autoaprimoramento pensa em como algo pode me ajudar a servia a outros.
Com a autorrealização, sentir-se bem é o produto.
Com o autoaprimoramento, o sentir-se bem é o subproduto.

Qual é a principal diferença? É a motivação. Autorrealização significa fazer o que mais gosto e receber o maior impacto por tê-lo feito, enquanto autoaprimoramento significa fazer algo para o qual nasci e fui formado, e isto se tornar minha responsabilidade.

> "Nenhuma pessoa tem o direito de vir a esse mundo e sair dele sem deixar as suas razões distintas e legítimas de ter passado por ele."
> — George Washington

Buscar a autorrealização é algo parecido com correr atrás da felicidade. É uma emoção que não pode ser sustentada. Ela se apoia demais nas circunstâncias. Depende do humor da pessoa. Em contraste, você pode se aprimorar independentemente de como se sinta, das circunstâncias em que se encontra, de sua situação financeira ou das pessoas ao seu redor.

7. *Continue crescendo para continuar ofertando*

Quando as pessoas param de aprender e crescer propositalmente, elas vão começar a desacelerar até chegar ao ponto em que não terão mais nada a oferecer. Se você deseja continuar ofertando aos outros, precisa continuar crescendo.

Algumas vezes as pessoas param de aprender porque se tornam complacentes. Elas acreditam que já cresceram o suficiente, ou elas só querem fazer o máximo com o que já tem, em termos de habilidades e conhecimento. Mas quando isso acontece, elas estacionam e, então declinam. Perdem o seu espírito inovador. Começam a pensar em ser eficientes em vez de fazerem algo inovador. Elas cortam despesas em vez de investir em crescimento. Sua visão se torna muito limitada. E, em vez de jogar para ganhar, elas começam a jogar com o propósito de não perder.

> Se você deseja continuar ofertando aos outros, precisa continuar crescendo.

A segunda coisa que acontece com as pessoas que param de tentar crescer propositalmente é perder a sua motivação. Todos nós amamos fazer algo no qual somos bons, mas ser bom em algo requer que mantenhamos nossas habilidades afiadas. A queda nas habilidades leva a uma queda no entusiasmo, e, eventualmente ao descontentamento. Se nós alcançarmos esse estágio, começamos a olhar para trás, porque é lá que ficaram os nossos melhores dias. Pensamos nos bons tempos passados, os dias gloriosos. Neste ponto estaremos só a alguns poucos passos da obsolescência. Ninguém quer aprender com alguém ultrapassado. Que tipo de contribuição poderemos fazer se chegarmos a esse ponto? Quero doar até o ponto de ter dado tudo de mim. Para fazer isso devo continuar crescendo até o ponto de não mais poder crescer.

UM CONTRIBUINTE LENDÁRIO

Em dezembro de 2009, um lendário professor de crescimento pessoal, escritor e mentor faleceu. O seu nome era Jim Rohn. Quando era garoto, Jim cresceu em uma fazenda em Idaho. Após se formar no Ensino Médio, ele foi para a faculdade, mas permaneceu lá somente um ano. "Um ano de faculdade", diz Rohn, "e eu achava que estava completamente educado". Rohn assumiu um emprego como estoquista na Sears, mas ele vivia de salário em salário. Quando tinha vinte e cinco anos, desanimou. Desejava encontrar um caminho melhor.

Um amigo de Rohn convidou-o para assistir um seminário apresentado por J. Earl Shoaff, um vendedor e palestrante motivacional. A mensagem principal era: trabalhe mais em si mesmo do que no seu trabalho; o seu salário está diretamente relacionado à sua filosofia, e não à economia; e para que as coisas mudem, você precisa mudar.³

Shoaff foi mentor de Rohn por cinco anos, encorajando-o a se desenvolver e buscar o seu sonho de construir uma vida melhor para si e para a sua família. Quando fez trinta e um anos, Rohn era um milionário.

Rohn pode ter tido uma história de sucesso que poucas pessoas conheceram, mas então a sua vida deu uma virada inesperada. Um amigo convidou-o para falar sobre as suas realizações na reunião do Rotary Clube. Rohn aceitou e apresentou uma mensagem que chamou de "O garoto da fazenda de Idaho chega a Bervely Hills". Foi um sucesso. Outras pessoas começaram a convidá-lo para falar. A princípio ele falava para organizações de assistência e para estudantes do Ensino Médio e superior. Mas logo percebeu que as pessoas estavam famintas pelo que estava disposto a ensinar. Em 1963, ele fundou uma empresa de conferências.⁴

Durante uma carreira de aprimoramento humano que durou mais de quatro décadas, Rohn escreveu mais de duas dúzias de livros, falou em mais de seiscentos eventos e aprimorou mais de cinco milhões de pessoas. Durante este tempo ele nunca parou de aprender e crescer. Ele observou: "A maior doação que você pode dar a alguém é o seu próprio desenvolvimento. Eu costumava dizer: 'Se você cuidar de mim, cuidarei de você'. Agora digo: 'vou cuidar de mim por você, se você cuidar de você por mim.'"

> "A maior doação que você pode dar a alguém é o seu próprio desenvolvimento."
> — Jim Rohn

Uma das maiores medidas do impacto de Rohn é o número de escritores de alto nível e conselheiros profissionais que o consideram um mentor. Na tribuna em sua honra que foi levantada em Anahein, Califórnia, em 6 de fevereiro de 2010, os oradores convidados que o homenagearam faziam parte da elite dos oradores e mentores: Anthony Robbins, Les Brown, Brian Tracy, Chris Widener, Denis Waitley, e Darren Hardy.[5]

Como Rohn foi capaz de ajudar tantas pessoas a crescer? E ajudar tantos que se tornaram professores renomados e mentores? Continuamente desenvolvendo a si mesmo. Ele compreendeu que cuidar do próprio crescimento capacita-nos a ajudar no crescimento de outros. Ele viveu de acordo com a Lei da Contribuição.

George Bernard Shaw, o escritor que ganhou o Prêmio Nobel de Literatura em 1925, compreendeu que o melhor uso da vida se encontra no serviço aos outros. Ele escreve:

> Esta é a verdadeira alegria de viver, a vida usada para um propósito reconhecido por si mesmo como sublime; ser uma força da natureza em vez de um frenético pequeno torrão egoísta de doenças e queixas, reclamando que o mundo não se devota a torná-lo feliz. Sou da opinião de que minha vida pertence a toda a comunidade, e, enquanto viver, é meu o privilégio de fazer o que puder. Quero estar completamente esgotado quando morrer, porque quanto mais trabalhar, mais viverei. Alegro-me na vida, por si só. Para mim, a vida não é uma pequena vela. É um tipo de tocha esplêndida que trago comigo neste momento, e quero fazê-la brilhar tanto quanto possível, antes de passá-la às gerações futuras.[6]

Se você deseja fazer a sua vida brilhar pelos outros e pelas gerações futuras, continue crescendo.

APLICANDO A LEI DA CONTRIBUIÇÃO NA SUA VIDA

1. Qual é o seu desejo secreto na vida: a autorrealização ou o autoaprimoramento? Seus esforços se destinam a fazer com que se sinta bem? Ou para fazer com que você seja melhor? O seu alvo é ser bem-sucedido? Ou alcançar significância? Está tentando alcançar algo a fim de se sentir feliz? Ou está tentando se colocar em uma posição que ajude outros a vencer?

Essas distinções podem parecer sutis, mas elas realmente fazem a diferença. Tentar ser realizado é algo inquietante, que não tem fim, porque você nunca estará completamente satisfeito com o seu progresso. Tentar se aprimorar é uma jornada sem fim e sempre o inspirará, porque cada pequeno progresso é uma vitória; sempre haverá novos desafios para estimulá-lo e inspirá-lo.

2. Tenha certeza de que ninguém domine você. Faça uma lista das pessoas importantes da sua vida. Agora pense em cada relacionamento e determine se você é principalmente doador, receptor ou a relação é equilibrada.

Se você é basicamente receptor, precisa fazer ajustes, para que a outra pessoa não tenha poder sobre você. Como fazer isso? Esforçando-se para dar às pessoas de sua vida sem ficar contando pontos. Você pode fazer isso não só com a sua família e amigos, mas também com os seus empregados. Faça um esforço para trabalhar mais do que a sua empresa pede de você. Não só as pessoas com quem e para quem trabalha vão valorizá-lo, mas você agregará valor a eles também. E se você tiver uma boa oportunidade de seguir adiante, será capaz de fazê-lo sabendo que sempre deu o seu melhor.

3. Tenho um exercício final para você neste livro, que é colocar as pessoas em primeiro lugar na sua vida. Escreva de três a sete alvos e sonhos que tem. Agora escreva o nome das pessoas mais importantes de sua vida. Seja honesto consigo mesmo. O que vem primeiro? As

pessoas ou os alvos e sonhos? Se você é como eu era quando comecei minha carreira, a agenda vem primeiro. Felizmente percebi bem cedo em meu casamento que deveria colocar a Margareth em primeiro lugar. Isso me abriu a porta para ser menos egoísta em outras áreas de minha vida. Então, quando minhas crianças chegaram, tive que colocá-las à frente de muitas outras coisas. Quanto mais vivo, mais importantes as pessoas se tornam para mim. Neste estágio da vida, quase tudo o que faço — mesmo relacionado a crescimento pessoal — é motivado por um desejo de ajudar os outros.

Tome a decisão de colocar os outros em primeiro lugar, antes de sua agenda. Coloque a sua família à frente de sua agenda. Coloque o desenvolvimento das pessoas do seu local de trabalho à frente de seu próprio desenvolvimento. Sirva aos outros em vez de servir a si mesmo. Comprometa-se com isso e, então combine com outras pessoas na sua vida para prestar contas a elas. E lembre-se que algumas vezes sua semente leva um bom tempo para germinar. Mas você *sempre* fará a colheita.

NOTAS

1. A LEI DO PROPÓSITO

[1] Jennifer Reed, "The Time for Action is Now!" *SUCCESS*; 19 de abril de 2011, acessado em 11 de julho de 2011, http://www.successmagazine.com/the-time-for-action is now/PARAMS/article/1316/channel/22#.

2. A LEI DO AUTOCONHECIMENTO

[1] William Beecher Scoville e Brenda Milner, "Loss of Recent Memory after Bilateral Hippocampal Lesions". *Journal of Neurology, Neurosurgery, and Psychiatry*, 20, 1957, 11-21.

[2] Autor e fonte incógnitos.

3. A LEI DO ESPELHO

[1] Johnnetta McSwain, *Rising Above the Scars*. Atlanta: Dream Wright Publications, 2010, 14.

[2] *The Road Beyond Abuse*, Georgia Public Broadcasting, acessado em 15 de julho de 2011, YouTube.com/watch?v=iABNie9fFTk.

[3] McSwain, *Rising Above the Scars*, 104, 105.

[4] *The Road Beyond Abuse*.

[5] McSwain, *Rising Above the Scars*, 129.

[6] *The Road Beyond Abuse*.

[7] Ibid.

[8] John Assaraf e Murray Smith, *The Answer: Grow Any Business, Achieve Financial Freedom, and Live an Extraordinary Life*. Nova York: Atria Books, 2008, 50.

[9] Jack Canfield e Janet Switzer, *The Success Principles: How to Get from Where You Are to Where You Want to Be*. Nova York: Harper Paperbacks, 2006, 244, 245.

[10] Kevin Hall, *Aspire: Discovering Your Purpose Through the Power of Words*. Nova York: William Morrow, 2010, 58.

4. A LEI DA REFLEXÃO

[1] "Re: A Experiência É o Melhor Mestre", *The Phrase Finder* (blog), acessado em 6 de outubro de 2011, http://www.phrases.org.uk/bulletin_board/21/ messages/1174.html.

5. A LEI DA CONSISTÊNCIA

[1] Jack e Suzy Welch, *Winning: The Answer: Confronting 74 of the Toughest Questions in Business Today*. Nova York: Harper-Collins, 2006, 185, 186.

[2] "Sunday People in Sports", *Houston Chronicle*, 24 de dezembro de 2000, 15B.

[3] Darren Hardy, *The Compound Effect*. Lake Dallas, TX: Success Books, 2010, 9, 10.

[4] "John Williams, Wikipedia, acessado em 19 de agosto de 2011, http://en.wikipedia.org/wiki/John_Williams.

[5] James C. McKinley Jr., "John Williams Lets His Muses Carry Him Along", *New York Times*, 19 de agosto de 2011, http://artsbeat.blogs.nytimes.com/2011/08/19/john-williams-lets-his-muses-carry-him-along/.

[6] Ibid.

[7] Ibid.

[8] James C. McKinley Jr., "Musical Titan Honors His Heroes", *New York Times*, 18 de agosto de 2011, acessado em 19 de agosto de

2011, http://www.nytimes.com/2011/08/19/arts/design/john-williams-honors-copland-bernstein-andkoussevitzky.html?_r=1.

6. A LEI DO MEIO

[1] Provérbios 13.20.

[2] Wallace D. Wattles, *The Science of Getting Rich*. Holyoke, MA: Elizabeth Towne, 1910, 105.

7. A LEI DO PROJETO

[1] Kevin Hall, *Aspire*, 31.

[2] Harvey Penick e Bud Shrake, *The Game for a Lifetime: More Lessons and Teachings*. Nova York: Simon and Schuster, 1996, 200.

[3] Ibid, 207.

[4] Harvey Penick e Bud Shrake, *Harvey Penick's Little Red Book: Lessons and Teachings from a Lifetime of Golf*. Nova York: Simon and Schuster, 1996, 21.

[5] Ibid, 22.

8. A LEI DA DOR

[1] "What We Know About the Health Effects of 9/11", NYC.gov, acessado em 3 de outubro de 2011, http://www.nyc.gov/html/doh/wtc/html/know/mental.shtml.

[2] Cheryl McGuinness with Lois Rabey, *Beauty Beyond the Ashes: Choosing Hope after Crisis*. Colorado Springs: Howard Publishing, 2004, 209.

[3] Ibid, 190.

[4] Ibid, 64.

[5] Joey Cresta, "Cheryl McGuinness Hutchins: God Provided Strength to Overcome 9/11 Heartbreak", *Seacoast Online*, 11 de setembro de 2011, acessado em 10 de outubro de 2011. http://www.seacoastonline.com/articles/20110911-NEWS-19110324.

9. A LEI DA ESCADA

[1] James M. Kouzes e Barry Z. Posner, *The Leadership Challenge*, 4. ed. Nova York: Jossey-Bass, 2007, 28-30.

[2] Ibid, 32.

[3] Bill Thrall, Bruce McNicol e Ken McElrath, *The Ascent of a Leader: How Ordinary Relationships Develop Extraordinary Character and Influence.* Nova York: Jossey-Bass, 1999, 17.

[4] Provérbios 23.7

[5] Mateus 7.12, A Mensagem

[6] Welch e Welch, *Winning: The Answer,* 197.

10. A LEI DO ELÁSTICO

[1] Citação feita por Craig Ruff, "Help, Please", *Dome Magazine*, 16 de julho de 2010, acessado em 25 de outubro de 2011, http://domemagazine.com/craigsgrist/cr0710.

[2] Citação feita por Dan Poynter, "Book Industry Statistics" Dan Poynter's ParaPublishing.com, acessado em 25 de outubro de 2011, http://parapublishing.com/sites/para/resources/statistics.cfm.

[3] Edmund Gaudet, "Are You Average?" *The Examiner*, janeiro de 1993, acessado em 30 de janeiro de 2012, http://www.theexaminer.org/volume8/number1/average.htm.

11. A LEI DA TROCA

[1] Herman Cain, *This is Herman Cain! My Journey to the White House.* Nova York: Threshold Editions, 2011, 45.

[2] Ibid, 49,50.

[3] Ibid, 50.

[4] Ibid, 51.

[5] Ibid, 58.

[6] Gênesis 25.29-34

[7] Darren Hardy, The *Compound Effect*. Lake Dallas, TX: Success Books, 2010, 59.

[8] Richard J. Leider e David A. Shapiro, *Repacking Your Bags: Lighten Your Load for the Rest of Your Life*. San Francisco: Berrett-Koehler, 2002, 29.

[9] Citação feita por Leo Calvin Rosten, Leo Rosten's Treasury of Jewish Quotations. Nova York: McGraw-Hill, 1988.

12. A LEI DA CURIOSIDADE

[1] Jerry Hirshberg, The *Creative Priority: Putting Innovation to Work in your Business*. Nova York: Harper Business, 1998, 16.

[2] Roger von Oech, *A Whack on the Side of the Head*. Nova York: Warner Books, 1983, 58.

[3] Brian Klemmer, *The Compassionate Samurai*. Carlsbad, CA: Hay House, 2008, 157.

[4] James Gleick, Genius: *The Life and Science of Richard Feynman*. Nova York, Vintage, 1993, 30.

[5] Ibid, 36.

[6] Richard P. Feynman em conversa com Ralph Leighton (editado por Edward Hutchings), "*Surely You're Joking, Mr. Feynman!" Adventures of a Curious Character*". Nova York: W.W. Norton and Company, 1985, 86.

[7] Ibid, 21.

[8] Ibid, 72.

[9] Ibid, 317.

[10] Ibid, 275.

[11] Ibid, 173.

[12] Ibid, 174.

13. A LEI DO MODELO

[1] Jim Collins, "Lessons from a Student of Life", *BusinessWeek*, 28 de setembro de 2005, acessado em 21 de novembro de 2011, http://

www.businessweek.com/print/magazine/content/05_48/b39 61007.htm?chan=gl.

[2] Kevin Hall, *Aspire*, 165,166.

[3] Andy Stanley, *The Next Generation Leader*. Colorado Springs: Multnomah, 2003, 104-106.

14. A LEI DA EXPANSÃO

[1] Robert J. Kriegel e Louis Patler, *If It Ain't Broke... Break It!*. Nova York: Warner Books, 1991, 44.

[2] Price Pritchett, *You2: A High-Velocity Formula for Multiplying Your Personal Effectiveness in Quantum Leaps*. Dallas: Pritchett, 2007, 16.

[3] Ibid, 26.

[4] Kevin Hall, *Aspire*, 114,115.

15. A LEI DA CONTRIBUIÇÃO

[1] John Ortberg, *When the Game Is Over, It All Goes Back in the Box*. Grand Rapids: Zondervan, 2007, 26.

[2] Bob Buford, *Halftime: Changing Your Game Plan from Success to Significance*. Grand Rapids: Zondervan, 2007, 26.

[3] Erin Casey, "Jim Rohn: The Passing of a Personal-Development Legend", *SUCCESS*, acessado em 2 de dezembro de 2011, http://www.successmagazine.com/jim-rohn-personal-development-legend/PARAMS/article/982#.

[4] "Jim Rohn's Biography", JimRohn.com, acessado em 2 de dezembro de 2011, http://www.jimrohn.com/index.php?main_page=page&id=1177.

[5] "Celebrating the Life and Legacy of Jim Rohn", JimRohn.com, acessado em 2 de dezembro de 2011, http://tribute.jimrohn.com/.

[6] George Bernard Shaw, "Epistle Dedicatory to Arthur Bingham Walkley", *Man and Superman,* acessado em 7 de maio de 2012, Bartelby.com, http://www.bartleby.com/157/100.html.